Computernetze – Frauenplätze

Gabriele Winker
Veronika Oechtering (Hrsg.)

Computernetze – Frauenplätze

Frauen in der
Informationsgesellschaft

Leske + Budrich, Opladen 1998

Gedruckt auf säurefreiem und altersbeständigem Papier.

ISBN 3-8100-2174-1

© 1998 Leske + Budrich, Opladen

Auf dem Titel: „Tanzende I" von Tonie Meilhamer, München

Druck: Druck Partner Rübelmann, Hemsbach
Printed in Germany

Inhalt

Einblick
Veronika Oechtering, Gabriele Winker..................... 7

Zukunft der Arbeit

Virtuelle Unordnung im Geschlechterverhältnis.
Umverteilung von Arbeit als Chance?
Gabriele Winker..................... 13

Neue Beschäftigungsfelder und weibliche Qualifikationspotentiale
Ute Tischer..................... 33

Neue Berufspotentiale für Frauen in der Software-Entwicklung
Christiane Funken..................... 57

Telearbeit – Entmystifizierung eines Modebegriffs
Cornelia Brandt, Gabriele Winker..................... 67

Projekte aus der Praxis:

TELEHAUS WETTER – ein innovatives, frauengeführtes
Dienstleistungsunternehmen
Gabriele Fladung, Iris Stolz..................... 83

Telearbeit bei der Württembergischen
Gertrud Heck-Weinhart..................... 91

Neue Bildungswege

Anwenden – Verstehen – Gestalten.
Informatische Bildung in der Informationsgesellschaft
Heidi Schelhowe..................... 99

Frauengerechte Hochschulausbildung in technischen Studiengängen
Veronika Oechtering..................... 115

Projekte aus der Praxis:

Frauen-Softwarehaus e.V. Frankfurt/M. – Zehn Jahre
frauenpolitische Bildungsarbeit im Bereich
Informations- und Kommunikationstechniken
Martina Hammel, Susan Geideck..................... 133

Internationales Netzwerk Weiterbildung e.V. –
Technologie- und Beratungszentrum für Frauen
Ellen Sessar-Karpp... 141

Computerschulen für Frauen in Ost und West
Ursula Lemmertz... 145

Projekt „Erfolgreich studieren – Eltern im Netz"
Ulrike Behrens.. 151

Geschlechtsspezifische Medienkompetenz.
Ein Erfahrungsbericht der TU Ilmenau
Gabriele Schade.. 157

Informatica Feminale – Sommeruniversität für Frauen in der
Informatik
Veronika Oechtering, Ingrid Rügge, Karin Vosseberg.................... 167

Kommunikation und Beteiligung

Elektronische Kommunikation: Eine Chance für Frauen?
Barbara Becker, Christiane Funken...................................... 175

Technikgestaltung aus Frauenperspektive
Ulrike Erb.. 185

Projekte aus der Praxis:

Die Initiative „Frauen geben Technik neue Impulse"
Barbara Schwarze... 199

WITEC - Europäisches Netzwerk für Frauen in
Naturwissenschaft, Ingenieurwesen und Technologie
Ute Wanzek.. 209

Zukunftsszenario:

Gut Ding will Weile haben
Dagmar Boedicker.. 217

Ausblick
Veronika Oechtering, Gabriele Winker................................... 223

Über die Autorinnen... 225

Veronika Oechtering, Gabriele Winker

Einblick

Heute sind sich politische Parteien und führende Wirtschaftsvertreter hierzulande einig, daß die rasante Entwicklung der Informations- und Kommunikationstechnologien einen tiefgreifenden wirtschaftlichen und gesellschaftlichen Wandel vorantreiben wird. In den groß angelegten Initiativen zur Informationsgesellschaft, die in den letzten Jahren in der Europäischen Union und auch in der Bundesrepublik Deutschland in Gang gesetzt wurden, ist von einer Revolution die Rede, die der menschlichen Intelligenz neue Kapazitäten eröffne und die Quelle zahlreicher Veränderungen in der Art unseres Zusammenlebens und unserer Zusammenarbeit sei. In dieser Informationsgesellschaft soll jeder und jede gewinnen. Dabei stehen neue Arbeitsplätze und der Abbau der Massenarbeitslosigkeit durch einen riesigen Wachstumsmarkt ebenso im Zentrum der zu erreichenden Ziele wie eine erhöhte Lebensqualität durch den Zuwachs an Dienstleistungen und Unterhaltung. Mit dieser und ähnlichen Argumentationen wird einmal mehr technischer Fortschritt direkt mit sozialem Fortschritt verknüpft; dem Einsatz neuer Informations- und Kommunikationstechnologien soll automatisch eine verbesserte Lebensqualität für die Bevölkerung folgen.

Obwohl mit der Informationsgesellschaft allgemein eine bessere Vereinbarkeit von Arbeits- und Lebenswelt versprochen wird, werden jedoch die Geschlechterbeziehungen nicht explizit erwähnt. Wo immer von offizieller Seite über die Zukunft der Informationsgesellschaft und deren politische Rahmenbedingungen gesprochen und geschrieben wird, bleibt die Gleichstellung der Geschlechter unberücksichtigt. Es wird weder die Diskriminierung von Frauen erwähnt noch die Überwindung der geschlechtshierarchischen Arbeitsteilung als Gestaltungsziel einbezogen. Der Strukturwandel soll sich eben gerade nicht auf das Geschlechterverhältnis beziehen, im Gegenteil: Dort soll alles beim alten bleiben. Mit der Zuordnung von Teleheimarbeit – oft in Kombination mit Teilzeitarbeit – zu Frauen wird ihnen implizit weiterhin die Zuständigkeit für die Familie, für Kindererziehung und Reproduktionsaufgaben zugewiesen. Jeder einzelnen Frau bleibt es damit wieder einmal selbst überlassen, das Problem der Vereinbarkeit von Familien- und Berufsarbeit individuell zu lösen. Die prognostizierten und angestrebten zahlreichen Veränderungen in den Arbeits- und Lebensbedingungen scheinen sich nicht auf die Art der Zusammenarbeit und des Zusammenlebens zwischen den Geschlechtern zu beziehen. Zusammenfassend läßt sich also sagen, daß die Diskussion um die Informationsgesellschaft bisher geschlechtsblind geführt wurde.

Weil die Geschlechterfrage im Diskurs um die Informationsgesellschaft so völlig ignoriert wird, haben sich engagierte Frauen aus unterschiedlichen gesellschaftlichen Bereichen im Juni 1997 auf Bundesebene im Rahmen des Forums Info 2000 zu einer Arbeitsgruppe ‚Frauen in der Informationsgesellschaft' zusammengeschlossen. Eine solche Arbeitsgruppe war vom Fachausschuß ‚Frauenarbeit und Informatik' in der Gesellschaft für Informatik vorgeschlagen worden mit dem Ziel, Foraueninteressen dort zu stärken, wo ein breit angelegter gesellschaftlicher Diskussionsprozeß über die Chancen und Risiken der Informationsgesellschaft begonnen hatte. Mit dem Forum Info 2000, das im September 1996 als Gemeinschaftsinitiative des Bundesministeriums für Wirtschaft und des Bundesministeriums für Bildung, Wissenschaft, Forschung und Technologie gegründet wurde, waren 170 Verbände, Organisationen und Unternehmen in die Debatte um die Informationsgesellschaft einbezogen worden. Zur Bündelung der vielfältigen Themen entstanden mehrere Arbeitsgruppen. Mit Unterstützung der Bundestagspräsidentin Rita Süssmuth und des Deutschen Frauenrats konnte schließlich innerhalb des Forums die Arbeitsgruppe 9 ‚Frauen in der Informationsgesellschaft' eingerichtet werden.

Aus dieser Arbeitsgruppe resultierte die Idee für das vorliegende Buch, das einzelne Aspekte der Diskussion um die Situation von Frauen in der Informationsgesellschaft vertieft behandelt[1]. In diesem Band verbinden wir bewußt theoretisch orientierte Aufsätze mit Berichten über Projekte. Wir fragen danach, wie sich Frauenarbeit und Frauenleben mit der sich entwickelnden Informationsgesellschaft verändern werden, und geben Impulse, wie diese Entwicklungen im Interesse von Frauen genutzt werden können. In unserer Einschätzung gehen wir von folgender Ausgangssituation aus:

- Die bisher vorliegenden Perspektiven für die Informationsgesellschaft lassen tiefgreifende Veränderungen in allen Lebensbereichen erwarten. Frauen starten in diesem Prozeß von anderen Ausgangspositionen als Männer. Frauen sind nach wie vor für die private Arbeit in den Familien zuständig, und diese Verantwortung für den häuslichen Bereich gereicht ihnen zum Nachteil auf dem Arbeitsmarkt. Konkret bedeutet dies: Frauen verdienen bis zu einem Drittel weniger als ihre männlichen Kollegen. Sie erledigen den Hauptteil nicht-bezahlter Arbeit in Familie und sozialen Netzwerken.
- Frauen haben durch ihre vielfältigen Vermittlungsaufgaben in Beruf und Familie sowie in sozialen und kulturellen Netzwerken eine besondere Rolle in unserer Gesellschaft. Durch eine bewußte Orientierung an den

---

1 Erste Ergebnisse sind bereits in der Broschüre ‚Frauen in der Informationsgesellschaft' erschienen, die über die Herausgeberinnen zu beziehen ist. Die Adressen befinden sich am Ende des Buches.

unterschiedlichen weiblichen Lebensläufen können sich Visionen und neue Leitbilder für eine menschengerechte Entwicklung ergeben.

Wir sind davon überzeugt, daß verschiedene Wege in eine Informationsgesellschaft möglich sind. Ohne aktive Frauenpolitik werden Frauen zu Verliererinnen der derzeitigen weltweiten Entwicklung. Dies würde auch der bundesdeutschen Gesellschaft schaden, da durch eine einseitige Ausrichtung an männlichen Arbeits- und Lebensweisen notwendige Innovationen in Wirtschaft und Gesellschaft verhindert werden. Gerade in einer gesellschaftlichen Umbruchzeit lassen sich aber auch durch eine bewußte Frauenpolitik Strukturveränderungen erreichen, die uns der Realisierung des im Grundgesetz verankerten Gleichberechtigungsgrundsatzes näher bringen. Die Integration weiblicher Lebensstile in alle Bereiche der Gesellschaft kann die Quelle zahlreicher positiver Veränderungen in der Art unserer Zusammenarbeit und unseres Zusammenlebens werden.

Mit der rasanten Entwicklung der neuen Informations- und Kommunikationstechnologien, mit der Globalisierung und Informatisierung wird Arbeit neu verteilt. Es besteht die Gefahr, daß die geschlechtshierarchische Arbeitsteilung zementiert wird. Im ersten Kapitel dieses Buches „Zukunft der Arbeit" wird deutlich, daß diese Entwicklung zur Informationsgesellschaft auch Möglichkeiten bietet, die scheinbar festgefügten Zuständigkeiten zu verändern. So zeigt *Gabriele Winker* in ihrem Beitrag auf, wie die zur Zeit wirksame Flexibilisierung der Erwerbsarbeit in den Dimensionen Menge, Zeit und Ort nutzbar gemacht werden kann für die Realisierung von individuellen Lebensentwürfen. Mit einer generellen Verkürzung der Erwerbsarbeitszeit, einer erwerbsunabhängigen sozialen Absicherung und einer individuellen Zeit- und Ortssouveränität wird ein Arbeitsumverteilungsmodell vorgestellt, das im Rahmen eines breiten gesellschaftlichen Diskurses zu einer besseren Integration von Erwerbsarbeit und Reproduktionsaufgaben beitragen kann. *Ute Tischer* analysiert, welche Chancen sich für Frauen in den neuen interdisziplinär ausgerichteten informationstechnischen Berufsfeldern, aber auch – durch die Veränderung von Arbeitsinhalten und -anforderungen – in vielen anderen Berufsbereichen ergeben. In den meisten Berufen werden neben Fachwissen auch zunehmend Sozial- und Methodenkompetenzen wie Team- und Kommunikationsfähigkeit, Problemlösefähigkeit und ganzheitliche Herangehensweise nachgefragt. Genau das sind Fähigkeiten, die als ,weiblich' definiert und damit Frauen zugeordnet werden. *Christiane Funken* konkretisiert am Beispiel der Software-Entwicklerinnen, wie sich soziale Kompetenz beruflich nutzbar machen läßt. Sie kann anhand einer eigenen empirischen Studie zeigen, daß Frauen eher als Männer in der Lage sind, nutzungsgerechte Software zu entwickeln. Gründe dafür sieht sie in der ausgeprägteren Fähigkeit von Softwareentwicklerinnen, Kommunikationsbeziehungen zu den späteren NutzerInnen herzustellen, dadurch Arbeitsvorgänge besser zu erfassen und zu einem besseren Software-Design zu gelangen.

In der Diskussion um die Informationsgesellschaft werden Frauen beinahe ausschließlich im Zusammenhang mit der räumlichen Flexibilisierung von Erwerbsarbeit erwähnt. Im Beitrag von *Cornelia Brandt und Gabriele Winker* wird dieser Stellenwert von Telearbeit kritisch beleuchtet und darauf verwiesen, daß die inhaltliche Diskussion um Telearbeit deutlich verbreitert werden muß. Die Autorinnen plädieren für eine individuelle Orts- und Zeitsouveränität für alle Beschäftigten, wobei qualifizierte Arbeitsinhalte genauso zu gewährleisten sind wie eine arbeits- und sozialrechtliche Absicherung. In den folgenden beiden Praxisbeispielen wird konkretisiert, was Telearbeit für Frauen bedeuten kann. *Gabriele Fladung und Iris Stolz* stellen das von Frauen gegründete Telehaus Wetter vor. Das frauengeführte Dienstleistungsunternehmen versteht sich als ein wohnortnahes Teleservicecenter, das im ländlichen Raum dazu beiträgt, durch unternehmensbezogene Dienstleistungen qualifizierte Arbeitsplätze zu schaffen. *Gertrud Heck-Weinhart* beleuchtet die vielfältigen Telearbeitsformen einer Versicherung. Sie kommt zu dem Schluß, daß sich Telearbeit bruchlos in die geschlechtshierarchische Arbeitsteilung einordnen läßt: Im Bereich der Führungskräfte machen vor allem Männer ,supplementäre' Telearbeit, während Telearbeit in Teilzeit im Erziehungs- und Elternurlaub fast ausschließlich von Frauen ausgeübt wird.

Das zweite Kapitel „Neue Bildungswege" beschäftigt sich mit der Frage, wie die männliche Dominanz in informationstechnischen Bereichen schon frühzeitig durch Bildungsprozesse durchbrochen werden kann, die Braueninteressen gerecht werden. Dabei sind sich WissenschaftlerInnen wie PraktikerInnen einig, daß dies bereits in der Schule beginnen muß. *Heidi Schelhowe* kritisiert den an Algorithmik und Programmentwicklung orientierten Informatikunterricht, der nur noch bei einigen technikbegeisterten Jungen auf Zustimmung stößt. Stattdessen plädiert sie dafür, die informationstechnische Bildung am Computer als Medium und nicht mehr am Computer als Maschine oder Werkzeug auszurichten. Indem die Interaktivität der Software in den Vordergrund gerückt wird, ergeben sich neue Chancen, daß sich gerade Mädchen für die Neuartigkeit der Informationstechnologie interessieren. Wie an den Hochschulen die strukturelle Ausgrenzung von Frauen in technischen Studiengängen aufgebrochen werden kann, verdeutlicht *Veronika Oechtering*. Sie stellt eine Vielzahl aktueller Studienreformprojekte vor, die bezogen auf unterschiedliche Studienphasen dringend notwendige Veränderungen im Interesse von Frauen anstreben. Kennzeichnend ist, daß diese Projekte nicht so sehr auf die Vermittlung von anderen fachlichen Inhalten abzielen, sondern explizit eine veränderte Studienkultur in den Technikwissenschaften anstreben.

Die nachfolgenden Praxisbeispiele zeigen, welche vielfältigen Ideen im Bereich neuer Bildungswege bereits in konkreten Projekten von engagierten Frauen umgesetzt werden. Drei Beispiele kommen aus unterschiedlichen Frauen-Technologiezentren, in denen Frauen und Mädchen ein angemessener

Zugang zur Weiterbildung im Bereich der Informations- und Kommunikationstechnologie angeboten wird. *Martina Hammel und Susan Geideck* schildern das im Frankfurter Softwarehaus verfolgte Qualifizierungskonzept, mit dem für Frauen Handlungs- und Orientierungskompetenzen erschlossen werden, ohne dabei auf stereotype Zuschreibungen zurückzugreifen. Ein Technologie- und Beratungszentrum im Großraum Leipzig stellt *Ellen Sessar-Karpp* vor. Dort werden technisch ausgebildete Frauen bei innovativen Entwicklungsvorhaben unterstützt. Sie können sich mit befristeten Stellen auf eine Existenzgründung vorbereiten oder versuchen, wieder auf dem ersten Arbeitsmarkt Fuß zu fassen. *Ursula Lemmertz* beschreibt, wie die Frauen-Technikzentren und Frauen-Computerschulen zehn Jahre nach den ersten Gründungen inzwischen zum festen Bestandteil der Weiterbildungslandschaft in der Bundesrepublik Deutschland geworden sind und auch weiterhin ihre Aktualität behalten.

Die drei nächsten Projektberichte kommen aus dem Hochschulbereich. *Ulrike Behrens* schildert, welche neuen Möglichkeiten sich für studierende Mütter durch die Nutzung von E-Mail, Newsgroups, Chat und World Wide Web ergeben. Eines ihrer Ergebnisse ist, daß die Teilnehmerinnen sich fast nebenbei für die Nutzung der Medien qualifizierten, und daß dafür weniger technische Kompetenzen als umso mehr kommunikative Kompetenzen erforderlich waren. Wie der Stellenwert sozialer Kompetenzen in technischen Studiengängen hervorgehoben werden kann, beschreibt *Gabriele Schade* am Beispiel der TU Ilmenau. Dort wurden drei neue Studiengänge geschaffen, die durch die Verknüpfung technischer, sozio-kultureller und wirtschaftlicher Aspekte der Medienentstehung und Mediennutzung die Grenzen zwischen den traditionellen Wissenschaftsdisziplinen überschreiten. Das abschließende Beispiel aus dem Hochschulbereich beschreibt das Konzept und die Umsetzung einer Sommeruniversität für Frauen in der Informatik. *Veronika Oechtering*, *Ingrid Rügge und Karin Vosseberg* haben an der Universität Bremen mit dem Projekt ‚Informatica Feminale' ein Forum geschaffen, in dem curriculare Veränderungen diskutiert und im Rahmen von Sommerstudien erprobt werden.

Im dritten Kapitel „Kommunikation und Beteiligung" wird der Frage nachgegangen, warum Frauen in den Netzen deutlich unterrepräsentiert sind und welche geschlechtstypischen Formen in der Technikaneignung sichtbar werden. *Barbara Becker und Christiane Funken* analysieren die Kommunikationsstrukturen im Netz. Neu für Kommunizierende ist bei der Nutzung dieses Mediums die Anonymität und die Unabwägbarkeit, ob sie tatsächlich mit der Person verbunden sind, für die ihr Gegenüber sich ausgibt. Dies scheint Frauen mehr zu verunsichern als Männer, da Frauen eher auf Spiegelungen durch andere angewiesen sind. Allerdings ergeben sich in Situationen, in denen das Geschlecht nicht mehr eindeutig erkennbar ist, auch Chancen für die Überwindung stereotyper Geschlechteretikettierungen und Räume für die

Erprobung neuer Kommunikationsstile zwischen den Geschlechtern. *Ulrike Erb* setzt sich mit der Frage auseinander, wie die bestehende Verknüpfung zwischen Technik, Macht und Männlichkeit aufgebrochen werden kann. Da Frauen in bezug auf Technikaneignung und Technikgestaltung unterschiedliche und durchaus widersprüchliche Interessen verfolgen, erwartet sie aus dieser Vielfalt heraus alternative Gestaltungspfade, die nicht nur auf Hochgeschwindigkeit beim Datentransfer setzen, sondern sich an sozialen und ökologischen Zielen orientieren.

Wie sich bereits heute Frauen in Naturwissenschaft und Technik mit und ohne Internet vernetzen, machen die beiden Projektbeispiele deutlich. Während *Barbara Schwarze* mit der Initiative ‚Frauen geben Technik neue Impulse‘ die bundesweite Zusammenarbeit von Frauen in technischen Bereichen schildert, stellt *Ute Wanzek* die europäische Initiative WITEC (Women in Science, Engineering and Technology) vor. Im Mittelpunkt beider Projekte steht die Aufgabe, Frauen in technischen Bereichen zu fördern. Dafür werden Expertinnen-Datenbanken aufgebaut, Informationsveranstaltungen durchgeführt, Mentoring-Projekte initiiert und Weiterbildungen angeboten. Gleichzeitig haben beide Initiativen das Ziel, die Politik für die Unterrepräsentanz von Frauen in technischen Bereichen zu sensibilisieren und darüber Veränderungsstrategien zu entwickeln sowie Förderungsprogramme zu implementieren. Das Kapitel schließt mit einem Szenario von *Dagmar Boedicker*. Sie entführt uns in eine Welt, in der all unsere Handlungsideen längst Realität sind. Dort leben Menschen zusammen, die es verstehen, technische Hilfsmittel zu nutzen, ohne sich von ihnen in ihrem phantasievollen Handeln beschränken zu lassen. Selbstverständlich gibt es in einer solchen neuen Welt für Frauen wie Männer keinen Grund mehr, sich mit den Einschränkungen der Geschlechterstereotype zu arrangieren.

Auch wenn wir mit unserer Beschreibung am Ende des Buches angelangt sind, fehlen dennoch viele wichtige Aspekte. Am meisten bedauern wir die Tatsache, daß Fragen der internationalen Arbeitsteilung nicht oder nur ganz am Rande angesprochen werden konnten. Dies ist Ausdruck unseres derzeitigen Erkenntnisstandes und gleichzeitig eine der zukünftigen inhaltlichen Herausforderungen für die Arbeitsgruppe ‚Frauen in der Informationsgesellschaft‘.

Das vorliegende Buch entstand durch das Engagement frauenbewegter Expertinnen, denen wir an dieser Stelle danken wollen. Unser besonderer Dank geht an unsere Lektorin Ingrid Rügge, die uns mit vielen Tips gerade auf den letzten Metern der Buchproduktion hilfreich zur Seite stand. Bleibt uns zum Schluß nur noch, den Leserinnen und Lesern neue Erkenntnisse, aber auch viel Spaß bei der Lektüre zu wünschen.

Gabriele Winker

Virtuelle Unordnung im Geschlechterverhältnis
Umverteilung von Arbeit als Chance?

1 Einführung

Hinter dem etwas sybillinisch klingenden Titel verbirgt sich die Frage, ob es Anzeichen dafür gibt, daß das bestehende Geschlechterverhältnis in Unordnung gerät und sich Verschiebungen in der Arbeitsteilung zwischen Männern und Frauen abzeichnen. Haben die neuen flexiblen Arbeitsformen nur ‚scheinbar' Auswirkungen auf das Geschlechterverhältnis oder gibt es reale Veränderungen in der Informationsgesellschaft, an die das Wort ‚virtuell' ebenfalls anknüpft? Ich frage in diesem Artikel also nach den Veränderungsprozessen im Geschlechterverhältnis im Rahmen der Informationsgesellschaft, an deren Anfängen wir stehen. Dabei konzentriere ich mich auf den Aspekt der Arbeit, vor allem der Erwerbsarbeit, der jedoch nur mit Bezug auf die Reproduktionsarbeit sinnvoll zu behandeln ist.

Weitergehend stelle ich die Frage, inwieweit mit den sich abzeichnenden Veränderungen eine Unordnung im Geschlechterverhältnis einhergeht, die ‚virtuell' ist im Sinne von „der Kraft oder Möglichkeit nach vorhanden", wie das Duden Fremdwörterbuch ‚virtuell' definiert. Kann diese ‚potentielle' Unordnung mit bewußtem frauenpolitischen Handeln zur realen Aufhebung der geschlechtshierarchischen Arbeitsteilung beitragen?

2 Informationsgesellschaft und Normalarbeitsverhältnis

Die Entwicklung zur Informationsgesellschaft beruht technisch auf der einfachen Verfügbarkeit weltweiter Vernetzungsmöglichkeiten, auf multimedialen Softwareprodukten mit Medienintegration und Interaktivität sowie auf der bereits vollzogenen Computerisierung vieler gesellschaftlicher Bereiche. Es kann von einer globalen Digitalisierung gesprochen werden in dem Sinne, daß alle Arbeits- und Lebensbereiche mit Informations- und Kommunikationstechnik durchdrungen werden.

Geprägt wird die Informationsgesellschaft auf der Grundlage dieser neuen Technologien von starken Produktivitätsfortschritten im Erwerbsarbeitsbereich und einer raum-zeitlichen Entkoppelung von Erwerbsarbeitsprozessen im lokalen und globalen Sinne.

13

Das Streben nach Produktivitätssteigerungen ist nicht neu, sondern der kapitalistischen Gesellschaft immanent, wird aber auf der Grundlage der Informations- und Kommunikationstechnologien durch die Intensivierung des internationalen Wettbewerbs verstärkt. Radikale Strukturveränderungen auf dem Arbeitsmarkt zeichnen sich ab und werden noch zunehmen (vgl. auch Tischer in diesem Band). Denn bisher ist das Produktivitätspotential noch lange nicht flächendeckend umgesetzt. Die Rationalisierungswelle ist im Produktionssektor noch nicht abgeschlossen und fängt im Dienstleistungssektor gerade erst an. Neue Vernetzungsmöglichkeiten und multimedial gestaltete Software verstärken Tendenzen, die bisher professionell angebotenen Dienstleistungen den KundInnen über Selbstbedienung frei Haus zu liefern. So führt Telebanking zur Schließung von Filialen im Bankgewerbe, und durch Telereisebuchungen werden immer mehr Arbeitsplätze in der Tourismusbranche gefährdet, um nur zwei Beispiele zu nennen.

Nach einer Untersuchung des Lehrstuhls für Betriebswirtschaftslehre und Wirtschaftsinformatik an der Universität Würzburg liegt das Einsparungspotential von Arbeitskräften durch Integration von Organisation und Informationsverarbeitung im Bereich Transport/Logistik bei 74%, bei den Banken und Versicherungen bei 61% bzw. 59%, im Bürobereich bei 55% und im Handel bei 51%. Und selbst in scheinbar rationalisierungsresistenten Feldern belaufen sich die Einsparungsmöglichkeiten durch konsequenten Einsatz der neuen Technologien auf ca. ein Drittel des derzeitigen Personalbestandes: zum Beispiel im Bereich Planung (33%), Beratung (35%) und Gesundheitswesen (35%) (Thome 1997, S.124ff.).

Sicherlich wirkt die Offensive im Informations- und Kommunikationsbereich nicht nur arbeitssparend, sondern kann auch arbeitsschaffend sein. Beschäftigungszuwächse werden vorwiegend bei Unternehmen erwartet, die Medien- und Kommunikationsgüter, Software, Dienstleistungen im Bereich der Datenverarbeitung oder Telekommunikationsdienste anbieten. Der Bericht der Bundesregierung sieht im günstigsten Fall bis zum Jahr 2010 im Informationsbereich ein Potential von ca. 1,5 Mio. zusätzlicher Arbeitsplätze für Deutschland (Info 2000, S.41). Entschieden skeptischer schätzt das Deutsche Institut für Wirtschaftsforschung in diesem Bereich den Beschäftigtenzuwachs. Obwohl die inländische Nachfrage nach Medien- und Kommunikationsgütern im Jahre 2010 etwa dreimal so hoch sein soll wie Anfang der 90er Jahre, wächst nach dieser Prognose die Zahl der Beschäftigten nur um 10%, d.h. um rund 180.000 Beschäftigte auf 2,1 Mio. (DIW 10/96).

Damit zeichnet sich deutlich ab, daß selbst bei optimistischen Schätzungen die entstehende Multimediabranche nicht mehr neue Arbeitsplätze schaffen kann, als durch die Produktivitätsfortschritte im Produktions- und Dienstleistungsbereich im Zusammenhang mit dem breiten Einsatz der neuen

Technologien verloren gehen. Die Schere zwischen Produktivitäts- und Wachstumsraten öffnet sich weiter. So kommt es zur weiteren Abnahme des Erwerbsarbeitsvolumens. In Westdeutschland hat sich das Arbeitsvolumen, gemessen in effektiv geleisteten Arbeitsstunden pro Kopf der Wohnbevölkerung, bereits von 1975 bis 1995 um reichlich ein Zehntel vermindert (Kommission 1996, Teil I, S.1).

2.2 Raum-zeitliche Entkoppelung von Erwerbsarbeitsprozessen

In der Informationsgesellschaft verliert bei vielen Erwerbsarbeitsprozessen die Zentralisierung der Beschäftigten in einer Betriebsstätte an Bedeutung. Durch die neuen Informations- und Kommunikationstechnologien ist Kooperation und Zusammenarbeit auch über räumliche Entfernungen möglich. Die persönliche Kommunikation wird bei einzelnen Arbeitsvorgängen durch technikunterstützten Austausch von Informationen ersetzt, und damit wird die räumliche Nähe der Beschäftigten untereinander unwichtiger. Verbunden mit einer räumlichen und damit auch zeitlichen Flexibilisierung von Arbeitsabläufen ist eine Steigerung der Verantwortung der Beschäftigten. In dem Maße, wie die zeitliche Anwesenheit von Beschäftigten nicht mehr überprüft werden kann, gerät die Erbringung einer selbständig erarbeiteten Leistung in den Vordergrund.

Gleichzeitig läßt sich beobachten, daß sich die Verkleinerung und Verschlankung der Unternehmen durch Konzentration auf die Kernkompetenzen und Auslagerung aller anderen Funktionen fortsetzt. Am Ende steht das ‚virtuelle Unternehmen‘, das unter Einbeziehung der Zulieferer elektronisch vernetzt ist. Vermittelt über die Informations- und Kommunikationstechnologien steigt gleichzeitig die Nähe zu potentiellen KundInnen. Die neuen Technologien unterstützen rasche Veränderungen der Produktionsabläufe, eine kosteneffektive Kleinserienproduktion und auf individuelle Kundenwünsche zugeschnittene Produkte.

Die raum-zeitliche Entkoppelung von Arbeitsprozessen macht an nationalen Grenzen nicht halt, sie wirkt global. Viele Firmen aus Industrienationen lagern schon heute die Erfassung großer Datenbestände aus und siedeln ganze Verwaltungsabteilungen in Billiglohnländern an. Auch Produktionsstätten lassen sich standortoptimal auswählen und dann von der BRD aus leiten und überwachen. Mit einer weiter verbesserten Kommunikationstechnologie und fallenden Netzkosten werden immer mehr Tätigkeiten dorthin verlagert, wo es im internationalen Maßstab betriebswirtschaftlich am effizientesten ist. Dies bedeutet, daß das Sinken des Erwerbsarbeitsvolumens in der BRD nicht allein durch technologisch bedingte Produktivitätssteigerungen, sondern auch durch die räumliche Entkoppelung von Erwerbsarbeit verstärkt wird, da auch neu entstehende Arbeitsplätze überallhin verlagert werden können. Dies unterstreicht, daß wir es mit strukturellen Problemen zu tun haben, die sich in Zukunft noch weiter zuspitzen werden.

2.3 Konkrete Konsequenzen in der BRD

Das Sinken des Erwerbsarbeitsvolumens und die Dezentralisierung von Arbeitsabläufen führt unter den Bedingungen weitgehender Deregulierung zur Flexibilisierung der Erwerbsarbeit in den Dimensionen der Arbeitsmenge, der Arbeitszeit und des Arbeitsortes. Dies werde ich im folgenden konkretisieren.

Flexibilisierung der Zuteilung der Erwerbsarbeitsmenge

Die Verminderung des Erwerbsarbeitsvolumens führt bei der derzeitigen Politik zu Segregationsprozessen auf dem Arbeitsmarkt: Statt alle Erwerbspersonen gleich lang zu beschäftigen, bilden sich in den Unternehmen sogenannte ‚Olympiamannschaften‘ als Stammbelegschaften, die unabkömmlich sind und mit abgesichertem Erwerbseinkommen bis zu 60 Stunden die Woche arbeiten. Neben diesem Bereich der Überbeschäftigung vergrößert sich auf der anderen Seite der Bereich der Unterbeschäftigung kontinuierlich. Neben der Massenarbeitslosigkeit fällt darunter minderbezahlte, unbeständige und ungesicherte Erwerbsarbeit in Form von Teilzeitarbeit, zeitlich befristeten Arbeitsverhältnissen oder geringfügiger Beschäftigung. Mit diesen Segregationsprozessen wird das Erwerbsarbeitsvolumen aus Sicht der Unternehmen flexibel auf die einzelnen Beschäftigten verteilt. Ich bezeichne diese Entwicklung als Flexibilisierung der Zuteilung der Erwerbsarbeitsmenge. Während der Anteil der Beschäftigten, die regelmäßig Überstunden leisten, ständig zunimmt – allein von 1993 bis 1995 ist er in Westdeutschland um 6% auf 45% gestiegen (Schilling u.a. 1996, S.433) –, waren 1997 in Deutschland knapp 4,4 Millionen Menschen arbeitslos gemeldet, und weit über 3 Millionen gehörten zur ‚stillen Reserve‘ (BA 1998a+b).

Doch mit der flexiblen Zuteilung einer unterschiedlichen Erwerbsarbeitsmenge auf die Beschäftigten sind nicht nur die beiden Pole – keine Erwerbsarbeit oder Überbeschäftigung – gemeint. Dazwischen liegen eine Reihe weiterer Arbeitsformen, die an Bedeutung gewinnen. So stieg die Teilzeitquote in Westdeutschland von ca. 11% im Jahre 1980 auf knapp 19% im Jahre 1997 (Kohler/Spitznagel 1995, S.354 sowie Stat. Bundesamt 1998, S.8) kontinuierlich an, da immer mehr Unternehmen in der Teilzeitarbeit eine Möglichkeit sehen, Betriebsabläufe zu optimieren durch höhere Leistung pro Arbeitsstunde, höhere Flexibilität des Personaleinsatzes und Minderung der Krankheits- und sonstigen Fehlzeiten (Mc Kinsey 1994). Und auch die geringfügige, nicht sozialversicherungspflichtige Beschäftigung ist deutlich angestiegen. Nach Untersuchungen des Instituts für Sozialforschung und Gesellschaftspolitik in Köln kletterte in Gesamtdeutschland die Zahl der sozialversicherungsfreien Beschäftigten von 1992 rund 3,8 Mio. auf bereits 4,9 Mio. im Jahre 1997 (BA 1998a, S.109f.). Insgesamt befand sich 1995 bereits ein gutes Drittel aller abhängig Beschäftigten in Deutschland in Nicht-Normalarbeitsverhältnissen, zu denen ausschließlich geringfügig und befristet Beschäftigte, Leih-, Kurz- und HeimarbeiterInnen, Teilzeitbeschäftigte sowie sogenannte Scheinselbständige[1] gezählt werden. Nur noch knapp zwei Drittel befanden sich in Normalarbeitsverhältnissen, also in unbefristeten sowie arbeits- und sozialrechtlich abgesicherten Vollzeitbeschäftigungen. Bei Fortschreibung der dargestellten Entwicklung wird das Verhältnis von Normal- zu Nicht-Normalarbeitsverhältnissen in fünfzehn Jahren bei eins zu eins liegen. Nur die Hälfte der abhängig Beschäftigten hätte dann noch dauerhafte, arbeits- und sozialrechtlich abgesicherte Vollzeitarbeitsplätze (Kommission 1996, Teil I, S.60ff.).

Flexibilisierung der Erwerbsarbeitszeit

Durch die verschärfte internationale Konkurrenz nimmt der Druck auf die Verlängerung der Betriebsnutzungszeiten weiter zu. Allerdings wird die Ausdehnung der Betriebszeiten heute nicht mehr primär durch eine entsprechende Verlängerung der Arbeitszeiten erreicht, sondern im Zusammenhang mit den neuen Technologien und neuen Produktionskonzepten durch eine zunehmende Variabilisierung der Arbeitszeiten. Die Arbeitszeiten der Beschäftigten werden flexibel an die betrieblichen Anforderungen angepaßt. Ziel der Unternehmen ist es, die Schwankungen auf den Beschaffungs- und Absatzmärkten abzufedern und die Betriebsnutzungszeiten auf das Wochenende und in die Nacht hinein auszudehnen. Dies ist vor allem für kapital- und energieintensive Betriebe betriebswirtschaftlich interessant. Die Beschäftigten geraten damit in eine stärkere zeitliche Abhängigkeit von nicht absehbaren und schon gar nicht beeinflußbaren Marktrhythmen.

Nach einer Studie des Instituts zur Erforschung sozialer Chancen (Schilling u.a. 1995, S.433) ist das Ausmaß der Arbeitszeitflexibilisierung auch zwischen 1993 und 1995 noch einmal angestiegen. In dieser Untersuchung wird als Bezugsgröße ein Normalarbeitszeitstandard definiert. Darunter wird eine der Vollzeitbeschäftigung entsprechende Arbeitszeit zwischen 35 und 40 Stunden verstanden, die sich auf 5 Wochentage verteilt, in der Regel von montags bis freitags tagsüber ausgeübt wird und in ihrer Lage nicht variiert. Arbeiteten 1993 in Westdeutschland 23% der Beschäftigten unter den Bedingungen des so definierten Normalarbeitszeitstandards, so waren es 1995 nur noch 17% der Beschäftigten.

---

1   Als Scheinselbständige werden Erwerbstätige bezeichnet, die sich formal im Status der Selbständigkeit befinden, bei denen es sich aber tatsächlich um abhängig beschäftigte ArbeitnehmerInnen handelt, da sie ständig für denselben Auftraggeber tätig sind.

Während die Flexibilisierung der Erwerbsarbeitsmenge und der Erwerbsarbeitszeit in der Bundesrepublik Deutschland in den letzten Jahren deutlich zugenommen hat, entwickelt sich die räumliche Flexibilisierung noch recht vorsichtig. Zwar haben die meisten Betriebe bereits erste Erfahrungen mit unterschiedlichen Formen der Telearbeit gemacht, dennoch scheint die BRD gegenüber anderen europäischen Ländern wie zum Beispiel Großbritannien und den USA zurückzustehen. So stellen Jörg Becker und Daniel Salamanca in einem Beitrag zur Enquete-Kommission fest: „In den USA sind bereits über 10 Mio. Telecommuter verzeichnet, in Großbritannien arbeiten schon eine halbe Million Erwerbstätige an dezentralen Telearbeitsplätzen. In Deutschland gibt es dagegen bislang lediglich 150.000 Telearbeiter." (Becker/Salamanca 1997, S.27)

Allerdings stimmen alle Prognosen darin überein, daß die räumliche Entkoppelung von Arbeitsprozessen auf dem Hintergrund immer besserer und kostengünstiger Netzleistung in Kombination mit multimedial gestalteter Software weiter zunehmen wird. Immer mehr Erwerbsarbeit wird in Zukunft nicht mehr in räumlich abgegrenzten Betriebsstrukturen erfolgen, sondern ortsflexibel zu Hause, bei KundInnen, im Hotelzimmer oder im Telecenter abgewickelt werden.

Die ortsflexible Erwerbsarbeit findet zur Zeit noch weitgehend im Arbeitsverhältnis statt. TelearbeiterInnen haben also mehrheitlich einen ArbeitnehmerInnenstatus. Auch dies wird sich in Zukunft aller Voraussicht nach ändern. Es ist abzusehen, daß ohne Gegenwehr der Beschäftigten Telearbeit von Unternehmensseite als Erprobung für späteres Outsourcing genutzt wird. So werden viele zukünftige Telearbeiter und Telearbeiterinnen nicht mehr als Angestellte eines bestimmten Unternehmens tätig sein, sondern auf eigenes Risiko als Selbständige, die ihre Dienste ergebnisorientiert an mehrere Auftraggeber vermarkten (vgl. Brandt/Winker in diesem Band).

2.4 Erosion des Normalarbeitsverhältnisses

Mit den drei genannten Flexibilisierungstendenzen der Erwerbsarbeit in den Dimensionen der Menge, Zeit und des Orts setzt sich die Erosion des Normalarbeitsverhältnisses beschleunigt fort. Die kontinuierliche Vollzeiterwerbstätigkeit in Büro oder Fabrik im Rahmen klar geregelter Arbeitszeiten wird somit für viele Beschäftigte bald der Vergangenheit angehören. Diese Erosion des Normalarbeitsverhältnisses bedeutet für Arbeitssuchende, aber auch für viele Beschäftigte eine existentielle Verunsicherung und löst Ängste aus, da tradierte soziale Sicherheiten verloren gehen. Als Abwehrreaktion halten vor allem die in der Regel männlichen Familienernährer verstärkt am traditionellen Leitbild, am Wunsch nach einer kontinuierlich ausgeübten und bezahlten Vollzeiterwerbstätigkeit fest (Schnack/Gesterkamp 1996, S.41ff.). Allerdings kann dieser Verunsicherung weder durch individuelle oder gesamtgesellschaftliche Verdrängungsleistungen noch durch Autosuggestion als politischer Methode sinnvoll begegnet werden. Denn die Chance, daß alle Arbeitssuchenden tatsächlich eine vollzeitige, lebenslange und sichere Erwerbsmöglichkeit erhalten, wird ohne grundsätzliches politisches Eingreifen immer geringer.

3 Geschlechtshierarchische Arbeitsteilung in der Informationsgesellschaft

In diesem Abschnitt gehe ich der Frage nach, was die Erosion des Normalarbeitsverhältnisses für die geschlechtshierarchische Arbeitsteilung bedeutet. Dazu muß zunächst der Stellenwert der Normalerwerbsarbeit für das Geschlechterverhältnis bestimmt werden.

3.1 Normalarbeitsverhältnis und Geschlechterhierarchie

Mit der Konstruktion des Normalarbeitsverhältnisses entsteht das gesellschaftliche Problem, daß sich zumindest für Menschen mit Kindern die beiden Lebensbereiche der Erwerbsarbeit und der Reproduktionsaufgaben kaum vereinbaren lassen. Denn das Normalarbeitsverhältnis setzt voraus, daß hinter jedem, der sich an ihm als Vollzeitbeschäftigter beteiligt, eine zweite Person steht, die den Rücken freihält für die Organisation des Alltagslebens, die Versorgung und Pflege der Kinder und älterer Angehöriger. Auf dieser Unvereinbarkeit beider Lebensbereiche beruht die klare Trennung und geschlechtsspezifische Zuweisung von bezahltem Produktions- und unbezahltem Reproduktionsbereich. Die Verantwortung der Frauen für die häusliche Arbeit verhindert eine gleichberechtigte Teilnahme am Arbeitsmarkt. So kommt es zu Abhängigkeitsverhältnissen und Machtgefällen zwischen den Geschlechtern; es herrscht eine geschlechtshierarchische Arbeitsteilung.

Daß diese geschlechtshierarchische Arbeitsteilung nach wie vor Realität ist, zeigt sich daran, daß unbezahlte Arbeit auch heute noch Frauensache ist. 35 Stunden in der Woche sind Frauen in Deutschland durchschnittlich mit hauswirtschaftlichen und handwerklichen Tätigkeiten, der Pflege und Betreuung von Kindern und Erwachsenen sowie ehrenamtlichen Tätigkeiten beschäftigt, Männer dagegen nur gut 19 Stunden. Spiegelverkehrt ist das Bild bei der Erwerbsarbeit. Einschließlich Wegezeiten sind Männer im Durchschnitt 31 Stunden und Frauen 15 Stunden wöchentlich erwerbstätig (Blanke u.a. 1996, S.6). Auch verdienen vollzeitbeschäftigte Arbeiterinnen und weibliche Angestellte in Deutschland nach wie vor im Durchschnitt ein Viertel weniger als vollzeitbeschäftigte Männer (Tischer/Doering 1998, S.519).

Dies ist das Ergebnis einer Arbeitspolitik, für die über Jahrzehnte der männliche Alleinverdiener – verheiratet, zwei Kinder – als Bezugsperson fungierte. Und auch wenn das Normalarbeitsverhältnis der kontinuierlichen Vollzeitarbeit der Familienernährer im Zusammenhang mit diskontinuierlicher und Teilzeitbeschäftigung der Mütter nie für alle Schichten gültig war und ist, liegt das Modell der Versorgerehe bis heute der bundesdeutschen Sozialpolitik einschließlich des Steuer- und Rentensystems zugrunde und untermauert damit die klare Trennung zwischen bezahltem Produktions- und unbezahltem Reproduktionsbereich.

Gleichzeitig löst sich das klassische geschlechtsspezifische Rollenmodell immer mehr auf. Denn Frauen wollen heute mehrheitlich unterschiedliche Lebensbereiche miteinander vereinbaren, bei gleichzeitig eigenständiger sozialer Absicherung. Für sie ist Erwerbsarbeit ein zentraler Fixpunkt in ihren Biographien und Lebensläufen geworden. Das zeigt deutlich die im Westen langsam, aber stetig zunehmende Erwerbsbereitschaft der Frauen und die im Osten anhaltend hohe Erwerbsbereitschaft der Frauen trotz hoher Frauen-Langzeitarbeitslosigkeit in den neuen Ländern[2]. Auf der anderen Seite wollen Frauen auf das Tätigsein in der Familie, im sozialen, kulturellen und politischen Bereich nicht verzichten.

Diese verschiedenen Ziele zu erreichen, ist jedoch gerade für Frauen mit Kindern unter dem Primat des Normalarbeitsverhältnisses nach wie vor schwierig. So variieren sie je nach Lebensabschnitt die Dauer, die Lage und die Verteilung der Erwerbsarbeit. Aus diesen Suchprozessen ergibt sich die Pluralität weiblicher Lebensstile, die in den letzten Jahrzehnten deutlich zugenommen hat. Es entstehen komplexe weibliche Lebensverläufe im Gegensatz zu einer im Vergleich dazu eindimensional verlaufenden männlichen Normalbiographie, die in erster Linie an der beruflichen Entwicklung orientiert ist. Die weiblichen ‚Patchwork-Biographien' beinhalten in all den Schwierigkeiten ihrer heutigen Realisierung gegen die Normalerwerbsbiographie auch Momente eines humaneren Lebens, indem sie der Desintegration der Lebensbereiche entgegenwirken.

---

2   So ist im Westen die Frauenerwerbsquote von 46,2% im Jahre 1970 auf 60,3% im Jahre 1997 geklettert (die Erwerbsquote der Männer liegt 1997 bei 80,5%). Im Osten liegt die Frauenerwerbsquote 1997 nach wie vor relativ hoch bei 73,6%, die der Männer bei 79,7% (Statistisches Bundesamt 1998). Die Arbeitslosenquote der Frauen ist in den neuen Bundesländern 1997 mit 22,5% immer noch beträchtlich höher als die der Männer (16,6%) (BA 1998b).

3.2 Erosion des Normalarbeitsverhältnisses und Wanken der Geschlechterhierarchie

Nun gerät mit der sich entwickelnden Informationsgesellschaft das gesamte Projekt des Normalarbeitsverhältnisses, das Frauen immer wieder neu behindert, ins Wanken. Die kontinuierliche Vollzeiterwerbstätigkeit in Büro oder Fabrik im Rahmen klar geregelter Arbeitszeiten, an der sich die in der Regel männlichen Familienernährer orientieren, entspricht für immer breitere Schichten nicht mehr der Realität, und diese Entwicklung wird weiter zunehmen. Damit wird auch die eingefahrene geschlechtshierarchische Arbeitsteilung brüchig. Diese Veränderungen im Produktionsbereich mit direkten Auswirkungen auf den Reproduktionsbereich können allerdings unterschiedlichste Auswirkungen auf das Geschlechterverhältnis haben:

Ohne feministischen Gestaltungsansatz werden die Flexibilisierungstendenzen zu einer Modernisierung der Ungleichheit zwischen Männern und Frauen auf einer neuen Ebene führen. Die Segregation auf dem Arbeitsmarkt wird ebenso zunehmen wie die raum-zeitliche Verfügbarkeit der Beschäftigten für die Unternehmen. Damit wird die Realisierung verschiedenartiger weiblicher Lebensentwürfe und die oft gewünschte Vereinbarkeit von Berufstätigkeit und Elternschaft schwieriger. Frauen bleiben auf dem Arbeitsmarkt die ‚Defizitwesen‘, da sie – nicht vollständig zeitlich und räumlich flexibel – den Anforderungen der Unternehmen nicht umfassend gerecht werden. Für die Frauenpolitik besteht auch weiterhin die unbefriedigende Aufgabe darin, Frauen als Mitglieder einer Problemgruppe über gezielte Frauenförderung an eine an Männern orientierte Normalerwerbsbiographie anzugleichen.

Doch auch für Männer werden die Nicht-Normalarbeitsverhältnisse explodieren. Auch sie werden häufiger zu eigentlich ‚frauentypischen‘ Bedingungen arbeiten: unterbezahlt, teilzeitbeschäftigt und unabgesichert. Es kommt damit auch für einen Teil der männlichen Beschäftigten zu einer ‚Feminisierung‘ der Erwerbsarbeit mit all den bekannten Folgen wie u.a. keine eigenständige finanzielle Existenzsicherung und verringerte Aufstiegschancen. Das Gefühl der Nutzlosigkeit und Wertlosigkeit führt zu Problemen mit der männlichen Identität.

Die neuen Flexibilisierungserfordernisse im Erwerbsarbeitsbereich können allerdings auch als Ansatzpunkt einer neuen feministischen Gestaltungsoffensive genutzt werden. Der weitere Zerfall des Normalarbeitsverhältnisses ist dann als Chance für Frauenemanzipation zu begreifen. Dazu muß die bisherige Argumentation der Angleichung von Frauen an die männliche Normalerwerbsbiographie revidiert werden. Statt dessen könnten die Vorteile der unterschiedlichen Formen von Frauenarbeit, die flexibel an breite Lebensinteressen angepaßt sind, als Ausgangspunkt der Gestaltung genommen werden. Denn aus den vielfältigen weiblichen Erfahrungen entsteht ein veränderter Fokus auf Arbeit, da in den ‚Patchwork-Biographien‘ neben der Erwerbsarbeit immer auch familiäre Erziehungs- und Pflegeaufgaben sowie soziale Kontakte im weiten Sinne ihren Platz haben. So lassen sich aus diesen mehrdimensionalen Lebensperspektiven von Frauen Visionen und Handlungsmöglichkeiten für ein integriertes und individualisierbares Leben ableiten. Dies könnte auch für Männer interessant sein. Männlichkeit wird dann nicht weiter mit Unentbehrlichkeit in der Erwerbsarbeit gleichgesetzt, sondern enthält neben der Identität über die Erwerbsarbeit neue Aspekte aus dem Tätigsein in der Familie und im sozialen Umfeld.

Allerdings gehen die Wahlmöglichkeiten, auf die Frauen heute zurückgreifen können und müssen, einher mit einer hohen Verantwortlichkeit für die eigene Biographie. „Frauen müssen das Skript ihrer Biographie selbst entwerfen, zusammenbasteln, zusammenflicken, angesichts höchst komplexer, oft widersprüchlicher Entscheidungsfaktoren" (Beck/Beck-Gernsheim 1993, S.183). Diese Entscheidungszwänge können Frauen unter den derzeitigen Arbeitsmarktbedingungen oft auch überfordern. Deswegen ist es wichtig, daß die an unterschiedliche Lebensstile angepaßte Erwerbsarbeit mit existenzsichernden Maßnahmen verknüpft wird, wie es bisher nur für die männliche Normalerwerbsbiographie gewerkschaftlich durchgesetzt werden konnte.

4 Chancen und Risiken der Flexibilisierung der Erwerbsarbeit

Im vorigen Abschnitt wurde gezeigt, daß das Normalarbeitsverhältnis aus feministischer Perspektive durchaus problematisch ist, da es zur Aufrechterhaltung der Geschlechterhierarchie beiträgt, und damit die Erosion des Normalarbeitsverhältnisses auch Chancen für eine gleichberechtigtere Arbeitsverteilung beinhaltet. Im folgenden werde ich die im zweiten Abschnitt dargestellten Flexibilisierungstendenzen aus der Sicht weiblicher Lebensentwürfe bewerten und darauf aufbauend zu Gestaltungsvorschlägen kommen, die zum Abbau der geschlechtshierarchischen Arbeitsteilung beitragen können.

4.1 Generelle Begrenzung der Erwerbsarbeitszeit

Zentraler Ausgangspunkt meiner Überlegungen ist die Tatsache, daß es zur Situation der Vollbeschäftigung bei einer 38-Stunden-Woche als lebenslange Normalerwerbsarbeitszeit nicht mehr kommen wird. Bisher wird auf das knapper werdende Erwerbsarbeitsvolumen mit Segregationsprozessen reagiert, die zu einer Ausweitung der Mehrarbeit, hohen Massenarbeitslosigkeit, Zunahme der Unterbeschäftigung und damit auch Zunahme der geschlechtsspezifischen Ungleichheit führen. Denn Teilzeitarbeit wird vor allem – im Westen zu 91% – von Frauen ausgeübt (BA 1997, S.103). Männer wählen Teilzeit nur, wenn sie dazu gezwungen sind, da kein Vollzeitjob zur Verfügung steht. Auch sind drei Viertel der geringfügig Beschäftigten Frauen (BA 1998a, S.109). Und der Prozentsatz von Frauen, die unter die Scheinselbständigen fallen, ist doppelt so hoch wie der der Männer.[3] Insgesamt hat diese Entwicklung zur Konsequenz, daß ein weit höherer Anteil der männlichen als der weiblichen Beschäftigten in einem Normalarbeitsverhältnis steht (Hoffmann/Walwei 1998, S.4).

Ausgehend von den Lebensentwürfen von Frauen läßt sich der ungleichen Verteilung von Erwerbsarbeit und der Zuordnung von Teilzeitarbeit zu Frauen eine drastische Verkürzung der Normalerwerbsarbeitszeit für alle Erwerbspersonen entgegensetzen. Anzustreben ist eine allgemeine radikale Arbeitszeitverkürzung auf zunächst 30, mittelfristig 25 Wochenstunden, wie es u.a. Ingrid Kurz-Scherf (1990, S.3ff.) seit längerem vorschlägt. Eine solche Verkürzung kommt der von Frauen gewünschten Arbeitszeit nahe, die durchschnittlich bei 29 Stunden pro Woche liegt, während die derzeitige tarifliche Arbeitszeit ziemlich exakt den Arbeitszeitwünschen von Männern mit im Durchschnitt 38 Stunden pro Woche entspricht (Kurz-Scherf 1995a, S.982).

Obwohl die effektive Jahresarbeitszeit kontinuierlich zurückgegangen ist, ist die verfügbare Nicht-Erwerbsarbeitszeit gerade für Eltern mit Kindern immer noch zu knapp bemessen. Verlängerte Wegezeiten, gewachsener Zeitaufwand für Versorgungsaufgaben, erhöhte Regenerationszeiten, mehr private Zeit für Weiterbildung beanspruchen die durch Arbeitszeitverkürzungen gewonnenen Zeitphasen. So klagen mehr als zwei Drittel der Erwerbstätigen über Zeitdruck (Kurz-Scherf 1995b, S.107).

Erst der Normalerwerbsarbeitstag von durchschnittlich sechs oder besser fünf Stunden schafft neue Spielräume für die partnerschaftliche Aufteilung von Familienpflichten. Gleichzeitig müssen Frauen mit ihren erheblich verbesserten schulischen und beruflichen Qualifikationen bei einer radikal verkürzten Normalerwerbsarbeitszeit nicht mehr auf eine gleichberechtigte Teilhabe am Erwerbsleben verzichten. Sie können – und müssen dann auch – eine eigenständige, vom Partner unabhängige Existenzsicherung anstreben.

Mit der Strategie einer radikalen Begrenzung der Erwerbsarbeitszeit und damit einer solidarischen Umverteilung von Erwerbsarbeit ist eine Einkommensumverteilung verbunden, da wirksame Arbeitszeitverkürzungen mit vollem Lohnausgleich nicht durchgesetzt werden können. Abstriche bei den Einkünften der bisher Vollzeitbeschäftigten gehen mit einer relativen Besserstellung von bisher Teilzeitbeschäftigten, vor allem Frauen, einher. Wenn damit in Zukunft alle Familienmitglieder im erwerbsfähigen Alter ein exi-

---

3   Je nach Definition der Scheinselbständigkeit sind entweder 0,4% aller erwerbstätigen Männer und 0,8% aller erwerbstätigen Frauen als eindeutig abhängig Beschäftigte einzustufen oder 0,9% der Männer und 1,9% der Frauen (Dietrich 1996, S.11).

stenzsicherndes Einkommen beziehen, kann eine Kürzung des bisher als Familieneinkommen legitimierten Gehalts von Vollzeitbeschäftigten auch akzeptiert werden.

Bei der Realisierung einer solchen Arbeitszeitbegrenzung muß allerdings eine soziale Komponente einbezogen werden, da in den unteren Lohn- und Gehaltsstufen eine finanzielle Einschränkung wegen Unterschreitung des Mindesteinkommens nicht realisierbar ist. Deswegen müssen die mit der Arbeitszeitverkürzung einhergehenden Produktivitätsforschritte zum Lohn- und Gehaltsausgleich für die finanziell schwach gestellten Gruppen herangezogen werden. Dies trägt auch dazu bei, die krassen Einkommensspannen zu verkleinern.

Auch müßte in einem solchen Modell der generellen Arbeitszeitverkürzung die Mehrarbeit über ein hartes Steuersystem, das Unternehmen und Beschäftigte trifft, auf Ausnahmefälle begrenzt werden. Ein konkreter Vorschlag, wie bereits heute Verkürzung der Arbeitszeit und Abbau von Überstunden durch indirekt wirkende Regelungen unterstützt werden können, wird von Marieluise Beck und der Fraktion ‚Bündnis 90/Die Grünen' in die bundesdeutsche Diskussion gebracht. Die Grundidee ist ein aufkommensneutrales ‚Bonus-Malus-System'. Danach müssen Betriebe mit vielen Überstunden und überlangen Arbeitszeiten einen Zuschlag auf ihre Sozialabgaben zahlen (Malus), während Firmen, die ihr betriebliches Arbeitszeitvolumen auf relativ mehr Beschäftigte verteilen, bei den Sozialversicherungsbeiträgen entlastet werden (Bonus). Damit Betriebe nicht auf ungeschützte Kurzzeitjobs ausweichen, sollen bei der Berechnung der betrieblichen Durchschnittsarbeitszeit nur Stellen ab 19 Wochenstunden mitgezählt werden (Beck u.a. 1997).

Aussicht auf Realisierung haben diese Vorschläge allerdings nur dann, wenn sich unser Leitbild radikal verändert. Dazu bedarf es eines breiten gesellschaftlichen Diskurses. Erwerbsarbeit darf nicht mehr im alleinigen Mittelpunkt unseres Wertesystems stehen, Mehrarbeit muß gesellschaftlich diskriminiert werden. Nicht mehr diejenigen, die viel arbeiten, dürfen einen hohen gesellschaftlichen Status für sich in Anspruch nehmen, sondern diejenigen, die es mit wenig bezahlter Arbeit schaffen, ein zufriedenstellendes Leben zu führen. Frauenleben, in denen neben der Erwerbsarbeit bereits heute andere sinnvolle Tätigkeiten eine zentrale Rolle spielen, können Vorbildcharakter haben.

4.2 Soziale Absicherung neuer Arbeitsformen

Zur sozialen Abfederung einer generellen Erwerbsarbeitszeitverkürzung, aber auch zur Absicherung neuer Arbeitsformen, wie die der neuen Selbständigen, muß im Sozialsystem der Bezug auf die ununterbrochene Vollerwerbsbiographie und die Zentrierung auf die Ehe aufgebrochen werden.

Bisher beruhen die Sozialsysteme (Arbeitslosen- und Rentenversicherung) auf dem Prinzip der Lebensstandardsicherung, und es wird ‚leistungsgerecht' bezahlt, d.h. entsprechend des Einkommens und der Erwerbsarbeitsmenge, die im Laufe einer kontinuierlichen Erwerbsbiographie angehäuft werden. Diese Systeme sind damit vor allem auf männliche Lebensmuster ausgelegt und werden mit der Erosion des Normalarbeitsverhältnisses sowie dem Vordringen neuer Arbeitsformen zunehmend untergraben. So ist ein neues System der sozialen Absicherung anzustreben, das auch den Einkommensschwachen oder außerhalb des Erwerbsarbeitssystems Tätigen eine soziale Grundabsicherung ermöglicht und die Einkommensschere, die während der Berufszeit entsteht, nicht fortsetzt, sondern abschwächt.

Ein erster Schritt in diese Richtung ist die Einführung einer existenzsichernden Grundsicherung für alle Bürgerinnen und Bürger innerhalb der bestehenden Sozialversicherungssysteme, die unabhängig von der Dauer der Erwerbstätigkeit und unabhängig vom erzielten Einkommen und damit den Zahlungen in die Sozialversicherung jedem erwachsenen Menschen zusteht.

Wichtig ist, daß alle Beschäftigten, also auch diejenigen in den bisher ungesicherten Beschäftigtenverhältnissen, in die Sozialversicherung einbezogen werden (Ochs 1997, S.640ff.). Gabriele Rolf und Gert Wagner dehnen in ihrem Modell eines „voll eigenständigen Systems der Altersversorge" die Rentenversicherungspflicht auf alle Personen im erwerbsfähigen Alter aus, also nicht nur auf geringfügig beschäftigte, sondern auch auf selbständig tätige und nicht-erwerbstätige Personen. Sie schlagen eine Mindestbeitragspflicht für alle vor, die in der Höhe 75% des Durchschnittbitrages aller erwerbstätigen Versicherten entspricht. Für erwerbsverhinderte und nichterwerbstätige Personen übernimmt der Staat die Beitragszahlung zur Rentenversicherung (z.B. für drei Jahre pro Kind). Mit dem Mindestbeitrag erwirbt dann jede und jeder den Anspruch auf eine Mindestrente von derzeit rund DM 1500 (Rolf/Wagner 1996, S.29ff.; Rolf-Engler in ÖTV-Magazin 10/97, S.11). Dieses Modell strebt eine ausreichende eigenständige Alterssicherung für Frauen wie für Männer an und unterstützt unterschiedliche Lebensentwürfe anstatt sie – wie das derzeitige Rentensystem – zu erschweren.

Um bereits heute individuelle Erwerbsarbeitszeitverkürzungen zu forcieren, ist als weiterer Schritt denkbar, daß sich für alle Beschäftigten Rentenansprüche nur auf eine reduzierte Normalerwerbsarbeitsdauer von 30 bzw. 25 Wochenstunden beziehen. Erwerbsarbeit, die darüber hinaus erbracht wird, erfordert zwar ebenfalls Abgaben in die Sozialversicherung, diese kommen jedoch nicht den Einzahlenden, sondern der Gesamtheit der Versicherten zugute. Diese skizzierten Modelle würden bereits heute Beschäftigten ermöglichen, eine verkürzte Dauer bzw. Verringerung der Erwerbsarbeit frei zu wählen, bei vollständiger sozialer Absicherung.

Eine grundlegendere Umgestaltung des sozialen Sicherungssystems, die neuen Arbeitsformen zwischen Erwerbsarbeit, Eigenarbeit und Hausarbeit gerecht werden kann, wird mit dem Konzept des Bürgergeldes diskutiert. Danach haben alle erwachsenen Bürger und Bürgerinnen ein Anrecht auf ein solches Bürgergeld, das vom Finanzamt bezahlt wird und deswegen auch „negative Einkommenssteuer" heißt. Als Grundeinkommen von zur Zeit etwa 1200 DM ersetzt es bis auf einige wenige Leistungen für spezielle Notsituationen alle bisherigen Sozialleistungen (Kessler 1996, S.113ff.). Ein solches Bürgergeld würde all diejenigen sozial absichern, die nicht in den Erwerbsarbeitsmarkt hinein wollen, sondern sich bewußt dazu entscheiden, im Bereich der Kindererziehung, Pflege, Nachbarschaftshilfe oder auch politischen Initiativen tätig zu sein. Dadurch würden Tätigkeiten aufgewertet, die heute größtenteils von Frauen unentgeltlich geleistet werden. Das Bürgergeld erleichtert gleichzeitig auch weitreichende Erwerbsarbeitszeitverkürzungen, da Beschäftigte bei einer Verringerung ihrer Erwerbsarbeitszeit durch die Verrechnung mit dem Bürgergeld nicht mehr so viel Nettoeinkommen verlieren wie heute. Dadurch werden gleichzeitig individuelle Wechsel in der Dauer der Erwerbsarbeit je nach Lebenssituationen finanziell unterstützt, was den verschiedenartigsten Biographien von Frauen entgegenkommt.

4.3 Individuelle Zeitsouveränität

Statt über Arbeitszeitverkürzung wird zur Zeit viel über Arbeitszeitflexiblisierung gesprochen. Unternehmen teilen ihren Beschäftigten Arbeitszeiten nach betrieblichen Notwendigkeiten zu. In welchen Lebensphasen und Lebensformen sich die Beschäftigten gerade befinden, ob sie allein erziehen, ob und wie viele Kinder sie haben, wird kaum zur Kenntnis genommen. Häufig gelten familiäre Verpflichtungen, die die zeitliche Flexibilität begrenzen, als Einschränkung des betrieblichen Leistungsvermögens. Gerade bei der Arbeitszeitflexibilisierung wird deutlich, daß Erwerbsarbeit in der modernen Gesellschaft als eigenständiges System getrennt von der Familienwelt organisiert ist und sich gegen die Anforderungen der Familienwelt strukturell rücksichtslos verhält. Die weitere Flexibilisierung im Unternehmensinteresse führt so zu verschärften Abstimmungsproblemen zwischen Beruf und Familie. Soziale und zwischenmenschliche Beziehungen sind vom Problem einer permanenten Terminabstimmung geprägt. Insgesamt dehnt sich die von der beruflichen Sphäre bestimmte Zeit aus. Frauen werden noch mehr zum Puffer zwischen Betrieb und Familie.

Wieder ausgehend von weiblichen Lebensmodellen ist neben und in Ergänzung der generellen Begrenzung der individuellen Erwerbsarbeit die Autonomie in der Arbeitszeitgestaltung wichtig. Unter Arbeitszeitautonomie oder individueller Zeitsouveränität werden die Einflußmöglichkeiten der Beschäftigten auf die Dauer, Lage und Verteilung der persönlichen Arbeitszeit verstanden. In einer Gesellschaft, in der sich unterschiedliche Lebensstile herausbilden, ist diese selbstbestimmte zeitliche Flexibilität entscheidend für Handlungsmöglichkeiten bei der Realisierung der eigenen individuellen Lebensentwürfe. Dreh- und Angelpunkt einer individuellen Zeitsouveränität ist allerdings deren Verbindung mit der generellen Begrenzung der durchschnittlichen Erwerbsarbeitszeit. Auch wenn dadurch die Zeitautonomie in der Erwerbsarbeitsdauer nach oben rigide begrenzt wird, führt nur in dieser Kombination individuelle Arbeitszeitflexibilisierung zu mehr individueller Freiheit und nicht mehr, wie beispielsweise heute bei der Teilzeitarbeit, zu Segregationsprozessen auf dem Arbeitsmarkt.

Für Frauen ist wichtig, daß persönliche Zeitpräferenzen von der großen Mehrheit der Beschäftigten je nach persönlicher Lebenslage genutzt und in diesem Sinne ‚normal‘ werden. Dies ermöglicht, daß Frauen in Zukunft über die individuelle Wahl unterschiedlicher Erwerbsarbeitszeiten nicht weiter in ihren beruflichen Karrieren beschnitten werden. Auf dem Hintergrund einer Höchstarbeitszeit von 25 Stunden pro Woche gehören individuell gestaltbare, zeitlich flexible Beschäftigungsformen auch nicht mehr nur ins Reich der Notwendigkeit zur Vereinbarkeit von Berufs- und Familienarbeit, sondern auch ins Reich der neuen Optionen, mit denen im eigenen Leben bewußt Schwerpunkte gesetzt werden können.

Durch individuelle Zeitsouveränität lassen sich zum Beispiel in Abhängigkeit von der familiären Situation bewußt gemeinsame bzw. bewußt versetzte Arbeitszeiten der LebenspartnerInnen planen. Je nach Lebensphase ist auch eine vorübergehende Reduzierung oder Unterbrechung der Erwerbsarbeit realisierbar, die im größeren Maßstab vor- oder nachgearbeitet wird. Das Sabbatjahr-Modell ist beispielsweise im neuen Rahmen nicht mehr eine besondere Form der Teilzeit, sondern eine von vielen zeitlichen Optionen, mit der die begrenzte Erwerbsarbeitsmenge individuell, zeitlich souverän umgesetzt wird. Beschäftigte können über sechs Jahre mehr als die festgesetzte Wochenobergrenze arbeiten, um im siebten Jahr bei fortlaufendem Einkommen auszusetzen.

Zur schrittweisen Umsetzung einer individuellen Zeitsouveränität bieten sich unterschiedliche Formen von Zeitkonten wie zum Beispiel Jahresarbeitszeitkonten an. Je größer der mögliche Ausgleichszeitraum ist, um so mehr wird die Regelarbeitszeit nur noch zu einer als Durchschnittswert definierten Größe. In einem solchen Fall besteht eine hohe Zeitautonomie. Damit rückt auch das eigentliche Arbeitsergebnis in den Vordergrund, und die konkrete Verteilung der hierfür aufgewendeten Zeitdauer wird für die Unternehmen sekundär, solange der eingeplante grobe Zeitrahmen eingehalten wird. Wichtig ist auch ein veränderter Umgang mit diesen Zeitkonten. Während bisher eine möglichst lange Anwesenheit mit Leistung gleichgesetzt wurde, gilt es in Zukunft, die Überschreitungen des Arbeitszeitbudgets auch aus betrieblicher Sicht zu sanktionieren und die Unterschreitungen als Zeichen produktiven Arbeitens positiv zu bewerten.

Auch wenn die Individualisierung von Arbeitszeitgestaltung über hohe Attraktivität verfügt, so darf nicht übersehen werden, daß sie ohne kollektivrechtliche Flankierung zu einer Spielwiese für die Durchsetzung der Arbeitszeitinteressen von Stärkeren gegenüber Schwächeren – zwischen Unternehmensleitung und Beschäftigten, aber auch unter den Beschäftigten – wird. Denn es gibt eklatante Widersprüche zwischen einerseits betrieblichen Flexibilitätsanforderungen und andererseits individueller Autonomie zur Arbeitszeitgestaltung (Seifert 1996, S.442ff.). Die Mehrzahl der Beschäftigten in der Krankenpflege beispielsweise hat eine minimale Autonomie zur Arbeitszeitgestaltung trotz weitreichender Flexibilisierungsanforderungen. Deswegen bedarf es gemeinschaftlicher, kollektivrechtlich abgesicherter Regelungen, die die Zeitsouveränität im Interesse und nach den Bedürfnissen der Beschäftigten stärken. Denkbar sind Selbstbestimmungsrechte über Arbeitszeiteinteilungen in teilautonomen Gruppen, wobei auf Gruppenbasis betriebliche Anforderungen wie zum Beispiel Öffnungszeiten abzudecken sind. Auch läßt sich ein Mix vorstellen zwischen individuell festlegbaren Arbeitszeiten und einem Arbeitszeit-Korridor, über den das Unternehmen verfügen kann.

Zeitautonomie verlangt insofern nicht nach einer Deregulierung, sondern nach einer Stärkung kollektiver, gewerkschaftlicher Durchsetzungsmacht. Ein Beispiel ist das ÖTV-Projekt „Neue Zeitpraxis" (ÖTV Argumente Nr.4, November 1997) bei dem auch über Zeit-Faktorisierung neu nachgedacht wird. So ist beispielsweise eine Nachtschicht wie anderthalb Tagschichten zu werten. Darüber hinaus könnten auch Zeitzuschläge für die Bereitschaft zur kurzfristigen Flexibilität vereinbart werden.

4.4 Individuelle Ortssouveränität

Die räumliche Entkoppelung von Arbeitsprozessen wird auf dem Hintergrund immer besserer und kostengünstiger Netzleistung weiter zunehmen. Auch wenn mit Telearbeit keine grundlegende Veränderung der Organisation des Alltags und damit der Veränderung der Geschlechterrollen einhergeht, kann Ortsflexiblität Vorteile bringen (vgl. Brandt/Winker in diesem Band). Gerade im Rahmen einer Begrenzung der Normalerwerbsarbeitszeit und erhöhter Zeitsouveränität können bestimmte Formen von Telearbeit die Reintegration von Beruf und Familienalltag erleichtern. Die Bewertung der unterschiedlichen Telearbeitsmodelle ist allerdings noch recht schwierig.

Ausgehend von weiblichen Lebensstilen läßt sich festhalten, daß eine umfassende Ortssouveränität von Interesse sein kann, in der auch kurzfristig ortsflexibel gearbeitet werden kann. Denn gerade für Menschen mit Familienpflichten ist es wichtig, je nach konkreter Lebenssituation zwischen der Telearbeit zu Hause und dem Tätigsein in der zentralen Betriebsstätte wechseln zu können. Ortssouveränität verbindet die Vorteile des zentralisierten sozialen Zusammenarbeitens im Team mit den Vorteilen der örtlichen Flexibilität für bestimmte Situationen und Tage.

Individuelle Ortssouveränität ermöglicht zum Beispiel das Abarbeiten einzelner zeitlich drängender Tätigkeiten zu Hause im Krankheitsfall von Angehörigen. Da gerade Frauen ausreichend Erfahrungen mit spontanen Umdisponierungen im Familienbereich wegen kranker Kinder oder Angehöriger haben, wissen sie den Vorteil zu schätzen, bei Bedarf zeitflexibel zu Hause arbeiten zu können. Gleichzeitig bewerten gerade Frauen auch den kommunikativen Gewinn des Arbeitens im Team sehr hoch und sehen darin oft auch einen der Hauptgründe für die Erwerbstätigkeit.

Gerade qualifizierte Aufgabenfelder wie Management, Programmierung, Forschung und Entwicklung, qualifizierte Sachbearbeitung usw. mit hohem Anteil an Informationsarbeit und mit einem hohen Grad an zeitlicher und inhaltlicher Autonomie, wie sie in der Informationsgesellschaft zunehmen werden, eignen sich für ortsungebundenes Tätigsein. Wichtig ist, daß bei der Telearbeit die kollektivrechtlichen Regelungen und damit der institutionell-rechtliche Rahmen des Arbeitsverhältnisses möglichst weitgehend gültig bleiben und nur auf ausdrücklichen Wunsch der Beschäftigten in Richtung Selbständigkeit aufgelöst werden kann.

5 Verbesserung der Lebensqualität für Frauen und Männer

Zusammenfassend läßt sich festhalten, daß bei dem hier vorgeschlagenen Vorgehen das Ziel nicht mehr heißt, Frauenarbeit an das männlich orientierte Normalarbeitsverhältnis anzugleichen. Statt dessen werden weibliche Arbeits- und Lebensstile als Ausgangspunkt für die Modernisierung der Arbeitsverhältnisse in der Informationsgesellschaft begriffen. Sie lassen sich zwar bisher nur schwierig realisieren und sind mit großen Nachteilen vor allem in der sozialen Absicherung und der beruflichen Entwicklung verbunden, ermöglichen jedoch im Ansatz eine bessere Verbindung aller Lebensbereiche. Ausgehend von den weiblichen Arbeits- und Lebensbedingungen mit ihrer zunehmenden Pluralisierung konnten folgende Handlungsmöglichkeiten aufgezeigt werden:

- generelle Begrenzung der durchschnittlichen Erwerbsarbeitszeit auf 30, mittelfristig 25 Wochenstunden,
- soziale Absicherung unabhängig von der Erwerbsarbeit,
- möglichst weitgehende individuelle Zeit- und Ortssouveränität.

Mit einer generellen Erwerbsarbeitszeitverkürzung, einer erwerbsunabhängigen sozialen Absicherung, einer individuellen Zeit- und Ortssouveränität ist für Frauen *und* Männer eine deutlich bessere Verbindung von unterschiedlichen Lebensbereichen möglich, als dies heute der Fall ist, oder mit den Krücken der Teilzeit- und Teleheimarbeit erreicht werden soll.

Unter diesen Voraussetzungen, bei denen Arbeit, Einkommen und Zeit unter dem Gerechtigkeitsaspekt neu verteilt werden, haben Frauen wie Männer nicht nur mehr Zeit für Reproduktionsarbeiten, sondern auch für die breiter definierte Eigenarbeit. Dann muß ehrenamtliche Arbeit auch nicht staatlich gefördert werden, wie bei der von Ulrich Beck in die Diskussion gebrachten „Bürgerarbeit" (Kommission 1997, Teil III, S.146ff.). Ein tatsächlich freiwilliges soziales Engagement von BürgerInnen kann unter den dargestellten Bedingungen zur Bereicherung des Lebens beitragen. Schon heute läßt sich feststellen, daß ehrenamtliche Arbeit eben gerade nicht substitutiv, sondern eher komplementär zu einer Erwerbstätigkeit ist (DIW 4/1998, S.82ff.).

Die Chancen zur Durchsetzung des dargestellten Modells stehen heutzutage gar nicht so schlecht, da auch bereits Männer von der ‚Feminisierung' der Erwerbsarbeit betroffen sind. Sie werden arbeitslos oder befinden sich in prekären Arbeitsverhältnissen, so daß sie ihrer traditionellen Ernährerrolle nicht mehr gerecht werden können, und auch für sie eine gerechtere Verteilung von – bezahlter und unbezahlter – Arbeit von Interesse sein könnte. Unter den Bedingungen einer rigide verkürzten Erwerbsarbeitszeit können Männer in die Reproduktionsarbeit einsteigen und Verantwortung für die Lebensgrundlage der nächsten Generationen übernehmen. Und dennoch wird das von mir skizzierte Modell nicht von heute auf morgen erreichbar sein, da die gesellschaftliche Redefinition des Stellenwerts der Erwerbsarbeit ein kultureller Prozeß ist, der Zeit benötigt. Doch es kann ein zentraler Mosaikstein sein, der zur notwendigen, breit zu führenden Diskussion um die Zukunft der Arbeit einlädt.

Komme ich also zu meiner Fragestellung vom Beginn zurück, so läßt sich festhalten, daß das Geschlechterverhältnis nicht virtuell, sondern ganz konkret und greifbar in Bewegung und damit in Unordnung gerät und diese Entwicklung weiter voranschreiten wird. Gleichzeitig enthält diese Bewegung, diese Unordnung eine Chance für die Emanzipation von Frauen. Und diese Emanzipation läßt sich als virtuell bezeichnen, da einerseits die Emanzipationschancen im Rahmen der sich entwickelnden Informationsgesellschaft zunehmen können. Andererseits, und viel wichtiger, verweise ich mit virtuell auf die potentielle Kraft, auf ein potentielles Vermögen, welches heute noch keine Gegenständlichkeit besitzt. Die Chance einer veränderten und gleichberechtigteren Arbeitsteilung zwischen den Geschlechtern ist aber „der Kraft oder Möglichkeit nach vorhanden". Sie muß und kann von einer neu aktiv werdenden Frauenbewegung genutzt werden.

Gefragt ist heute Phantasie, um auf dem Hintergrund neuer Flexibilisierungsanforderungen eine Informationsgesellschaft zu gestalten, in der morgen tatsächlich der Wunsch nach einem ‚besseren' Leben für beide Geschlechter Realität wird. Individualisierte Biographien für Frauen und Männer, in denen auf dem Hintergrund einer für alle Menschen reduzierten und abgesicherten Erwerbsarbeitsmenge zeitliche und räumliche Optionen realisiert werden, werden dann in der Zukunft zum festen Bestandteil einer hohen Lebensqualität gehören. Damit kann sich dann die virtuelle Unordnung im Geschlechterverhältnis zukünftig in eine gleichberechtigte Geschlechter-Ordnung verwandeln, die Frauen wie Männern genügend Platz für eine individuelle Lebensführung ermöglicht.

Literatur

Beck, Marieluise u.a.: Beschäftigungsorientierte Arbeitszeitpolitik: Bonus-Malus-System als Anreiz zur Verkürzung der Arbeitszeiten und zum Abbau von Überstunden. Antrag. Deutscher Bundestag, 13. Wahlperiode, Drucksache 13/7800, 3.6.1997

Beck Ulrich, Beck-Gernsheim, Elisabeth: Nicht Autonomie, sondern Bastelbiographie. Anmerkungen zur Individualisierungsdiskussion am Beispiel des Aufsatzes von Günter Burkhart. In: Zeitschrift für Soziologie 3/1993, S.178-187

Becker, Jörg; Salamanca, Daniel: Globale elektronische Netze und internationale Arbeitsteilung. In: Enquete Kommission (Hrsg.): Zur Ökonomie der Informationsgesellschaft. Perspektiven, Prognose, Visionen. Bonn: ZV Zeitungs-Verlag Service, 1997

Blanke, Karen; Ehling, Manfred; Schwarz, Norbert: Zeit im Blickfeld. Ergebnisse einer repräsentativen Zeitbudgeterhebung. Stuttgart, Berlin, Köln: Kohlhammer, 1996

Bundesanstalt für Arbeit (BA): Arbeitsmarkt 1996: Arbeitsmarktanalyse für die alten und neuen Bundesländer. In: Amtliche Nachrichten der Bundesanstalt für Arbeit, 45. Jg., Sondernummer, 13.Juni 1997

Bundesanstalt für Arbeit (BA): Arbeitsmarkt 1997: Arbeitsmarktanalyse für die alten und neuen Bundesländer. In: Amtliche Nachrichten der Bundesanstalt für Arbeit, 46. Jg., Sondernummer, 1998a (im Erscheinen)

Bundesanstalt für Arbeit (BA): Geschäftsbericht 1997. Nürnberg, 1998b

Deutsches Institut für Wirtschaftsforschung (DIW): Multimedia: Beschäftigungszunahme im Medien- und Kommunikationssektor vielfach überschätzt. In: DIW-Wochenbericht 10/96

Deutsches Institut für Wirtschaftsforschung (DIW): „Bürgerarbeit": Kein sinnvoller Weg zur Reduzierung der Arbeitslosigkeit. In: DIW-Wochenbericht 4/98

Dietrich, Hans: Empirische Befunde zur „Scheinselbständigkeit". IAB-Werkstattbericht 7/1996

Hoffmann, Edeltraut; Walwei, Ulrich: Beschäftigung: Formenvielfalt als Perspektive? Teil 1: Längerfristige Entwicklung von Erwerbsformen in Westdeutschland. In: IAB-Kurzbericht Nr. 2 vom 27.1.1998

Info 2000. Deutschlands Weg in die Informationsgesellschaft. Bericht der Bundesregierung, Bonn 1996

Kessler, Wolfgang: Wirtschaften im dritten Jahrtausend. Leitfaden für ein zukunftsfähiges Deutschland. Oberursel: Publik-Forum Verlagsgesellschaft mbH, 1996

Kohler, Hans; Spitznagel, Eugen: Teilzeitarbeit in der Gesamtwirtschaft und aus der Sicht von Arbeitnehmern und Betrieben in der Bundesrepublik Deutschland. In: Mitteilungen aus der Arbeitsmarkt- und Berufsforschung 3/95

Kommission für Zukunftsfragen der Freistaaten Bayern und Sachsen: Erwerbstätigkeit und Arbeitslosigkeit in Deutschland. Entwicklung, Ursachen und Maßnahmen. Teil I: Entwicklung von Erwerbstätigkeit und Arbeitslosigkeit in Deutschland und anderen frühindustrialisierten Ländern, Bonn 1996 und Teil III: Maßnahmen zur Verbesserung der Beschäftigungslage, Bonn, 1997

Kurz-Scherf, Ingrid: Das Patriachat als Organisationsform der Arbeit. In: Fricke, Werner (Hrsg.): Jahrbuch Arbeit und Technik 1990, Bonn, 1990

Kurz-Scherf, Ingrid: Krise der Arbeitsgesellschaft: Patriarchale Blockaden. Feministische Anmerkungen zu einem von Männern beherrschten Diskurs. In: Blätter für deutsche und internationale Politik 8/1995a

Kurz-Scherf, Ingrid: Zeit der Vielfalt – Vielfalt der Zeiten. Schriftenreihe der Senatsverwaltung für Arbeit und Frauen Nr. 11, Berlin, 1995b

Mc Kinsey: Teilen und Gewinnen – Das Potential der flexiblen Arbeitszeitverkürzung, München, 1994

Ochs, Christiane: Mittendrin und trotzdem draußen – geringfügige Beschäftigung. In: WSI-Mitteilungen 9/1997

Rolf, Gabriele; Wagner, Gert: Alterssicherung in der Bundesrepublik Deutschland. Stand und Perspektiven. In: Aus Politik und Zeitgeschichte, B 35/96, S.23-32

Schilling, Gabi; Bauer, Frank; Groß, Hermann: Arbeitszeiten, Arbeitszeitwünsche und Zeitverwendung in Deutschland. In: WSI-Mitteilungen 7/1996

Schnack, Dieter; Gesterkamp, Thomas: Hauptsache Arbeit. Männer zwischen Beruf und Familie, Reinbek, 1996

Seifert, Hartmut: Arbeitszeitkonten – Modelle für mehr Zeitsouveränität oder absatzorientiertes Zeitmanagement. In: WSI-Mitteilungen 7/1996

Statistisches Bundesamt (Hrsg.): Bevölkerung und Erwerbstätigkeit. Leben und Arbeiten in Deutschland – Mikrozensus 1997 –. Ergebnisse des Pressegesprächs am 14. Mai 1998 in Frankfurt am Main

Thome, Rainer: Arbeit ohne Zukunft? München: Vahlen, 1997

Tischer, Ute; Doering, Gabriele: Arbeitsmarkt für Frauen. Aktuelle Entwicklungen und Tendenzen im Überblick. In: Informationen für die Beratungs- und Vermittlungsdienste der Bundesanstalt für Arbeit, ibv 8/98 vom 25.2.1998

Ute Tischer

Neue Beschäftigungsfelder und weibliche Qualifikationspotentiale

1 Einleitung

Der Arbeitsmarkt ist nach wie vor sowohl horizontal (nach Berufen) als auch vertikal (nach der Stellung im Beruf) geschlechtsspezifisch segmentiert. Dies liegt auch daran, daß Frauen in unserer Gesellschaft die Hauptlast der familiären Aufgaben tragen. Typische Frauenberufe sind in der Regel gekennzeichnet durch schlechtere Übernahmechancen nach der Ausbildung, höhere Arbeitslosigkeit, geringere Aufstiegsmöglichkeiten sowie schlechtere Bezahlung, und sie sind zunehmend in Bereichen außerhalb unbefristeter sozialversicherungspflichtiger Vollzeitbeschäftigung (‚Normalarbeitsverhältnisse‘) zu finden. Frauen können ihre Qualifikationen häufig nicht in entsprechende Positionen und Einkommen umsetzen. Weibliche Stärken im Beruf bleiben oft unsichtbar und werden nicht gewürdigt und bezahlt.

Bei dem tiefgreifenden Strukturwandel der Arbeitswelt hin zur Dienstleistungs- und Informationsgesellschaft geht es um einen Transformationsprozeß, in dessen Verlauf Arbeit neu definiert werden wird. Die Zugänge zu und die Verfügung über technische Ressourcen und die Veränderung der gesellschaftlichen Kommunikation werden für den Umfang und die Art der Beschäftigung von Frauen von großer Bedeutung sein. Dies kann auch Chancen eröffnen. Der Wandel in der Arbeitswelt und die dadurch bedingte Offenheit für Veränderungen und neue Strategien ermöglicht Gestaltungsoptionen für ‚Frauenarbeitsplätze‘ und kann für ein Aufbrechen geschlechtsspezifischer und -hierarchischer Arbeitsteilung genutzt werden. Insbesondere veränderte berufliche Inhalte und neue Anforderungsprofile können Beschäftigungschancen für Frauen eröffnen und zu einer Neubewertung des weiblichen Arbeits- und Qualifikationspotentials führen. Dies könnte die mit überkommenen Rollenvorstellungen verbundene Trennung in eher männliche und eher weibliche Berufe überwinden helfen.

Im Mittelpunkt meiner Ausführungen stehen mögliche Auswirkungen neuer Technologien auf Beschäftigungsumfang und -inhalte von Frauen. Die Veränderung von Arbeitsformen und -strukturen wird in diesem Beitrag nur soweit behandelt, wie dadurch bedingt neue Qualifikationen und Anforderungsprofile definiert werden müssen. Die Neuverteilung von Arbeit, Chancen und Risiken von neuen Arbeitsformen (z.B. Telearbeit) und der Flexibilisierung von Arbeit sowie deren Auswirkungen auf die soziale

Sicherung werden an anderer Stelle in diesem Buch beschrieben (siehe insbesondere Winker und Brandt/Winker).

2 Ausgangssituation von Frauen

2.1 Beschäftigung von Frauen

Ob der Strukturwandel auf dem Arbeitsmarkt Chancen oder Risiken für Frauen bringt, hängt auch davon ab, über welche Qualifikationen Frauen derzeit verfügen und in welchen Sektoren und Berufen sie tätig sind. Deshalb werden im folgenden die wesentlichen Eckdaten zur Beschäftigung von Frauen stichwortartig beschrieben (Tischer/Doering 1998).

Frauen haben nicht nur bei der schulischen, sondern auch bei der beruflichen *Ausbildung* aufgeholt. 55% der Abiturienten, 52% der Studienanfänger an Universitäten und 57% der Absolventen mit einem Ausbildungsabschluß in Betrieb oder Berufsfachschule sind inzwischen Frauen.

Frauen können jedoch ihre hohen Qualifikationen häufig nicht in entsprechende *Positionen* und *Einkommen* umsetzen. Selbst Akademikerinnen sind häufiger als ihre männlichen Kollegen nicht ausbildungsadäquat beschäftigt (Plicht u.a. 1994). Das durchschnittliche Einkommen von vollzeitbeschäftigten Frauen liegt nach dem Mikrozensus 1996 um ein Viertel unter dem der Männer. Ihre Aufstiegschancen sind deutlich schlechter, nur 3% der erwerbstätigen Frauen sind in Führungsfunktionen tätig.

Ein Fünftel der Frauen in den alten Bundesländern verfügt über keinen *beruflichen Abschluß* (neue Länder: nur 8%, Mikrozensus 1995). Diese Frauen tragen das größte Beschäftigungsrisiko, denn Arbeitsplätze von ungelernten und angelernten Frauen sind überproportional abgebaut worden.

Der Beschäftigungsschwerpunkt von Frauen ist der *Dienstleistungssektor* (Gesellschafts-, Haushalts- und Freizeit- sowie wirtschaftsbezogene Dienstleistungen, Handel, Verkehr). 1996 waren dort gemäß Mikrozensus 78% der Frauen in Deutschland tätig. Noch deutlicher ist die Konzentration auf *Dienstleistungsberufe*, die auch in anderen Sektoren zu finden sind; vier von fünf der erwerbstätigen Frauen üben einen Dienstleistungsberuf aus. Rund zwei Drittel davon arbeiten in sogenannten primären Dienstleistungsberufen, z. B. als Bürokräfte, Verkäuferinnen, Reinigungskräfte und als Gästebetreuerinnen.

Daß Frauen vor allem im *Dienstleistungsbereich* tätig sind, war zumindest für die Frauen in den alten Bundesländern der Grund, daß sie in den neunziger Jahren trotz des insgesamt kräftigen Beschäftigungsrückgangs noch einen *Beschäftigungszuwachs* verzeichnen konnten. Allerdings war dies ausschließlich auf den Zuwachs bei Teilzeitbeschäftigungen zurückzuführen. In den neuen Bundesländern findet im Dienstleistungsbereich zunehmend ein Verdrängungswettbewerb zwischen Männern und Frauen statt (Engelbrech/ Reinberg 1997, Hoffmann/Walwei 1998).

Frauen *beschränken sich* nach wie vor sowohl bei der Wahl ihres Ausbildungsberufs als auch ihres Studiengangs sehr viel stärker als junge Männer *auf nur wenige Berufe* und Studienfachrichtungen. Mehr als zwei Drittel der erwerbstätigen Frauen sind in nur zehn Berufen zu finden (siehe Tab. 1).

Tabelle 1: Die 10 Berufe mit den meisten beschäftigten Frauen in Deutschland

Berufsgruppe	Zahl der beschäftigten Frauen	Anteil an allen beschäftigten Frauen
Bürofach-, Bürohilfskräfte	3.359.000	22,3 %
Warenkaufleute	1.816.100	12,0 %
Übrige Gesundheitsdienstberufe	1.405.300	9,3 %
Sozialpflegerische Berufe	789.300	5,2 %
Reinigungsberufe	685.800	4,5 %
Lehrer/innen	644.400	4,3 %
Rechnungskaufleute, Datenverarbeitungsfachleute	517.300	3,4 %
Bank-, Versicherungsfachleute	402.500	2,7 %
Unternehmer/innen, Organisatoren/ Organisatorinnen, Wirtschaftsprüfer/innen	360.200	2,4 %
Gästebetreuer/innen	336.600	2,2 %
Insgesamt	10.316.500	68,3 %
Zahl aller beschäftigten Frauen	15.094.200	100,0 %

Quelle: Mikrozensus 1995, IAB-Berechnungen (Tischer/Doering 1998, S.533)

Frauen wie Männer (Männer sogar deutlich stärker) ergreifen mehrheitlich einen Beruf, in dem ihr eigenes Geschlecht überwiegt. Die dadurch bedingte Aufteilung in Männer- und *Frauenberufe* hat für Frauen den Nachteil, daß ,frauentypische' Berufe nach wie vor gekennzeichnet sind durch größere Übernahmeprobleme nach der Ausbildung, höhere Arbeitslosigkeit, geringere Durchschnittsverdienste und schlechtere Weiterbildungs- und Aufstiegsmöglichkeiten. Zudem ist es für Frauen sehr viel schwerer, in männerdominierte Berufe vorzudringen als umgekehrt für Männer (Rauch/Schober 1996).

Unter den zehn am stärksten von Frauen besetzten Berufen ist kein einziger *gewerblich-technischer Beruf.* Die Frauenanteile in männerdominierten, eher technisch orientierten Ausbildungsberufen stagnieren (1995: 3,5%). In naturwissenschaftlichen und technischen Studiengängen sind Studentinnen deutlich unterrepräsentiert (WS 1996/97 Ingenieurwissenschaften: 17,1%, Mathematik/Naturwissenschaften: 33,5%). Im Fach Informatik z. B. ist ihr ohnehin niedriger Anteil sogar noch zurückgegangen (WS 1988/89: 13,3%, WS 1996/97: 7,6%). Obwohl in West wie Ost deutlich weniger Frauen im produzierenden Bereich tätig sind, ist dort ihr *Arbeitslosigkeitsrisiko* deutlich höher als das der Männer. Auch nach Beobachtungen der Arbeitsämter verschlechtern sich die Chancen von Frauen, im *gewerblich-technischen Bereich* Fuß zu fassen.

2.2 Frauen in Informations- und Computerberufen

Teilt man den Arbeitsmarkt in vier Sektoren ein (Landwirtschaft, Produktion, Dienstleistung, Information), haben Frauen die Chancen in den *Informationsberufen*, die seit der Mitte dieses Jahrhunderts einen massiven Zuwachs verzeichneten, früh wahrgenommen. 1993 waren bereits 56% der erwerbstätigen Frauen, aber nur 35% der Männer in Berufen tätig, die mit Informationen umgehen (Dostal/Troll 1995). Auch wenn diese Klassifizierung nur einer ersten groben Orientierung dient, ist sie von Bedeutung, da informationsbezogene Tätigkeiten in besonderem Maße vom Einsatz moderner Informations- und Kommunikationstechnologien betroffen sein werden (NRW 1997).

Frauen haben in der Arbeitswelt – entgegen häufig anders lautender Behauptungen – in vielen Fällen einen intensiven und kompetenten *Umgang mit Informations- und Kommunikationstechnologien.* Computergestützte Arbeitsmittel nutzen Frauen quantitativ wie Männer (Dostal/Troll 1995). Laut einer Untersuchung des Instituts für Arbeit und Technik verfügen deutlich mehr Frauen als Männer über EDV am Arbeitsplatz. Das Spektrum der verwendeten Programme bei den Männern ist allerdings breiter als bei den Frauen, die überdurchschnittlich häufig mit Textverarbeitungs- sowie Buchhaltungs- und Abrechnungssystemen arbeiten (siehe Tab.2). In ihren eigenen Domänen, den Büro-, Labor- und Dienstleistungsberufen, nutzen Frauen Computer für anspruchsvolle Aufgaben (NRW 1997, Dostal/Troll 1995).

Tabelle 2: Am Arbeitsplatz genutzte Software – in Prozent der Befragten mit EDV (Mehrfachnennungen möglich)

Softwarekategorie	Männer	Frauen
Datenbank- und Informationssysteme	58,3	46,1
Programmiersysteme	16,0	8,8
fertigungsorientierte Systeme	20,9	7,9
CAD-Systeme	11,6	3,4
DTP, Grafiksysteme	12,3	5,6
Bild-, Videobearbeitungssysteme	8,3	5,4
Textverarbeitung	55,8	63,2
Tabellenkalkulations- und Statistiksysteme	41,7	35,2
Buchhaltungs- und Abrechnungssysteme	26,2	37,9
Buchungs- und Bestellsysteme	19,9	20,8
Finanz- und Börsensysteme	12,3	13,6
Sonstige Softwaresysteme	27,1	22,1

Quelle: Sonderauswertung der IAT-Beschäftigtenbefragung 1995/96 (NRW 1997, S.286)

In *Computer-Kernberufen*, das sind Berufe für Spezialisten, die Software entwickeln, herstellen und pflegen und die für Computersysteme verantwortlich sind, sind Frauen noch deutlich unterrepräsentiert. Nur 23% der in diesen Berufen Erwerbstätigen waren gemäß Mikrozensus 1993 Frauen (Dostal 1996). Die höchsten Frauenanteile findet man bei den Anwendungssoftware-Entwicklern und bei den Datenverarbeitungsfachleuten ohne nähere Angabe. Am seltensten sind Frauen in Berufen wie Datenverarbeitungsleiterinnen und Systemsoftware-Entwicklerinnen tätig (siehe Tab.3). Die Beschäftigungssituation von Frauen in diesen Berufen ist trotz der Zuwächse schwieriger als bei Männern, ihre Arbeitslosenquote liegt deutlich höher.

Etwas stärker vertreten sind Frauen in *Computer-Mischberufen* (34%)[1], in denen Doppelqualifikationen, d.h. Kenntnisse aus dem jeweiligen Anwendungsbereich und aus dem Software- und Systembereich, verlangt werden. In *Computer-Randberufen*, in denen der Computer lediglich als Werkzeug benutzt wird, stellen sie dagegen den Großteil der Beschäftigten (72%). Die Klassifizierung in Computer-Kern-, Misch- und Randberufe kann allerdings nur ein relativ grober Anhaltspunkt sein, da bei der rasanten Entwicklung und Verbreitung des Computers in nahezu allen Berufen die Grenzen fließend sind.

Tabelle 3: Erwerbstätige in Computer-Kernberufen (Deutschland insgesamt)

Berufe	Personen	Frauenanteil
Insgesamt	327.700	23 %
Deutschland West	297.000	21 %
Deutschland Ost	30.700	41 %
Berufsstruktur		
Datenverarbeitungsfachleute o. n. A.	97.000	31 %
Informatiker/innen o. n. A.	32.400	18 %
DV-Leiter/innen (anderweitig nicht genannt)	8.000	11 %
Softwareentwickler/innen	113.400	20 %
Softwareentwickler/innen, allgemein	96.900	19 %
Anwendungssoftwareentwickler/innen	6.700	40 %
Systemsoftwareentwickler/innen	9.800	12 %
DV-Organisatoren/Organisatorinnen	39.300	16 %
DV-Beratungs- und Vertriebsfachleute	25.200	17 %
Rechenzentrums- und DV-Benutzerservicefachleute	35.900	24 %
Sonstige Datenverarbeitungsfachleute	16.900	22 %
Datenverarbeitungskaufleute	9.000	23 %

Quelle: Mikrozensus 1993 (Dostal 1996)

---

1 Computer-Mischberufe, Computer-Randberufe: geschätzte Werte (Dostal, 1996, S.5)

3 Neue Informationstechnik schafft und vernichtet Arbeitsplätze

3.1 Erwartete Beschäftigungsentwicklungen

Über die beschäftigungswirksamen Folgen des Einsatzes neuer Informationstechnologien gibt es *keine einheitlichen Aussagen und Prognosen.* Dies hängt auch damit zusammen, daß Technik immer gemeinsam mit anderen Einflüssen, beispielsweise mit veränderten Organisationsstrukturen, mit neuen Kostenrelationen, mit verschobener Akzeptanz und/oder anderen Bedarfslagen wirkt (Dostal 1995b). Ob die Beschäftigungsbilanz positiv oder negativ ausfallen wird, wird auch davon abhängen, wie Deutschland sich im internationalen Wettbewerb durchsetzen kann und inwieweit niedrige Kosten für die Hard- und Software, große Benutzungsfreundlichkeit sowie umfassende und bezahlbare Telekommunikationsinfrastruktur auch Massenanwendungen im privaten Bereich eröffnen.

Beschäftigungszuwächse werden vor allem erwartet (Tessaring 1995, Dostal 1995a)
- in Bereichen, wo neue Technologien hergestellt, vertrieben und entsprechende Informations- und Kommunikationsdienstleistungen zur Verfügung gestellt werden,
- in Berufen, die sich mit EDV-Hardware und -Software, mit Datenverarbeitungsdienstleistungen und der neuen Telekommunikationstechnik befassen,
- für Multimediaspezialisten, die forschen, entwickeln, alles herstellen, was mit Multimedia möglich ist, die Multimediaprodukte verkaufen und entsprechende Beratungsdienste anbieten,
- in Infrastrukturberufen, z. B. im Bereich der Werbung und Verkaufsförderung, und
- überall dort insbesondere für hochqualifizierte Kräfte.

Beschäftigungsabnahmen werden prognostiziert
- durch Rationalisierung in vielen Wirtschaftszweigen und Berufen, da Informationstechnik eine ausgesprochene Querschnittstechnologie ist,
- durch Ersetzen von Produkten, Verfahren und Dienstleistungen, z. B. in der Fotochemie, bei den Druckmedien, Postdiensten, aber auch durch Telebanking und Teleshopping,
- durch Produktivitätszuwachs im Dienstleistungssektor und dort auch in der öffentlichen Verwaltung,
- insbesondere bei unqualifizierten oder geringqualifizierten Kräften, da die Aufgaben durch die neuen Technologien komplexer werden.

Sieht man sich die Entwicklungen an, wie sie sich unter Berücksichtigung des sektoralen Strukturwandels als auch der technologischen und sozioökonomischen Veränderungen für die Arbeitsplatzanforderungen mittel- und langfristig ergeben dürften, gibt es Verlierer und Gewinner (Weidig 1996). Global gesehen ist der *Gewinner der Beschäftigungsentwicklung der Dienstleistungssektor*, wobei diese Entwicklung innerhalb des Sektors allerdings nicht homogen verläuft. So wird davon ausgegangen, daß sich die Beschäftigungszunahme in den sogenannten primären Dienstleistungsbereichen, also im Handel, im Verkehr und im Nachrichtenbereich sowie in der Kredit- und Versicherungswirtschaft nicht mehr fortsetzen, sondern mittel- und längerfristig in eine Stagnation bzw. sogar in einen Beschäftigungsrückgang umschlagen wird. Ein eigentliches Arbeitsplatzwachstum findet dagegen in den sekundären Dienstleistungen statt, und hier vor allem bei den privaten Diensten sowie den Organisationen ohne Erwerbscharakter. Im staatlichen Sektor als Teil des sekundären Dienstleistungsbereichs dürften Beschäftigungszuwächse dagegen erheblich schwächer ausfallen als in der Vergangenheit.

3.2 Beschäftigungschancen und -risiken für Frauen

Was bedeutet dies für die Beschäftigungssituation von Frauen? Frauen bringen grundsätzlich gute Voraussetzungen für die Bewältigung der Veränderungen am Arbeitsmarkt mit. Sie sind gut qualifiziert, bereits stark in Dienstleistungs- und Informationsberufen vertreten und gehen im Arbeitsalltag in vielen Fällen ganz selbstverständlich mit informations- und kommunikationstechnologischen Anwendungen um. *Chancen* in den wachsenden Bereichen gibt es vor allem für hochqualifizierte Frauen sowie für junge, gut ausgebildete Frauen, die in den Arbeitsmarkt einsteigen. In den vergangenen 25 Jahren hat sich gezeigt, daß Frauen vor allem dort Zugangschancen erhielten, wo Wirtschaftszweige und Berufe expandierten sowie neue Arbeitsfelder entstanden, da die Strukturen dort noch nicht verfestigt sind.

Im *direkten Informations- und Kommunikationsbereich* sind allerdings Frauen bisher selten anzutreffen. Der Mitarbeiter in multimedialen Produktionsstätten ist in der Regel jung, akademisch gebildet und männlich. Dies liegt auch daran, daß die Eintrittskarte für diesen Bereich in erster Linie Studiengänge sind, die Frauen seltener wählen (wie Informatik, Ingenieurwesen, Wirtschaftsinformatik, Wirtschaftsingenieurwissenschaften oder auch entsprechende Fachrichtungen der Betriebswirtschaft), und Frauen auch nur wenig in EDV-Berufen und als Computerspezialistinnen tätig sind. Qualifizierte Fachkräfte im Bereich Telekommunikation und neue Medien sind sowohl im kaufmännischen (Systemkaufleute, Bildmanager/-innen) als auch im technischen Bereich (Netzwerk-Architekten, System- und Entwicklungs-

ingenieure/-innen, Fachkräfte für das technische Controlling, Systemspeziali-
sten/-innen für Internetdienste) rar. Dies eröffnet Chancen auch für Frauen,
wenn sie es schaffen, stärker in die entsprechenden Berufe, wie zum Beispiel
als Informatikerinnen und Ingenieurinnen sowie in die Computerkernberufe
vorzudringen.

Im Umfeld der Multimediaspezialisten und -spezialistinnen entstehen
darüber hinaus zusätzliche Arbeitsplätze, z. B. im Bereich Werbung und
Verkaufsförderung sowie für traditionelle Berufe wie Sekretärin oder kaufmännische Berufe, die als *Infrastrukturberufe* benötigt werden. In diesen
Bereichen haben Frauen eine gute Ausgangsbasis, da sie bereits jetzt überwiegend in Dienstleistungsberufen tätig sind.

In zwei weiteren aufstrebenden Bereichen haben Frauen noch Nach-
holbedarf, im Tätigkeitsbereich *Organisation und Management* sowie in
Forschungs- und Entwicklungstätigkeiten; hier gibt es Chancen sowohl auf
der Ebene der Assistententätigkeiten als auch auf der der hochqualifizierten
Tätigkeiten. Die Marktdynamik und der wirtschaftliche Erfolg der mit den
Informationstechnologien verbundenen neuen Produkte und Dienstleistungen
werden deutlich von der Bequemlichkeit der Handhabung und der Qualität
des Benutzungsservices mitbestimmt. Strebt man eine private Nutzung im
Sinne einer Massenanwendung an, so sind mehr als 50% der Zielgruppe
Frauen. Es bietet sich deshalb an, den anderen Zugang zur Technik und die
Ansprüche von Frauen an technische Produkte bereits in der Produktentwicklung und -gestaltung durch die Mitwirkung von Frauen besser zu berücksichtigen (Chaberny 1996).

Eine gute Ausgangsposition haben Frauen in den *Beratungs- und Betreu-
ungstätigkeiten*. In diesen Tätigkeiten, die laut Inge Weidig zu den großen
Gewinnern im strukturellen Wandel des Tätigkeitsspektrums gehören, sind
Frauen bereits gut vertreten. Zuwächse sind dort vor allem in der Rechts- und
Wirtschaftsberatung, in Ausbildungsfunktionen, in Humandiensten, im Medi-
zin-/Pflegebereich bis hin zu kreativen Tätigkeiten in Kunst und Medizin zu
erwarten. Dies alles sind Tätigkeiten, die entweder durch Informationstechnologie nicht ersetzt oder sogar durch deren Einsatz verstärkt benötigt
werden.

Allerdings gibt es auch in diesen Bereichen *unterschiedliche Tendenzen*.
Im Bereich Lehren/Unterrichten, vor allem innerhalb des formalen Bildungs-
systems, wird das Problem leerer Kassen sowie ein zunehmender substitutiver
Einsatz von Kommunikationstechnologien für Konstanz bzw. sogar für einen
leichten Anteilsverlust im Tätigkeitsspektrum führen. Besonders stark anstei-
gen dürfte das Gewicht anderer Beratungs- und Ausbildungstätigkeiten. Mit
zunehmendem Einsatz neuer Technologien in allen Bereichen der Wirtschaft
bis hin zu privaten Haushalten wächst der Instruktions- und Weiterbildungsbedarf, und die voranschreitende internationale Verflechtung erhöht den

Bedarf an Information und Beratung. Auch das Gewicht der Tätigkeit Publizieren/künstlerisch arbeiten wird innovationsbedingt wachsen.

Diese Entwicklungen bedeuten aber nicht nur Chancen für Frauen. Denn dadurch werden *Bereiche*, die bisher als *frauentypisch* gelten, *aufgewertet* und deshalb auch für Männer attraktiver. Infolgedessen ist nicht auszuschließen, daß Männer verstärkt in solche Berufsfelder drängen (wie z. B. schon jetzt ins Gesundheitswesen) und Frauen daraus verdrängen. Dies wäre nicht das erste Mal. So waren z. B. beim Einzug der EDV Frauen stark vertreten, beispielsweise als Programmiererinnen, aber auch als Informatikerinnen. Insbesondere in den höherqualifizierten EDV-Berufen ist ihr Anteil inzwischen wieder deutlich kleiner geworden.

Die Beschäftigungsentwicklungen beinhalten folglich auch *Risiken* für Frauen. Nach dem Institut für Arbeit und Technik sind Frauen ungleich stärker durch Rationalisierung und durch Informations- und Kommunikationstechnologie von Arbeitsplatzverlusten betroffen als Männer (NRW 1997). Zu den Arbeitsplatzverliererinnen werden vor allem ungelernte und gering qualifizierte Frauen gehören. Durch Rationalisierungseffekte in Bereichen, in denen neue Informationstechnologien genutzt werden (also insbesondere im Dienstleistungsbereich), besteht die Gefahr, daß *typische Frauenarbeitsplätze abgebaut* werden. Dies trifft insbesondere einfache Bürotätigkeiten, aber auch allgemeine Sachbearbeiterfunktionen (Weidig 1996). Gerade dort sind Frauen zahlenmäßig stark vertreten.

Elektronische Warenhäuser im Internet, Zahlungsvorgänge über das Netz, Scannerkassen und Multimediasysteme gefährden Arbeitsplätze im *Handel*. Nach einer Projektion von zwei Wirtschaftsinformatikern der Universität Würzburg (Thomas/Kraus 1997) sind viele Arbeitsplätze im *Büro* in Gefahr, weil zum Beispiel Computerprogramme, die menschliche Stimmen erkennen können, das Schreiben von Texten nach Diktaten überflüssig machen. Aber auch in qualifizierten Dienstleistungstätigkeiten können durch Rationalisierungseffekte Frauenarbeitsplätze abgebaut werden. So sind nach Meinung der beiden Wissenschaftler in *Banken* Arbeitsabläufe ohne Beratung, die bis zu 80% des Bankengeschäfts ausmachen, vollkommen rationalisierbar, z. B. durch Kundenterminals, Telebanking und elektronische Kartensysteme. Auch im *öffentlichen Dienst* könnten durch Wegfall von Routinetätigkeiten eine erhebliche Zahl von Arbeitsplätzen eingespart werden. Der Bürger und die Bürgerin werden künftig in vielen Bereichen Terminals und Internet nutzen, statt mit dem Sachbearbeiter oder der Sachbearbeiterin zu sprechen.

Gleichwohl müssen Investitionen in Informationstechnologien nicht zwangsläufig zu einem wesentlichen Beschäftigungsrückgang im Dienstleistungssektor führen, wie ein Blick auf die Entwicklung in mehreren Ländern zwischen 1980 und 1989 zeigt. Dabei ist sogar die gegenteilige Tendenz festzustellen: Je mehr investiert wurde, um so mehr Arbeitsplätze entstanden im Dienstleistungssektor (Europäische Kommission 1998, S.6).

Die Darstellung möglicher Auswirkungen der neuen Informationstechnologien auf einzelne Beschäftigungsfelder und damit auf die Beschäftigungschancen von Frauen kann hier nur ausschnittsweise und beispielhaft erfolgen. Erwähnt werden sollten aber noch zwei Bereiche, in die Frauen in der Vergangenheit erfolgreich vordringen konnten: der Bereich *Vervielfältigung* und die *Medienwirtschaft* (NRW 1997). In qualifizierten Druckberufen, insbesondere im Bereich des ‚Setzens‘ und der Druckvorlagenherstellung, konnten Frauen nicht zuletzt gefördert durch den Einsatz moderner Informations- und Kommunikationstechnologien das Monopol der Männer brechen. Auch an der positiven Entwicklung in der Medienwirtschaft konnten sie überdurchschnittlich teilhaben. Durch die Ablösung der traditionellen Medien bzw. des Ersatzes von Printmedien durch elektronische Medien kommt es allerdings zu erheblichen Veränderungen. Die Arbeit mit den neuen Medien bietet Frauen neue Chancen, aber auch neue Herausforderungen. Sie müssen sich die neuen Kompetenzen, vor allem auch über die reine Anwendungskompetenz hinaus, aneignen, um ihre Beschäftigung in diesen Bereichen zu sichern.

4 Neue Arbeitsstrukturen erhöhen Nachfrage nach ‚weiblichen‘ Fähigkeiten

Neue Informations- und Kommunikationstechnologien *verändern Arbeitsplätze*. Ich möchte an dieser Stelle nur drei *Trends* (Zorn 1997) beschreiben, die insbesondere neue Anforderungen an den arbeitenden Menschen auslösen[2]:

* Anpassungsfähige, dezentral organisierte Teamstrukturen gewinnen an Bedeutung. Spezialisten verschiedener Bereiche müssen zusammenarbeiten, wenn es gilt, komplexe Fragestellungen zu lösen. Diese Teams arbeiten autonom und bilden sich häufig für jedes Projekt neu. Jobrotation wird ein wichtiges Element, um Aufgaben ganzheitlich, integrativ und kundenorientiert wahrnehmen zu können.
* Aufgaben, die vorher arbeitsteilig erledigt wurden, können jetzt unterstützt durch die neuen Technologien wieder zusammengefaßt werden. Aufgaben werden dadurch komplexer. Entscheidungen werden an den einzelnen Arbeitsplätzen gefällt. Hierarchien werden flacher. Rein ausführende Arbeiten werden an die Technik delegiert.
* Arbeit wird attraktiver, aber auch intensiver. Die Produktivität wächst nicht nur im industriellen, sondern auch im Dienstleistungsbereich immer

---

2   Die zeitliche Entkoppelung der Erwerbsarbeit, neue Arbeitsformen wie Telearbeit und Telekooperation, und deren Auswirkungen werden an anderer Stelle im Buch behandelt (siehe Winker und Brandt/Winker).

schneller. Das Arbeitsergebnis wird der entscheidende Maßstab. Wann und wo es erbracht worden ist, ist nicht mehr wichtig.

Neue Strukturen und Organisationen bedingen *neue Anforderungen an Mitarbeiterinnen und Mitarbeiter* und an die Führungskräfte. Da die neuen Organisationen möglichst intelligent mit Unvorhersehbarem umgehen können müssen, ist der Faktor Mensch entscheidend. Je besser man den Menschen ausbildet und je weniger man ihm vorschreibt, desto eher ist er in der Lage, ideenreich mit Unvorhersehbarem fertig zu werden. Nils W. Dahlström (1997) formulierte folgende *Kernanforderungen* an Mitarbeiterinnen und Mitarbeiter in neuen Organisationen:

- Ein hohes Maß an Eigenantrieb (intrinsische Motivation);
- spezielle Fachkenntnisse kombiniert mit übergreifender Methoden- und Sozialkompetenz;
- die Bereitschaft, ständig zu lernen, und sich auf neue Sachverhalte einzustellen;
- die Fähigkeit und Bereitschaft, Verantwortung zu übernehmen;
- die Fähigkeit, sich selbst und sein Tun einem ständigen Wandlungsprozeß zu unterwerfen;
- Frustrationstoleranz, da ständiger Wandel auch zu Fehlern führt.

Die Autoren Kern, Ilg und Zinser (1996) sprechen von der Erfordernis entscheidungs- und risikofreudiger Mitarbeiter. Andere Autoren wie Werner Zorn (1997) berichten von den hohen Anforderungen der Telearbeit in bezug auf autonome Arbeitsgestaltung und Selbstorganisation. Die Süddeutsche Zeitung bringt es mit der Überschrift „Gesucht wird der selbständige Arbeitnehmer" auf den Punkt (6.2.1997).

Qualifikationsanforderungen ändern sich dahingehend, daß „Fachwissen nur noch eine Säule der Qualifikation ist" (Kern u.a. 1996, S.187). Der Erwerb von *Methoden- und Sozialkompetenzen* wird immer mehr an Bedeutung gewinnen. Solche fachgebietsübergreifenden Schlüsselqualifikationen können als weitgehend zeitunabhängig gewertet werden. Fachliche Qualifikationen dagegen verlieren schnell an Aktualität und sind zudem nur schwer prognostizierbar. Über allem steht jedoch die *Informationsfähigkeit* (siehe Tab.4).

Besonders gravierend ändern sich die *Anforderungen an Führungskräfte*. Führungskräfte werden quasi Kleinunternehmer im Unternehmen, die Teilziele der gesamten Unternehmensstrategie eigenverantwortlich erreichen müssen. Persönliche Kompetenz erhält dabei eine besondere Gewichtung. „Es geht nicht darum, per Vorgesetztenanordnung ausführende Organe zu veranlassen, bestimmte Tätigkeiten und Handlungen vorzunehmen. Es geht vielmehr darum, Aufgaben zu kommunizieren, Fähigkeiten und Engagement der Mitarbeiter bestmöglichst zu nutzen, den Mitarbeiter individuell zu fördern, unterschiedliche Charaktere zu integrieren und alle Beteiligten zusammenzuführen und zumindest temporär zusammenzuhalten" (Dahlström 1997). Manager sind dabei Dialogpartner und geben Impulse (Kern u.a. 1996).

Tabelle 4: Säulen der Qualifikation

Methodenkompetenz	Fachkompetenz	Sozialkompetenz
Fähigkeit, Fachwissen zu nutzen, zu kombinieren und zu ergänzen	Fachspezifisches Grundwissen, Grundlagen	Teamfähigkeit
		Kooperationsfähigkeit
	Fachübergreifendes Wissen	Kommunikationsfähigkeit
Abstraktionsfähigkeit	(z. B. Ablauf- und Produkti-	Toleranz
Lernbereitschaft	onszusammenhänge)	Verantwortungsbewußtsein
Systemdenken		Solidarität
Planungsfähigkeit		
Problemlösefähigkeit		
Entscheidungsfähigkeit		
	Informationsfähigkeit	

Quelle: Kern u.a. 1996, S.188

Viele der beschriebenen *Sozialkompetenzen* (z. B. Team- und Kommunikationsfähigkeit), aber auch der *Methodenkompetenzen* (z. B. Problemlösefähigkeit, Wissen vernetzen können, ganzheitliche Herangehensweise), sind Fähigkeiten, die in unserer Gesellschaft als ‚*weibliche' Fähigkeiten* definiert werden (siehe auch Schade in diesem Buch). Es wird deshalb davon ausgegangen, daß die Veränderungen der Arbeitsorganisation verbunden mit flacheren Hierarchien und mehr Teamarbeit von Frauen in Anbetracht ihrer vorwiegend intrinsischen Motivation, ihrer größeren Offenheit gegenüber bestehenden Strukturen und ihrer sozialen Kompetenz besser bewältigt werden können (Dzalakowski 1996). Entscheidend ist dabei nicht, ob Frauen dies tatsächlich besser können als Männer, sondern daß diese Stereotype unser Bild und auch das der Personalverantwortlichen prägen.

Bisher wurden am Arbeitsmarkt eher männlich belegte Fähigkeiten gefordert. Jetzt aber spielen Fähigkeiten, die wir eher Frauen zuschreiben, eine zunehmende Bedeutung. Es bleibt abzuwarten, ob Frauen davon profitieren können. Zuversichtlich stimmt dabei, daß Erfahrungen von Unternehmen zeigen, daß sich die Beteiligung von Frauen durchaus auch betriebswirtschaftlich rechnet. Gemischtgeschlechtliche Projektgruppen sind zum Beispiel erfolgreicher und erzielen u. a. schneller marktreife Ergebnisse als reine Männerprojektgruppen.

Entscheidend wird allerdings sein, ob diese weiblichen Qualifikationen auch entsprechend bewertet werden. Denn wie die Vergangenheit zeigt, entpuppten sich Tätigkeiten immer dann, wenn sie als frauentypisch bezeichnet wurden, in der Regel als schlechter bezahlt. In bezug auf Aufstiegsmöglichkeiten kommt erschwerend hinzu, daß Hierarchieebenen abgebaut und somit zahlenmäßig insgesamt weniger Führungspositionen angeboten werden, was die Konkurrenz verschärft. Auf der anderen Seite wachsen Verantwortung

44

und fachliche Kompetenzen bei Mitarbeiterinnen und Mitarbeitern, was durchaus Frauen entgegenkommen dürfte.

5 Die Informationstechnik verändert Arbeitsinhalte

5.1 Neue Inhalte in frauentypischen Berufen als Anstoß für eine Neubewertung

Durch die neuen Informationstechnologien entstehen neue Arbeitsinhalte. Diese werden zwar auch zu neuen Berufen führen, aber die meisten Veränderungen werden in den vorhandenen Berufen zu verzeichnen sein. Laut Bundesinstitut für Berufsbildung schafft der Markt mehr neue Tätigkeiten als neue Berufe. Vorhandene Berufe werden die neuen Inhalte aufsaugen und sich durch berufliche Weiterbildung weiterentwickeln. Was heute an Multimediakompetenz vorhanden ist, das ist nicht über Ausbildung, sondern in erster Linie über *Weiterbildung* erreicht worden.

Nach einer Untersuchung des Bundesinstituts für Berufsbildung 1995 in Ausbildungsbetrieben gehören die neuen Informationstechniken, Datenverarbeitung/neue Medien zu den Entwicklungen, die die Aufgabenstruktur der meisten befragten Betriebe verändert haben bzw. noch verändern werden. Der größte Teil der Betriebe ist der Meinung, daß der diesbezügliche Qualifikationsbedarf über Weiterbildung gedeckt werden solle (71%). Sofern Betriebe der Meinung sind, daß *neue Qualifikationsprofile* notwendig seien, sind sie überwiegend der Meinung, daß diese *in bestehende Aus- und Weiterbildungen integriert* werden sollen. Dies gilt insbesondere für Fachkräfte (BiBB 1996).

Neue Arbeitsinhalte ergeben sich *für alle, die neue Informationstechnologien nutzen.* Nahezu alle Berufe können potentielle Nutzer dieser neuen Technologien sein. Auch in den meisten Wirtschaftszweigen und in der öffentlichen Verwaltung wird es Nutzer und Nutzungsbereiche für die neuen Technologien geben. Um mit diesen neuen technischen Produkten umgehen zu können, braucht es natürlich ein gewisses Maß an Kompetenz. In einer Studie von Karin Kühlwetter (1996a, 1996b/1997) werden *Kompetenzen* genannt, die *für Nutzer und Nutzerinnen der neuen Informationstechnologien* wichtig sind:

1. *Navigationskompetenz*, um sich in der Vielfalt der Datennetze und der Angebote überhaupt zurechtzufinden.
2. *Abfrage- und Fremdsprachenkompetenz*, damit man überhaupt selektieren kann, welche von den vielfältigen Informationen für die eigene Aufgabenstellung relevant sind.

3. *Differenzierungsfähigkeit und Realitätsbewußtsein*, da personelle Handlungen, die über Telekommunikationsnetze wahrgenommen werden, nicht mehr unmittelbar Realität sind.
4. *Logisches, vernetztes Denken*, damit eine intelligente Einbindung dieser neuen Technologie in die Aufgaben erfolgen kann, die man am Arbeitsplatz zu bewältigen hat.
5. *Analyse- und Strukturierfähigkeit*, da Daten in Informationen und Informationen in Wissen umgewandelt werden müssen.
6. *Spielbereitschaft, Experimentierwillen und Kreativität*, um die vielen Möglichkeiten kombinieren und ausnutzen zu können, welche die neue Technologie anbietet.
7. *Beurteilungs-, Auswahl- und Einsatzkompetenz*, um effektiv und effizient mit der neuen Technologie umgehen zu können.

Die wachsende Bedeutung informations- und kommunikationstechnologischer Qualifikationen bei der Besetzung von Arbeitsplätzen ist nach einer Befragung des Instituts für Arbeit und Technik unumstritten, wobei dies für Männer deutlicher gesehen wurde als für Frauen. Eine hohe Bedeutung wird diesen Qualifikationen vor allem beim beruflichen Wiedereinstieg beigemessen, was dann allerdings in erster Linie Frauen betrifft (NRW 1997).

Nach einer Befragung des Bundesinstituts für Berufsbildung (bmb+f 1997) entsteht zusätzlicher *Weiterbildungsbedarf* in bezug auf multimediale Kenntnisse, Fertigkeiten und Erfahrungen einerseits und auf Flexibilität, Entscheidungsfähigkeit, Kreativität, Kommunikations- und Kooperationsfähigkeit andererseits, vor allem in *kaufmännisch-verwaltenden und vertriebsbezogenen Funktionen*; letztere sind Bereiche, in denen viele Frauen beschäftigt sind. Im Hinblick darauf ist es dringend erforderlich, daß die bisher geringere Teilnahme von Frauen an betrieblicher Weiterbildung erhöht wird. Nur durch entsprechende Weiterbildung können die grundsätzlich vorhandenen Chancen von Frauen ausgeschöpft bzw. kann verhindert werden, daß neue Benachteiligungen entstehen. Dabei genügt es nicht, Frauen verstärkt zu beruflicher Weiterbildung zu ermutigen, sondern die Organisation der Schulungen muß auf die spezifische Situation der Frauen abgestellt werden (siehe auch Oechtering und Schade in diesem Buch)[3]. Dazu gehören auch Angebote für Frauen, die z.B. während der Familienphase nicht aktiv am Erwerbsleben teilnehmen. Handlungsbedarf besteht darüber hinaus darin, daß

---

3 Hinweis: Die Arbeitsämter müssen seit dem 1.1.1998 nach dem Sozialgesetzbuch III (Arbeitsförderung) bei der zeitlichen, inhaltlichen und organisatorischen Ausgestaltung von Leistungen der aktiven Arbeitsförderung (z. B. von beruflichen Weiterbildungsmaßnahmen) die Lebensverhältnisse von Frauen und Männern mit Familienpflichten beachten. Viele Maßnahmen werden bereits in Teilzeitform oder auch mit Telelearningelementen angeboten. Für Berufsrückkehrerinnen gibt es spezielle Maßnahmen, die nach der Familienphase in den neuen Technologien fit machen.

es im Bereich Multimedia bisher kaum anerkannte Weiterbildungsabschlüsse gibt (bmb+f 1997).

In vielen *typischen Frauenarbeitsbereichen*, z. B. in den Sekretariaten, kommt es durch den Einzug neuer Informationstechnologien zwar zu erheblichen *Arbeitsveränderungen* und neuen Lernanforderungen, selten jedoch zu einer gleichzeitigen Aufwertung bestimmter Tätigkeitsbereiche bzw. zu deren kompletten Neuzuschnitt; sie verändern sich vielmehr ‚unter der Hand'. Hierbei entsteht teilweise der Eindruck, daß der Umgang mit bestimmten Technologien in Frauenarbeitsbereichen hingenommen wird, während er in männlich geprägten Tätigkeitsfeldern als besonderes Know-how geltend gemacht wird und die Neuschaffung von Berufsfeldern beschleunigt. Damit informations- und kommunikationstechnologische Chancen nicht an den Frauen vorbeigehen, muß auf der einen Seite der Bedarf unternehmensnah ermittelt werden und es müssen auf der anderen Seite neue Berufsbilder schneller als bisher gestaltet werden (NRW 1997).

5.2 Neue Chancen für Frauen in den akademischen Kernberufen der neuen Informationstechnologien

Von besonderem Interesse im Hinblick auf neue Berufe sind die *Kernberufe der neuen Informationstechnologien*, die sogenannten Multimediaspezialisten. Anzumerken ist, daß die meisten Multimediaspezialisten sich aus bisherigen Berufen rekrutieren und weitgehend entweder als Informatiker/-innen, Designer/-innen und zum Teil auch als Betriebswirte/-innen ausgebildet sind. Hierbei handelt es sich um Berufe, die eine bestimmte Grundlage für die *Weiterqualifikation* besitzen. Eine solche Entwicklung ist nicht untypisch, denn in der Regel verhält sich der Arbeitsmarkt bei der Einführung neuer Technologien so, daß zunächst Weiterbildungen angeboten werden, die vornehmlich von Teilnehmerinnen und Teilnehmern benachbarter Berufe angenommen werden. Dann werden derartige Angebote meistens relativ schnell von Fachhochschulen und Universitäten und schließlich der betrieblichen Ausbildung übernommen.

Das Studium wird als der Königsweg zu Multimediajobs bezeichnet. Nur jeder fünfte Mitarbeiter in Multimedia-Agenturen hat nach einer Befragung durch die Michel Medienforschung keine akademische Ausbildung (iwd 1997). In den *vier Kernberufen* der Multimediabranche wird laut dem Institut der Deutschen Wirtschaft ein akademischer Abschluß bevorzugt: Bei Projektleitern zu 81%, bei Programmierern zu 79%, bei Conceptionern zu 65% und bei Screendesignern zu 63%. Grund dafür ist, daß die Arbeit ein schnelles Verständnis komplexer Sachverhalte sowie die ständige Anpassung an neue Inhalte und veränderte Programme erfordert.

Infolgedessen entstanden auch am schnellsten Studienangebote *im Hochschulbereich*. So werden z. B. bereits Ausbildungen zum/zur *Multimediaproduzenten* bzw. *-produzentin, Multimediakonzeptionisten/-konzeptionistin, Screendesigner/-designerin* und *Multimediaprogrammierer* bzw. *-programmiererin* angeboten. Als weitere Beispiele können *Aufbaustudiengänge für Berufstätige im Bereich neue Medien* angeführt werden, wie die Studiengänge ,Fachkommunikation Technik' und ,Information und Multimedia'.

Neben speziellen Studiengängen[4], die in zunehmendem Umfang an Fachhochschulen und Universitäten angeboten werden, besteht inzwischen wieder wachsende Nachfrage nach *Informatikerinnen und Informatikern*, da Softwareanwendungen in allen Informationsverarbeitungsprojekten zunehmen. Dabei sind die Beschäftigungsmöglichkeiten ausgesprochen vielfältig. In Entwicklung, Vertrieb, Verwaltung, Wissenschaft, Unterhaltung und Technik, überall können Informatiker und Informatikerinnen eingesetzt werden. Dies sind Tätigkeitsfelder, die auch interessante Perspektiven für Frauen eröffnen, die leider im Informatikstudium viel zu selten vertreten sind. Neue Möglichkeiten bieten hier abgewandelte Studiengänge wie der Studiengang *Medieninformatik*, der die Bereiche Informatik, Technik und Design verbindet.

In den Kernberufen der Informationstechnologien ist vor allem die *interdisziplinäre akademische Ausbildung* gefragt. Teamfähigkeit, Kreativität, Flexibilität, breites Allgemeinwissen, Medienmanagementerfahrung rangieren dabei vor Spezialkenntnissen in Technik und Design, wie Ergebnisse einer Pilotstudie in 400 Unternehmen zeigen (Ressel 1997). Anwendungswissen muß sich mit Informatikwissen mischen. Bei der Konzeption neuer Studiengänge und Ausbildungen muß jedoch bedacht werden, daß die Vermittlung von Mischqualifikationen in Mischausbildungsgängen auf den heutigen Bedarf zugeschnitten ist und die Gefahr besteht, daß sie sich auf dem schnell wandelnden Markt nicht auf Dauer behaupten können. Günstiger erscheint deshalb eine Schwerpunktqualifikation über zusätzliche Weiterbildung, Qualifizierung im Beruf, Aufbaustudiengänge und Nebenfachstudien.

Karin Kühlwetter sieht bei den *professionellen Tätigkeiten zwei Hauptfelder*, die mit entsprechenden Qualifikationsanforderungen einhergehen, Beratung/Marketing sowie Konzeption und Realisierung multimedialer Produkte. Kaufmännisches und technisches Personal benötigt zunehmend die Fähigkeit, qualifiziert, kunden- und problemorientiert zu beraten. Zur Konzeption und Realisierung multimedialer Produkte ist eine Multi-Professionalität erforderlich. Dafür lassen sich folgende *Qualifikationsanforderungen* formulieren (Kühlwetter 1996b/1997):

- Übergreifende medienwissenschaftliche Kenntnisse (Medienkonzeption, -gestaltung, -psychologie, -kalkulation, -recht)

---

4   Einen Überblick über Weiterbildungs- und Studienmöglichkeiten im Multimediabereich an Universitäten und Fachhochschulen enthält Kühlwetter (1996a).

- Technische Insiderkompetenz, informationstechnische Grundlagen, Anwenderwissen, Hard- und Softwarepraxis
- Gestalterische Fähigkeiten und Fertigkeiten in den Bereichen Audio, Video, Graphik
- Didaktische Fähigkeiten
- Dramaturgische Fähigkeiten
- Journalistische Fähigkeiten
- Methodisches, systematisches Arbeiten
- Problemlösungskompetenz
- Handlungs- und Steuerungsfähigkeit
- Organisations- und Planungsfähigkeit
- Betriebswirtschaftliche Kenntnisse, Marketing und/oder Managementerfahrung
- Juristische, urheberrechtliche Kenntnisse

Im Mittelpunkt der Multimedia-Branche steht nicht mehr das informationstechnisch Machbare, sondern eine markt-, kunden- und problemorientierte Arbeitsweise. Damit gewinnen *gestalterische, kommunikative und soziale Qualifikationen* an Bedeutung. Karin Kühlwetter sieht deshalb auch die größten Chancen für Frauen im Multimediabereich bei Studienangeboten, die an kommunikations- und designorientierte Inhalte gekoppelt sind. Auch hinsichtlich ihres Durchhaltevermögens und ihrer sozialen Kompetenzen, die bei Frauen durch ihre Sozialisation und die traditionelle Rollenteilung gut ausgebildet sind, dürften Frauen über eine Vielzahl von Fähigkeiten verfügen, die von Multimediaprofis erwartet werden.

Der Wettbewerb auf den globalen Märkten wird zunehmend durch die Innovationsgeschwindigkeit bestimmt. Um hier mithalten zu können, brauchen die Mitarbeiter und Mitarbeiterinnen Mut zu ungewöhnlichen Kombinationen, Kreativität für neue Verknüpfungen und die Bereitschaft, sich aus traditionellen Mustern zu lösen. Technikanwendung ist bisher männlich geprägt und dominiert. Frauen können mit ihrer stärkeren Ausrichtung auf die Bedürfnisse anderer, ihrer beziehungsorientierten Sozialisation und ihrer eher komplexen Denk- und Vorgehensweise bei Problemlösungen neue Impulse geben. Die Beteiligung der Frauen an der Entwicklung der Produkte und Dienstleistungen erhöht die Absatzchancen bei potentiellen Kundinnen, eröffnet neue Märkte und macht Betriebe wettbewerbsfähiger (Chaberny 1996).

5.3 Noch zu wenig Frauen in den neuen Informations- und Kommunikations-Ausbildungsberufen

Um das attraktive Beschäftigungsfeld ‚Informations- und Kommunikationstechnik‘, das überwiegend von Hochschulabsolventen und Quereinsteigern geprägt ist, auch für Absolventen und Absolventinnen der dualen Ausbildung zu öffnen, wurden neue Ausbildungsberufe geschaffen. Bereits seit Juli 1996 gibt es drei Ausbildungsberufe: *Werbe- und Medienvorlagenhersteller/-innen, Film- und Videoeditoren/-innen* (vormals: Cutter/-in). *Mediengestalter/-innen in Bild und Ton.* Frauen sind prozentual in der Ausbildung zur Werbe- und Medienvorlagenherstellerin sowie bei Film- und Videoeditorin gut vertreten (siehe Tab.5). In der Ausbildung zur Mediengestalterin in Bild und Ton sind sie jedoch noch deutlich unterrepräsentiert, obwohl dies meines Erachtens ein ausgesprochen interessanter Beruf für Frauen wäre.

Tabelle 5: Frauenbeteiligung in den neuen Informations- und Kommunikations-Ausbildungsberufen

Neue Ausbildungsberufe in Kraft seit Mitte 1996 bzw. 1997	Ausbildungsverträge Stand: 31.12.97		
	insgesamt	Frauen	Frauenanteil
Werbe- und Medienvorlagenhersteller/-in	1.688	951	56 %
Film- und Videoeditor/-in	36	20	56 %
Mediengestalter/-in Bild und Ton	500	139	28 %
Informations- und Telekommunikations-elektroniker/-in	1.485	68	5 %
Fachinformatiker/-in	1.783	217	12 %
Informations- und Telekommunikations-kaufmann/-kauffrau	756	195	26 %
Informatikkaufmann/-kauffrau	772	185	24 %

Quelle: Deutscher Industrie- und Handelstag (DIHT)

Am 1.7.1997 traten vier weitere Ausbildungsberufe in der Informations- und Telekommunikationstechnik in Kraft: *Informations- und Telekommunikationselektroniker/-in, Fachinformatiker/-in, Informations- und Telekommunikationssystemkaufmann/-frau, Informatikkaufmann/-frau.* Interessant an diesen Berufen ist, daß *50% der Qualifikationen Kernqualifikationen* sind. Das heißt, die Berufe haben einen hohen Übereinstimmungs- und Verwandtheitsgrad, aber auch Spezialisierungselemente. Dadurch sind sie flexibel und gut verwertbar. Die Kernqualifikationen setzen sich zusammen aus Inhalten der Elektrotechnik, der Elektronik, der Datenverarbeitung und der Betriebswirtschaft. Damit werden technische, kaufmännische und betriebswirtschaftliche Kenntnisse verknüpft. Durch einen Wahlpflichtbereich können die Inhalte sowohl an vielfältige Branchen, Betriebsgrößen und Organisationsformen als auch an die schnellen technologischen Veränderungen angepaßt werden (BMWi 1997).

Leider sind Frauen auch in diesen Berufen noch nicht entsprechend vertreten (siehe Tab.5). Vielleicht liegt das auch daran, daß diese Ausbildungen erst seit kurzem angeboten werden und die Inhalte dieser Berufe, die sehr technische Berufsbezeichnungen führen, noch zu wenig bekannt sind. Dabei sind sie gerade für Frauen attraktiv, da sie gewerblich-technische mit kaufmännischen Elementen verbinden.

Karin Kühlwetter schätzt – unter den derzeitigen Bedingungen wohl realistisch – die Chancen von Frauen in Berufen mit starker Technikorientierung insgesamt eher geringer ein, da dieser Bereich traditionell eine Männerdomäne ist. Gute Möglichkeiten für Frauen sieht sie dagegen in den kaufmännisch orientierten Ausbildungsberufen und in denen, die gestalterische Aspekte im Vordergrund haben. Dies belegen tendenziell auch die unterschiedlich hohen Frauenanteile in den neuen IuK-Berufen (siehe Tab.5). Dennoch ist der Frauenanteil bei den Mediengestaltern Bild und Ton, bei den IuT-Kaufleuten und den Informatikkaufleuten gerade unter diesem Aspekt viel zu gering. Dies bedeutet aber, daß auch in den neuen IuK-Berufen eine eher traditionelle Aufteilung in männer- und frauenspezifische Berufe erfolgt. Neue Ausbildungsinhalte bzw. Kombinationen von Inhalten allein tragen nicht zu einer Veränderung bei.

Ab August 1998 kann in weiteren neuen anerkannten Ausbildungsberufen eine Ausbildung angetreten werden, zu denen auch *Kaufmann/Kauffrau für audiovisuelle Medien, Mediengestalter/-in für Digital- und Printmedien* und *Fachangestellte/Fachangestellter für Medien- und Informationsdienste* gehören. Chancen für Frauen wird es in den IuK-Berufen jedoch nur in nennenswertem Umfang geben, wenn die Unternehmen der DV/IT-Branche auch entsprechend ausbilden. Bisher bilden lediglich 10 bis 20% dieser Branche, die in Deutschland von amerikanischen und japanischen Firmen dominiert wird, aus (Ehrke 1997). Ein Automatismus – nach der Gleichung: neue Berufe ergeben mehr Lehrstellen – besteht nicht, wie Hans Borch vom Bundesinstitut für Berufsbildung in der Frankfurter Allgemeinen vom 27.7.97 erläuterte. Auch entstehen durch neue Ausbildungsabschlüsse keine neuen Arbeitsplätze. Allerdings können sich durch eine qualifizierte Berufsausbildung die Chancen für den einzelnen auf dem Arbeitsmarkt deutlich verbessern. Förderlich sind dabei breit angelegte Qualifikationen, die die berufliche Handlungsfähigkeit auf vielfältigen Beschäftigungsfeldern ermöglichen und die Grundlage für eine spätere berufliche Spezialisierung bieten.

Gute Aussichten dürften Frauen auch überall dort haben, wo an der *Schnittstelle Mensch und Technik*, z. B. im Vertrieb, Marketing und Kundendienst, gearbeitet wird. Frauen sind in diesen kundenorientierten Bereichen schon heute erfolgreich tätig. So sind die meisten Beschäftigten in Callcentern, die Telefonmarketing betreiben, Frauen. Telefonmarketing ist ein rasch wachsender Markt. Voraussetzungen für diese Tätigkeiten sind insbesondere Streßresistenz, Frustrationstoleranz und die Fähigkeit, selbst nach vier Stunden am Telefon freundlich zu bleiben. Allerdings gibt es noch keine geregelte Ausbildung. Ziel muß es deshalb sein, das Berufsbild *Telefonmarketing-Fachkraft* anzuerkennen.

Eine Chance für Frauen bedeutet aber auch, daß sich das Profil bei den *Informationstechnik-Fachkräften* verändern muß. Bisher hatten diese Berufe eher das Profil eines Technikers (Aufbau und Betrieb von Datenverarbeitungssystemen, insbesondere zur Automatisierung von Routineaufgaben). Künftig gilt es, informationstechnische Innovationen mit organisatorischen Fragen und Anforderungen an die Arbeitsgestaltung zu kombinieren. Dabei gewinnen integrierte betriebliche und unternehmensübergreifende Informationssysteme und Benutzungsschnittstellen an Bedeutung (Boes u.a. 1995).

Die Entwicklung ist so rasant, daß bereits jetzt der Ruf nach weiteren neuen Ausbildungen laut wird. Dabei fallen Bezeichnungen wie *Mediendesigner, Mediendienstleister, Wissensdesigner*. Die immer größer werdende Komplexität in der Informationsgesellschaft macht darüber hinaus *Informationsmanager* erforderlich. Informationsmanager sorgen dafür, daß die Informationstechnologien und elektronischen Kommunikationssysteme an den Bedürfnissen des Menschen ausgerichtet sind. Informationsmanager sollen bei der Auswahl und Bewertung von Informationen helfen, die Informationsgrundversorgung über verschiedene Medien hinweg sicherstellen sowie Integrationskompetenz vermitteln (z. B. wie kombiniere ich Informationsmöglichkeiten, wie finde ich den besten Weg durch die Medienkomposition).

Die Chancen für Frauen auf dem sich ändernden Arbeitsmarkt sind jedoch nicht auf die neuen IuK-Berufe begrenzt. Wichtig ist ein ausreichendes Ausbildungsangebot in *Dienstleistungsberufen*. Wenn heute Lehrstellen in gewerblichen Berufen frei bleiben, „so sicherlich nicht deshalb, weil die Jugendlichen sich nicht mehr die Hände schmutzig machen wollen, sondern weil die Jugend", insbesondere die jungen Frauen, „den Strukturwandel bereits verstanden hat, dem die Betriebe hinterherhinken. In qualifizierten Dienstleistungsberufen gibt es keinen Nachfragemangel. Statt Jugendliche in Berufe zu werben, deren Zukunftstauglichkeit ihnen zweifelhaft erscheint, sollten attraktive Ausbildungsberufe geschaffen werden, die bei den Schulabgängern positive Akzeptanz finden, weil sie als Zukunftsberufe gelten" (Ehrke 1997, S.4). Als positive Ansätze in diese Richtung werden deshalb auch die Schaffung neuer Berufe im Dienstleistungssektor gesehen, wie die des neuen kundenorientierten Querschnittsberufs *Dienstleistungskaufmann/ -kauffrau* oder eines *dualen Ausbildungsberufs ‚ambulante Pflege'*, und die dringend erforderliche Überarbeitung geltender Ausbildungsordnungen (Parmentier 1996).

6 Fazit

Die durch den Strukturwandel bedingten Veränderungen beinhalten durchaus Chancen für Frauen. Profitieren können sie von den Entwicklungen in wachsenden Branchen und von neu entstehenden Berufen. Die neuen Berufe sind für Frauen auch deshalb attraktiv, da sie Mischqualifikationen fordern und z.b. gewerblich-technische und kaufmännische Elemente verbinden. Für Betriebe sind Frauen als potentielle Beschäftigte interessant, da sie über Methoden- und soziale Kompetenzen verfügen, die in der Informationsgesellschaft besonders gefragt sind. Auch als Technikentwicklerinnen und -gestalterinnen, vor allem in der Anwendungsentwicklung, werden Frauen stärker gefragt sein, damit Produkte und Dienstleistungen den Anforderungen des Marktes besser gerecht werden.

Eine Eingrenzung der Möglichkeiten von Frauen ausschließlich auf den engeren Informations- und Kommunikationsbereich wäre jedoch zu kurz gegriffen. Nach wie vor wird der Großteil der Frauen Nutzerinnen der neuen Informationstechnologien sein. Dort müssen sie u. a. über die entsprechende Teilnahme an Weiterbildungsangeboten Zugang zu zukunftsträchtigen qualifizierten Aufgabenfeldern erhalten, damit sie ihre Beschäftigung sichern können. Wichtig dabei ist auch, daß die Änderungen in den frauentypischen Bereichen sichtbar gemacht werden und damit eine Neubewertung unumgänglich wird.

Frauen müssen diese Chancen nutzen, da sonst die Gefahr besteht, daß sie beruflich ins Hintertreffen geraten. Hinderlich könnte dabei sein, daß Frauen zuerst fragen: Wozu ist das nütze? Was bringt mir das? Sie müssen jedoch frühzeitig in diese Bereiche einsteigen, und zwar solange diese expandieren und die Strukturen noch offen sind.

Ein besonderes Augenmerk muß dabei auf Frauen geworfen werden, die formal als nicht- oder gering-qualifiziert gelten und deren Arbeitsplätze durch Rationalisierung und/oder den Trend zur Höherqualifizierung in Gefahr sind. Hier müssen besondere Anstrengungen unternommen werden, um diesen Frauen zukunftsträchtige Alternativen anbieten zu können.

Es spricht insgesamt einiges dafür, daß Frauen künftig mit ihrem Erwerbspotential quantitativ und qualitativ besser zum Zuge kommen. Allerdings besteht darin kein Automatismus. Neue Inhalte und Anforderungen allein werden noch nicht zu einer Änderung der geschlechtsspezifischen beruflichen Segregation auf dem Arbeitsmarkt führen. Es wäre deshalb fatal, die Entwicklungen sich selbst zu überlassen. Die Prozesse müssen aktiv unterstützt werden. Dazu sind alle Beteiligten aufgefordert, Politik, Wirtschaft, Bildungsexperten und nicht zuletzt die Frauen selbst.

Literatur

Bundesinstitut für Berufsbildung (BiBB): Beschäftigungsentwicklung und Qualifikationsbedarf. In: Informationen für die Beratungs- und Vermittlungsdienste der
Bundesanstalt für Arbeit (ibv) Nr. 11 vom 13. März 1996, S.619-623

Bundesministerium für Bildung, Wissenschaft, Forschung und Technologie (bmb+f)
(Hrsg.): Berufsbildungsbericht 1997

Bundesministerium für Wirtschaft (BMWi): Die neuen IT-Berufe, Zukunftssicherung
durch neue Ausbildungsberufe in der Informations- und Telekommunikationstechnik, Bonn, August 1997

Boes, Andreas, Baukrowitz, Andrea, Eckhardt, Bernd: Herausforderung Informationsgesellschaft. Die Aus- und Weiterbildung von IT-Fachkräften vor einer
konzeptionellen Neuorientierung. In: Mitteilungen der Arbeitsmarkt- und Berufsforschung (MittAB) Nr. 2/1995, S.239-251

Chaberny, Annelore: Multimedia – Beschäftigungschancen und -risiken für Frauen.
In: ibv Nr. 44 vom 30. Oktober 1996, S.2693-2706

Dahlström, Nils W.: Führungskräfte als Kleinunternehmer. In: Blick durch die Wirtschaft vom 4. August 1997

Dostal, Werner (1995a): Die Informatisierung der Arbeitswelt – Multimedia, offene
Arbeitsformen und Telearbeit. In: MittAB Nr. 4/1995, S.527-543

Dostal, Werner (1995b): Multimedia – Arbeitswelt von Morgen? In: ibv Nr. 41 vom
11. Oktober 1995, S.3539-3547

Dostal, Werner: Arbeitsmarkt für Computerberufe leicht erholt. In: Materialien aus
der Arbeitsmarkt- und Berufsforschung (MatAB) Nr. 2/1996

Dostal, Werner; Troll, Lothar: Frauen und Technik am Arbeitsmarkt. Aspekte der
Frauenbeschäftigung im Strukturwandel. In: MatAB Nr. 3/1995

Dzalakowski, Ingrid: Gender-Working: Männer und Frauen im Team, Wiesbaden
1996

Ehrke, Michael: IT-Ausbildungsberufe: Paradigmenwechsel im dualen System. In:
Bundesinstitut für Berufsbildung (Hrsg.): Berufsbildung in Wissenschaft und
Praxis (BWP), Heft 1/1997, S.3-8

Engelbrech, Gerhard; Reinberg, Alexander: Frauen und Männer in der Beschäftigungskrise der 90er Jahre. Entwicklung der Erwerbstätigkeit in West und Ost
nach Branchen, Berufen, Qualifikationen. In: Werkstattbericht des Instituts für
Arbeitsmarkt- und Berufsforschung der Bundesanstalt für Arbeit (IAB) Nr. 11
vom 8. September 1997

Europäische Kommission Wissenschaft, Forschung und Entwicklung (Hrsg.): Infor-
mationsbilder FTE 17, Januar 1998

Hoffman, Edeltraud; Walwei, Ulrich: Beschäftigung: Formenvielfalt als Perspektive?
Teil 1: Längerfristige Entwicklung von Erwerbsformen in Westdeutschland. In:
IAB – Kurzbericht Nr. 2 vom 27. Januar 1998

Institut der deutschen Wirtschaft (iwd): Multimedia, Neue Jobs für Hochqualifizierte.
In: iwd Nr. 13 vom 27. März 1997, S.2

Kern, Peter; Ilg, Rolf; Zinser, Stephan: Organisationsstrukturen im Wandel – aktuelle
Entwicklungen und Perspektiven. In: Tessaring, Manfred (Hrsg.): Die Zukunft
der Akademikerbeschäftigung, Beiträge zur Arbeitsmarkt- und Berufsforschung
(BeitrAB) Nr. 201/1996, S.174-194

Kühlwetter, Karin (1996a): Qualifikationsanforderungen und Qualifikationsentwicklungen für berufliche Tätigkeiten mit multimedialen Techniken und Systemen. In: Hans-Böckler-Stifung (Hrsg.): Manuskripte 197, 1996

Kühlwetter, Karin (1996b, 1997): Qualifikationsanforderungen und Qualifikationsentwicklungen für berufliche Tätigkeiten mit multimedialen Techniken und Systemen. In: ibv Nr. 44 vom 30. Oktober 1996, S.2709-2714 sowie eine Aktualisierung der Ergebnisse: Qualifikationsveränderungen durch Multimedia – Chance für Frauen? anläßlich eines Expertinnengesprächs der Initiative „Frauen geben Technik neue Impulse", Oktober 1997

Ministerium für die Gleichstellung von Frau und Mann des Landes Nordrhein-Westfalen (NRW): Herausforderungen Informationsgesellschaft – Auswirkungen neuer Informations- und Kommunikationstechnologien auf die Beschäftigungssituation von Frauen. Eine Studie des Instituts Arbeit und Technik/Zentrum für interaktive Medien. In: NRW Dokumente und Berichte 38, April 1997, Düsseldorf

Parmentier, Klaus: Neue Qualifizierungs- und Beschäftigungsfelder. In: Bundesinstitut für Berufsbildung; Laszlo, Alex; Tessaring, Manfred (Hrsg.): Neue Qualifizierungs- und Beschäftigungsfelder, Dokumentation des BiBB/IAB-Workshops am 13./14. November 1995, 1996, S.23-29

Plicht, Hannelore; Schober, Karen; Schreyer, Franziska: Zur Ausbildungsadäquanz der Beschäftigung von Hochschulabsolventinnen und -absolventen. Versuch einer Quantifizierung anhand der Mikrozensen 1985 bis 1991. In: MittAB Nr. 3/1994, S.177-204

Rauch, Angela; Schober, Karen: Geschlechtsspezifische Rekrutierungsverhalten westdeutscher Betriebe bei der Ausbildung und Beschäftigung von Fachkräften in anerkannten Ausbildungsberufen. In: Liesering, Sabine; Rauch, Angela (Hrsg.): Hürden im Erwerbsleben. Aspekte beruflicher Segregation nach Geschlecht, BeitrAB Nr. 198/1996, S.17-45

Ressel, Maik: Chancen für wenige in Multimedia-Jobs. In: Die Welt vom 22.6.1997

Thomas, Rainer; Kraus, Boris: Wirtschaftsinformatiker der Universität Würzburg. In: Blick durch die Wirtschaft, 12. Juni 1997

Tessaring, Manfred: Beschäftigungstendenzen nach Berufen, Tätigkeiten und Qualifikationen. In: Bundesinstitut für Berufsbildung; Laszlo, Alex; Tessaring, Manfred (Hrsg.): Neue Qualifizierungs- und Beschäftigungsfelder, Dokumentation des BiBB/IAB-Workshops am 13./14. November 1995, 1996, S.54-77

Tischer, Ute; Doering, Gabriele: Arbeitsmarkt für Frauen – Aktuelle Entwicklungen und Tendenzen im Überblick. In: ibv Nr. 8 vom 25. Februar 1998, S.501-548

Weidig, Inge: Arbeitslandschaft 2010: Technische und sozioökonomische Einflußfaktoren. In: Tessaring, Manfred (Hrsg.): Die Zukunft der Akademikerbeschäftigung, BeitrAB Nr. 201/1996, S.269-281

Zorn, Werner: Telearbeit – Eine neue Arbeitskultur. In: ZFO 3/1997, S.173-176

Christiane Funken

Neue Berufspotentiale für Frauen in der Software-Entwicklung

„Grösse und Komplexität der Informationstechnik wachsen dramatisch. Immer höhere Ansprüche an das Netz führen nicht nur zum Einsatz neuer Technologien, sondern erfordern auch grundsätzlich neue Wege, um diese Techniken sinnvoll nutzen zu können" (Bazzanella 1998, S.57).

„‚Vom Technologielieferanten zum Lösungsanbieter' – ‚Eins zu Eins Marketing', unter diesen Schlagworten wird eine Strategie verzeichnet, bei der nicht mehr versucht wird, Kunden für vorhandene Produkte zu gewinnen, sondern die Kunden in einer lernenden Beziehung an der Ausgestaltung des Produktes zu beteiligen" (Computerwoche 20/98).

1 Zum Wandel der Tätigkeitsmerkmale in der Software-Entwicklung

Die sogenannten Informations- und Kommunikationstechniken gelten als *die* Zukunftstechnologien, die neue Berufsfelder und neue Berufsformen bereitstellen. Dies ist eine Chance für Frauen, die in qualifizierten und hochqualifizierten Berufen unter veränderten Bedingungen arbeiten wollen. Der Bedarf an informatischen Produkten und Dienstleistungen ist in Europa höher als durch die eigene Herstellung gedeckt werden kann. Durch Preisverfall, enorme Leistungsfähigkeit und technologischen Fortschritt liegt der informationstechnische Engpaß vor allem bei der Software und der Dienstleistung.

Die Verlagerung der Software-Entwicklung von der Systemsoftware zur Anwendungssoftware und die anhaltende Software-Krise erfordern jedoch ein verändertes Qualifikationsprofil für Software-Entwicklerinnen und Software-Entwickler: Ähnlich den neuen Qualifikationsanforderungen für Management- und Führungskräfte bedarf es in der Software-Entwicklung – besonders in der Anwendungssoftware – spezifischer Kompetenzen, die die formalen und technischen Skills ergänzen. Denn drei Viertel ihrer Arbeitszeit benötigen Software-EntwicklerInnen für die Kommunikation und Kooperation mit verschiedensten Partnern und Partnerinnen[1].

Die meist einseitig ausgebildeten Informatiker und Ingenieure zeigen diesbezüglich erhebliche Defizite, die häufig verhindern, daß sie eine adä-

---

1 Zum Beispiel AuftraggeberInnen, BenutzerInnen, KollegInnen, Management, Vertrieb

quate Aufgabenanalyse[2] erstellen, ein Arbeits- oder Expertengebiet sinnvoll erfassen und sich in den (teilweise) zu automatisierenden Arbeitsvorgang praktisch eindenken. Dies führt dazu, daß laufende Software – so die Kritik – überwiegend fehlerhaft, unzuverlässig, meist nicht aufgaben- und benutzerangemessen und in der Regel zu teuer ist (vgl. Gibbs 1994). Empirische Untersuchungen belegen, daß für die genannten Mängel zu ca. 67% Fehler in der ‚Spezifikation‘ und der ‚Modellierung‘ verantwortlich sind, die wiederum vor allem auf der ‚Aufgabenanalyse‘ beruhen.

Laut einer Studie des Bundesministeriums für Bildung, Wissenschaft, Forschung und Technologie ist der zeitliche Anteil der kommunikativen Tätigkeiten im Softwareentwicklungsprozeß, wie Austausch von Informationen, Erhebungen, Diskussionen mit AuftraggeberInnen und BenutzerInnen viermal so hoch wie die eigentliche Programmierarbeit (Brodbeck 1993). Die in dieser Untersuchung befragten EntwicklerInnen machten daher für das Gelingen von Softwareentwicklungen in erster Linie die effiziente Teamarbeit zwischen EntwicklerInnen und BenutzerInnen (45%), die Projektorganisation (27%) sowie die Qualifikation der MitarbeiterInnen (21%) verantwortlich. Die zur Programmentwicklung benötigten Werkzeuge und Methoden spielten demgegenüber eine weitaus geringere Rolle (4%).

Softwareentwicklung und -gestaltung muß also, so das vorläufige Fazit, in wesentlichen Teilen als ein Lern-, Kommunikations- und Aushandlungsprozeß verstanden werden, der hohe Kooperations- und Kommunikationsanforderungen[3] – mithin also soziale Kompetenzen – an die Entwicklerinnen und Entwickler stellt. Deshalb forderte Floyd bereits 1994 eine Wandlung des Rollenverständnisses der EntwicklerInnen vom „Software-Hersteller“ hin zum „Berater in Informationsangelegenheiten, welcher Multiperspektivität anerkennt und umsetzt, Vielfalt und Rückkopplung sucht und zu Revisionen bereit ist“ (ebd., S. 36). Auch Baukrowitz u.a. (1992, 1994) fordern ein neues Qualifikationsprofil für InformatikerInnen, das eine „ganzheitliche Arbeitsgestaltungskompetenz“ zum Inhalt haben sollte. Denn neben dem technischen

---

2 Hier wird das zur Modellierung Beabsichtigte einer ersten Analyse unterzogen, d.h. daß EntwicklerInnen und BenutzerInnen gemeinsam die zu spezifizierenden Aufgaben erarbeiten, indem sie den betreffenden Arbeitsprozeß einer differenzierten Analyse unterziehen. Das zu lösende Problem muß also in einem Interaktionsprozeß wahrgenommen, erkannt, eingeordnet, mithin also verstanden werden. Die Aufgabenanalyse muß daher als ein nichtstandardisierbarer Arbeitsvorgang aufgefaßt werden, der insbesondere durch die Person des Entwicklers bzw. der Entwicklerin geprägt ist (vgl. Funken 1994).

3 Solch soziale Kompetenzen werden in der Literatur üblicherweise den Frauen unterstellt. So wurde z.B. im Rahmen differenz- bzw. standpunkttheoretischer Analysen das Konzept des weiblichen Arbeitsvermögens entwickelt, in dem ein spezifisch weiblicher Sozialcharakter postuliert wird, der sich durch ‚Empathie‘, ‚Intuition‘, ‚Personenorientierung‘, ‚Kontextbezug‘, ‚Ganzheitlichkeit‘ sowie durch ‚Kooperations- und Kommunikationskompetenz‘ etc. auszeichnet.

Know-how muß gerade in evolutionären Entwicklungsprozessen[4] die Fähigkeit zur Kooperation mit den AnwenderInnen eingebracht werden. Die EntwicklerInnen benötigen dafür Wissen über die formellen und informellen Aspekte von Arbeit und über die Verortung der Software in Arbeitsprozessen. Baukrowitz u.a. plädieren daher für ein schon in der Ausbildung zu berücksichtigendes berufliches Leitbild der InformatikerInnen, welches die Qualifikation zur Gestaltung soziotechnischer Systeme mit kooperativen und kommunikativen Kompetenzen verbindet.

Bis heute haben sich diese Forderungen jedoch nicht in der – überwiegend von Männern beherrschten[5] – Praxis niedergeschlagen. Eine vergleichende Studie (Funken 1998) zum Software-Entwicklungsprozeß belegt vielmehr, daß neben programmtechnischen Maßgaben vor allem Kosten- und Zeitkalküle in den Entwicklungsplan eingehen. Die vergleichsweise wenigen Frauen jedoch, die bisher in der Software-Entwicklung tätig sind, erfüllen das geforderte Qualifikationsprofil deutlich besser als ihre männlichen Kollegen (siehe hierzu die Ausführungen unter 3).

2   Technikentwicklung und Geschlechterdifferenzierung

Forschungsfragen zum Verhältnis von Frauen und Technik konzentrieren sich in der Regel auf

- die beruflichen und privaten Auswirkungen von Technologien auf Frauen,
- die Lage der Frauen in der Technikentwicklung und -produktion und
- das Verhältnis von Frauen zur Technik (vgl. auch Aulenbacher/Goldmann 1993).

Die Tatsache, daß die feministische Technikforschung den technischen Entwicklungs*prozessen* bislang nur wenig Aufmerksamkeit schenkte, liegt unter anderem in dem Risiko neuer Stereotypisierungen von Männlichkeit und Weiblichkeit, sofern die Technikentwicklung als von Frauen und Männern je

---

4   Im Gegensatz zum Phasenmodell wird beim evolutionären Gestaltungsansatz das Softwaresystem über mehrere Entwicklungszyklen entworfen. Ziel dabei ist, daß jeder Entwicklungszyklus schon erste, wenn auch unvollkommene Funktionen und Interaktionsformen für den Arbeitsprozeß liefert, so daß die zu entwickelnde Software schon während der Entwicklungsphase erprobt und getestet werden kann.

5   Relativ wenige Frauen (16%) arbeiten als Software-Entwicklerinnen in vergleichsweise schlechteren Positionen (unterhalb der Führungsetagen ohne Entscheidungskompetenz) und mit geringerem Gehalt (Männer über 7000 DM, Frauen unter 6000 DM monatlich) als ihre männlichen Kollegen trotz gleicher Tätigkeitsfelder, gleichem Einsatz und gleich hohem Ausbildungsniveau (Funken 1998). Zum Vergleich: An einer Studie über die Mitgliedschaft in der Gesellschaft für Informatik haben 10% Frauen teilgenommen. Der Frauenanteil bei Computerfachleuten insgesamt liegt bei 28% (vgl. Baber 1992).

unterschiedlich praktizierter Handlungs- und Entscheidungsprozeß beschrieben wird[6]. Gleichwohl fordert gerade die Erkenntnis, Technikentwicklung als komplexen gesellschaftlichen bzw. sozialen Prozeß zu verstehen (Rammert 1990, 1992), unabdingbar *auch* die Einbindung der sozialen Kategorie Geschlecht[7] als relevante Einflußgröße, denn:

1. läßt sich die Form geschlechtshierarchischer Arbeits- und Machtverteilung (Teubner 1992) mit der „Monopolisierung technischer Kompetenz ... zur Sicherung männlicher Autorität" (Aulenbacher/Goldmann 1993. S.27) auch als Vermeidung alternativer Technologieentwicklungen interpretieren: Technikgenerierende Organisationen sind in einem institutionellen Kontext angesiedelt, in dem der „Stand der Technik" (Knie 1989) eine zentrale Rolle spielt. Dieses Leitbild sowie die – bisher überwiegend durch Männer entwickelten – „Konstruktionstraditionen" (ebd.) sind mitbestimmend für die Wahl einer bestimmten Techniklinie – und die Ablehnung anderer! Eingefahrene technologische Lösungswege und überlieferte Orientierungsmuster beherrschen auch neuere Technikentwicklungen, da selbst bei größtmöglicher Bereitschaft, sich neuen Wissensgebieten zu öffnen, an einmal Gedachtem oder Gefundenem festgehalten und eine Problemlösung bzw. eine Alternative bestensfalls in der Nähe der vorher betrachteten Alternative gesucht wird (Wahl 1982).

2. werden entsprechend soziale und kerninformatische Fähigkeiten in der Berufspraxis immer noch als Gegensatzpaare gehandelt. Soziale und kommunikative Kompetenzen erhalten hierbei lediglich den Stellenwert von „außer- oder überberuflichen" Zusatzqualifikationen. Damit haben Frauen, sofern sie diesen sozialen „Randbereich" besetzen, tendenziell mit einem Prestigeverlust in bezug auf die Kerninformatik zu rechnen, der stets durch individuelle, professionalisierende Handlungsstrategien der Frauen ausgeglichen werden muß (Heintz u.a. 1997).

3. bedeutet die Anerkennung der sozialen Konstruiertheit von Technik auch die Anerkennung einer unvermeidbaren Durchmischung von (scheinbar) objektiven, d.h. technisch-wissenschaftlichen und subjektiven, d.h. lebensweltlichen Bezugssystemen. Technologische Entwicklung ist Produkt vielfältiger Interessen, Strategien und Politiken unterschiedlicher Gruppen innerhalb spezifischer Arbeitskulturen. Entsprechend variieren die sozialen Praxen und werden in den Arbeitsergebnissen sichtbar. Indi-

---

6   In der Tat bergen Festschreibungen, die von einer uneingeschränkten Relevanz des Merkmals Geschlecht ausgehen, die Gefahr in sich, Personen auf ihr Geschlecht zu reduzieren und das Geschlechtsmerkmal „als eine dauerhafte Qualität dieser Variablen bzw. der darauf bezogenen Handlungen" (Hammerich 1996) zu unterstellen. Andere Variablen wie ethnische oder soziale Herkunft, Ausbildung, Ziel- und Wertvorstellungen, Fachvorlieben, Entscheidungen oder ‚ideologische' Einbettung werden in ihrer Bedeutsamkeit (hier: für den technologischen Entwicklungsprozeß) vernachlässigt.

7   Zur doppelten Thematisierung von Geschlecht als sozialer und analytischer Kategorie siehe (Aulenbacher 1993).

viduelle Vorstellungs- und Handlungsweisen bzw. soziale Praxen, die –
ungeachtet ihrer Gründe[8] – auch geschlechtsspezifisch differieren können,
müssen somit als konstitutiv für die Technikgenese gedacht werden.
Gerade die Software-Entwicklung, die neben der technischen Problemlösung auch als Realitätsinterpretation und als Neuorganisation von
(Arbeits-)Zusammenhängen (Coy u.a. 1992) aufzufassen ist, vereint in
besonderem Maße handlungsleitende Gestaltungsmerkmale in sich
(Funken 1998), die durch ‚objektive‘ und subjektive Geltungsbereiche
geprägt sind.

3 Interpretieren statt Rationalisieren: ‚weibliche‘ Lösungsstrategien in der Software-Entwicklung

Ziel professioneller Software-Entwicklung ist u.a. die Erstellung von Anwendungssoftware. Der Entwicklungsprozeß umfaßt dabei einzelne Schritte, die
je nach Prozeßmodell variieren können und sowohl intellektuelle Arbeit als
auch – neben allgemeinen Problemlösefähigkeiten – fachspezifisches Wissen
über z.B. Programmiersprachen, -methoden und -werkzeuge erfordern.
Grundsätzlich aber ist Wissen über den Anwendungsbereich notwendig, das
gewissermaßen als sachlich-soziales Basiswissen gelten kann und üblicherweise im Rahmen der sogenannten Aufgabenanalyse erfaßt wird. Da sich die
Entstehungs- und Anwendungskontexte neuer (Informations-)Technik immer
enger aufeinander beziehen, ist von hohen Komplexitäts- und Koopera-
tionsanforderungen auszugehen, die als Qualifikation Wahrnehmen und
Interpretieren, d.h. Verstehen von Sinnstrukturen voraussetzen. Dies erfordert
ein Bewußtsein bei den Technikproduzenten, das die ‚ideologischen‘, d.h.
technikzentrierten Anfänge informatischer Professionalisierung hinter sich
läßt. Denken und Handeln von Software-Entwicklern aber entspricht ungebrochen einer Ingenieursperspektive[9], die den Innovationsprozeß der Tech-

---

8 Auf die anhaltende Debatte zur Kategorie ‚Geschlecht‘ als z.B. biologische oder soziale
  bzw. diskursive oder vordiskursive Einheit kann hier nicht eingegangen werden. Bezüglich
  der beruflichen Segregation der Geschlechter verweisen Heintz u.a. (1997) jedoch nachdrücklich auf die Kontextabhängigkeit der Geschlechterdifferenz und unterscheiden strukturelle und kulturelle Faktoren des Arbeitsfeldes.
9 Den Computer fassen Entwickler bei ihrer Arbeit zumeist als Werkzeug auf (86%). Überhaupt gilt die Informatik für sie als Ingenieurwissenschaft (78%) und zählt auf keinen Fall
  zur Mathematik oder gar Sozialwissenschaft. Dieses eindeutige Antwortverhalten belegt
  exemplarisch die ingenieurtechnische Berufssozialisation bzw. -identifikation (Funken
  1998).

nikentwicklung und -implementation in Rationalisierungs- und Optimierungs-verfahren[10] begründet.

Diese und die folgenden Aussagen beziehen sich auf eine empirische Studie (Funken 1998), die im Sommer 1996 durchgeführt wurde. In die Erhebung einbezogen wurden insgesamt 17 kleine, mittlere und große Softwarehäuser aus Baden-Württemberg, Nordrhein-Westfalen, Bayern und Berlin. Insgesamt wurden 70 Software-Entwickler und Software-Entwicklerinnen befragt, davon waren 11 Frauen (16%) und 58 Männer (84%)[11]. Es wurden ausschließlich InformatikerInnen befragt, die in der Anwendungssoftware tätig sind und Kundenkontakt hatten, d.h. persönlich Aufgabenanalysen durchführten.

Die Modellvorstellungen fast aller Entwickler und Entwicklerinnen (92%) basieren auf Einschätzungen und Techniken, die die funktionelle, programmtechnisch relevante Beschreibung des Problembereiches zum Ziel haben und von der Illusion einer weitgehenden, wenn nicht sogar vollständigen Strukturier- und Formalisierbarkeit des Realitätsausschnittes getragen werden. Entsprechend dient der Strukturierungsvorgang kaum zur Rekonstruktion der formellen und informellen Arbeitszusammenhänge und -interdependenzen. Lediglich den weiblichen Software-Entwicklern gilt die Festlegung der personen- bzw. gebietsspezifischen Arbeits*abläufe* (72%) und die Festlegung benutzerspezifischer Bedürfnisse (72%) als Leitvorstellung bei dem Selektionsverfahren innerhalb der Aufgabenanalyse. Männer neigen eher dazu, diesen Analysebereich zu ignorieren. Überhaupt recherchieren Frauen umfassender als ihre Kollegen, da sie zusätzlich die Arbeits*umgebung* (73%) und die Arbeits*organisation* (67%) erfassen.

Zwar interessieren sich auch männliche Software-Entwickler begrenzt für Arbeitsabläufe, Schwachstellen im Informationsfluß und benutzerspezifische Bedürfnisse, nicht aber für den Anwendertypus oder z.B. das spezifische Sach- und Kundenwissen. Diese Informationen erfordern nämlich die direkte Auseinandersetzung mit den Kunden, was gerade den meisten Männern (55%) besondere Kommunikations- und Verständigungsprobleme bereitet[12]. In krassem Gegensatz hierzu klagt nicht eine einzige Frau über schwierige

---

10 Denkfiguren bei der Modellierung sind zu 94% technische und algorithmische Überlegungen, 91% ökonomische Überlegungen, 89% organisatorische Überlegungen und lediglich 43% soziale Überlegungen (Funken 1998).

11 Die Samplegröße der hier diskutierten Untersuchung (n=70) entspricht 0.5% der Mitglieder der Gesellschaft für Informatik (GI). Hinsichtlich der Verteilung nach Geschlecht stellt die Untersuchungsgruppe ein ‚potentiell‘ repräsentatives Sample dar. Die Prozentwerte beziehen sich jeweils auf die Fallzahlen, die nach Antwortverhalten variieren können (zur Datenanalyse und -beschreibung siehe Funken 1998). Die Software-EntwicklerInnen wurden u.a. nach ihrer Ausbildung, ihrer Einstellung zu Formalisierung und Strukturierung von Gegenstandbereichen, zur Aufgabenanalyse und zu den Kunden befragt.

12 Dennoch bzw. gerade deshalb behaupten die meisten männlichen Software-Entwickler (86%), daß kommunikative Fähigkeiten bei der Software-Entwicklung unabdingbar seien.

oder gescheiterte Kommunikationen mit den Kunden. Dies mag daran liegen, daß die Kommunikation – wie sich noch zeigen wird – stark von der Einschätzung der Kunden als ‚Profi' oder ‚Laie' abhängt. Da offensichtlich ausschließlich Männer die Kommunikation im Zuge der Aufgabenanalyse als prekär empfinden, positionieren auch nur sie sich als Laie (49%) im Kundenkontakt.

Dies scheint neben den mangelnden Kommunikationserfolgen auch an der Tatsache zu liegen, daß viele von ihnen die Aufgabenanalyse immer wieder neu und befremdend erleben, wohingegen fast alle Frauen (91%) behaupten, daß die durchzuführende Aufgabenanalyse mit bereits abgeschlossenen Aufgabenanalysen vergleichbar sei. Dies führt offenkundig dazu, daß lediglich die weiblichen Entwickler ihre Kunden *verstehen* und deren Zielvorgaben als konkret und dezidiert (95%) wahrnehmen. Männer hingegen monieren zumeist, daß die Kunden nur eine sehr unklare und vage Vorstellung von ihrem Softwareauftrag haben.

Es ist anzunehmen, daß deshalb auch nur die Hälfte der Entwickler (49%) die Hinweise der Kunden für unabdingbare Insiderkenntnisse hält. Ein weiteres Drittel (37%) konstatiert zwar gerade noch die Notwendigkeit der Kundenhinweise, hält diese aber für unzureichend und korrekturbedürftig, womit erklärt sein dürfte, warum viele Entwickler bei der Einarbeitung in den Anwendungsbereich lieber auf Kollegengespräche (89%) oder Fachliteratur (97%) zurückgreifen. Lediglich die weiblichen Entwickler fassen die Ansprüche der Kunden als wichtige Insiderkenntnisse auf, nehmen diese ernst und halten sie auch für umsetzbar.

4 Perspektivenwechsel – Entwicklungsmethoden im Wandel

Grundsätzlich scheinen sich männliche und weibliche Software-Entwickler in ihrer Einstellung zur Informatisierung eines Problembereiches kaum voneinander zu unterscheiden. Männliche und weibliche Software-Entwickler haben heutzutage in der Regel ein einschlägiges Studium abgeschlossen, d.h. sie haben Informatik oder zumindest ein mathematisch- oder naturwissenschaftlich-technisches Fach studiert. Die diesen Fächern immanente Lehre rationalistischen bzw. mathematisch-formalistischen Denkens wirkt ungebrochen auf die Praxis ein: Software-Entwickler sind ‚Rationalisten' und Software-Entwicklung bedeutet Rationalisierung von Denk- und Arbeitsprozessen. In dieser Hinsicht unterscheiden sich Männer und Frauen kaum voneinander. Mehr oder weniger gehen sie davon aus, daß letztendlich die meisten Bereiche der (Arbeits-)Realität formalisierbar und berechenbar sind. Informelle und soziale Bezüge interessieren sie hierbei genausowenig wie Aspekte einer sogenannten Sozialverträglichkeit. Auch die in der Literatur seit Jahren ausführlich diskutierte Forderung nach Nutzungsfreundlichkeit scheint für die Praxis kaum von Belang zu sein. Enge Zeit- und Kostenkalkulationen sowie engmaschige Formalisierungsansprüche sind handlungsleitend. Folglich wird der Aufgabenanalyse vor allem als Element der Vertragsaushandlung Bedeutung beigemessen. Dennoch lassen sich Software-Entwickler nach den Strategien, mit denen sie die Aufgabenanalyse instrumentalisieren, unterscheiden, allerdings nur auf Umwegen: Ihr Verhältnis zu den Kunden, deren Akzeptanz als ‚Informations*vermittler*' oder als ‚Informations*empfänger*', die den Kunden zugewiesene Position als ‚Laie' oder als ‚Profi' und die Anerkennung der Kommunikation als geeignetes Verfahren der Aufgabenanalyse stehen für ein grundlegend unterschiedliches Entwicklungsmodell und seine Anwendung.

Die Ergebnisse der Studie (Funken 1998) zeigen, daß die Einbindung der Kunden in den Entwicklungsprozeß bzw. die Anerkennung seiner konstitutiven Rolle im Verfahren nur von wenigen, eher jüngeren Praktikern und primär von Frauen anerkannt und umgesetzt wird. Ältere, zumeist männliche Entwickler haben einen entschieden technischeren Zugang zur Software-Entwicklung, d.h. getragen von einem vermeintlichen Technikdeterminismus glauben sie eher an die ‚Macht des Computers' und erheben ihn gewissermaßen über soziale und informelle Zusammenhänge als quasi objektivierendes Instrumentarium. Die Einstellungen und Verhaltensweisen der Software-Entwickler scheinen sich also in erster Linie hinsichtlich ihrer Analyse*methoden* und damit verbunden hinsichtlich ihrer Urteile über die Kunden zu unterscheiden. Ältere männliche Software-Entwickler beklagen häufig eine fehlgelaufene Kommunikation, beraten sich mit Fachkollegen und suchen einschlägige Literatur zur Erfassung des Problembereiches. Die Zielvorgaben der Kunden erscheinen ihnen vage und nur begrenzt praktikabel. Im Gegensatz hierzu verstehen weibliche Kollegen die Ansprüche ihrer Kundschaft besser, zumindest halten sie diese für umsetzbar. Bei der Aufgabenanalyse versuchen sie (im Unterschied zu den meisten älteren männlichen Kollegen), Arbeitsumgebung, -organisation *und* einzelne Arbeitsschritte zu erfassen.

Auch wenn sich beide Gruppen hinsichtlich ihrer informatischen Denkstrukturen kaum voneinander unterscheiden (vgl. hierzu auch Sørensen 1992), ließe sich der Modus, in dem sie den Kunden bestimmte Rollen zuschreiben bzw. seine Informationen akzeptieren, als Indiz für oder gegen Benutzerfreundlichkeit lesen: Da die personelle Zusammensetzung bei der *Aufgabenanalyse* nicht als ein paritätisch besetztes Team anzusehen ist, sondern Profi (Entwickler) ‚gegen' Laie (Kunde) agieren, muß davon ausgegangen werden, daß die Profis im Entscheidungsverfahren mehr Durchsetzungsmacht haben[13].

---

13 Dieses Problem tritt auch und gerade bei sogenannten Consultings auf, wo ‚Profis' – die zugleich als kompetente Software-Entwickler und z.B. als kompetente Betriebswirte auftreten – die Kunden endgültig zu einer weitgehend passiven Informationsquelle degradieren.

Ihre Handlungspotentiale stützen in hohem Maße das – zur Disposition gestellte – Handlungsziel, die Computerisierung; d.h. Entscheidungsgrundlage für die Informatisierung ist letztendlich nicht der Gegenstandsbereich, sondern der informatische Ressourcenpool. Die Dynamik zwischen den Akteuren der *Aufgabenanalyse* resultiert entsprechend aus dem Spannungsverhältnis zwischen der interessensgeleiteten Logik der Kunden und der fachlich begründeten Logik der EntwicklerInnen. Trotz des fachbezogenen Wissensgefälles jedoch stehen die Beteiligten vor dem Problem, gemeinsam ein praktisches Verfahren in einem (Struktur)Modell abbilden zu müssen. Deshalb verlangen Aushandlungsprozesse zwischen Partnern, die aus so unterschiedlichen Handlungskontexten stammen, von den Beteiligten die Fähigkeit zum *Perspektivenwechsel* und die Anerkennung gleichwertiger Entscheidungskompetenzen.

Die Befähigung zu einer derartigen, wechselseitigen Verständigung variiert bei den Interaktionspartnern enorm und unterscheidet sich in der Praxis häufig danach, ob Männer oder Frauen die ‚Verhandlungen‘ führen. Obwohl beide in gleichem Maße technische Normen, Präferenzen und Designkriterien anerkennen und ihre informatisch relevante Umsetzung beherrschen, ergänzen Frauen dieses geteilte Wissen und Können durch (scheinbar nicht-informatische) Handlungsressourcen, die für eine nutzungsgerechtere Software-Entwicklung unabdingbar sind. Die in der informatischen Sozialisation gewonnenen Orientierungsmuster und Konstruktionstraditionen werden bisher vor allem von Frauen durch unkonventionelle, d.h. sozial fundierte Designkriterien und Konstruktionsprinzipien vervollständigt. Die seit langem geforderte Verbindung technischer und sozialer Rationalität wird so durch einen sensiblen und *verstehenden* Umgang mit den Kunden erreicht und begründet fortan ein ‚relationales‘[14] Entwicklungsmodell, mit dessen Hilfe der ‚Eigensinn‘ von Problembereichen aufgegriffen und einer Algorithmisierung zugeführt werden kann.

Die Ergebnisse der empirischen Studie bestätigen erstmalig systematisch Beobachtungen aus der informatischen Berufspraxis, die immer wieder Anlaß zu der Vermutung geben, daß eine größere Frauenbeteiligung zu ‚nutzungsgerechterer‘ Software führen könne (vgl. Wagner 1984, Behnke u.a. 1993). Offensichtlich gelingt es Frauen eher, Arbeitsvorgänge und -probleme von BenutzerInnen zu erfassen, die notwendige Kommunikation herzustellen und zu sichern, Empathie aufzubringen und entsprechend angemessene Vorstellungen über eine Aufgabenanforderung und ein Software-Design zu erstellen. Dieses Potential gilt es zu nutzen.

---

14 Im ‚technikdeterministischen‘ Entwicklungsmodell ist der Kunde deshalb für die Erfassung des Problembereiches unbrauchbar, weil die Software-Entwicklung primär ‚harten‘ technischen und informatischen Maßgaben unterstellt wird.

Literatur

Aulenbacher, Brigitte, Monika Goldmann (Hrsg.): Transformationen im Geschlechterverhältnis. Frankfurt, 1993

Baber, Robert u.a.: Zur Berufssituation der Informatiker 1991. Ergebnisse der Mitgliederbefragung der GI 1991/92. In: Informatik Spektrum, 6, 1992, S.335-350

Baukrowitz, Andrea u.a.: Ganzheitliche Arbeitsgestaltungskompetenz. Paradigmenwechsel in der Aus- und Weiterbildung von Informatik-Fachkräften. In: Langenheder, Werner u.a. (Hrsg.): Informatik cui bono? Berlin, 1992, S.270-274

Baukrowitz, Andrea u.a.: IT-Fachkräfte an der Schwelle zu einer neuen Qualifikation. In: Ergonomie und Informatik, 22, 1994, S.13-19

Bazzanella, Hartwig: Anbindung an Geschäftsprozesse rechtfertigt erst die IT. In: Computerwoche 18/98, S.57

Behnke, Katrin u.a.: Umfrage zur Arbeitswelt von Frauen in der EDV. In: Frauenarbeit und Informatik, 7, Juni 1993, S.57-71

Brodbeck, Felix C.: Warum es sinnvoll ist, Kommunikation und Kooperation in Software-Entwicklungsprojekten verstärkt zu kultivieren. In: Rödiger, Karl-Heinz (Hrsg.): Software-Ergonomie '93 (Berichte 39). Stuttgart, 1993, S.237-248

Computerwoche 20: SAS Institute propagiert das Thema Management von Kundenbeziehungen, 23, 1998

Coy, Wolfgang u.a. (Hrsg.): Sichtweisen der Informatik. Braunschweig, 1992

Floyd, Christane: Software-Engineering – und dann? In: Informatik Spektrum, 1, 1994, S.29-38

Funken, Christiane: Das Bild des Entwicklers vom Benutzer – Eine Problemskizze. In: Fricke, Else (Hrsg.): Zur Zukunftsorientierung von Ingenieuren und Naturwissenschaftlern. Bonn, 1994, S.75-92

Funken, Christiane: Perspektivenwechsel. Eine wissenschaftssoziologische Standortbestimmung der Aufgabenanalyse im Rahmen der Software-Entwicklung. Freiburg (in Vorb.), 1998

Gibbs, Wayt.: Software's Chronic Crisis. In: Scientific American (271), 9, 1994, S.72-81

Heintz, Bettina. u.a.: Ungleich unter Gleichen. Frankfurt, 1997

Knie, Andreas: Das Konservative des technischen Fortschritts. In: WZB Papers, FS II. Berlin, 1989, S.89-101

Rammert, Werner (Hrsg.): Computerwelten – Alltagswelten. Wie verändert der Computer die soziale Wirklichkeit? Bielefeld, 1990

Rammert, Werner: Gesellschaftliche Innovation durch eine reflexive Informatik. In: Langenheder, Werner u.a. (Hrsg.): Informatik cui bono? Berlin, 1992, S.49-57

Sørensen, Knut H.: Towards a Feminized Technology? Gendered Values in the Construction of Technology. In: Social Studies of Science, 1, 1992, S.5-31

Teubner, Ulrike: Geschlecht und Hierarchie. In: Wetterer, Angelika (Hrsg.): Profession und Geschlecht, Frankfurt, 1992, S.45-50

Wagner, Ina: Frauen in den Naturwissenschaften – Institutionelle und Cognitive Widerstände. In. Feyerabend, Paul K.; Thomas, Christian (Hrsg.): Grenzprobleme der Wissenschaften. Zürich, 1984, S.215-226

Wahl, Klaus; Honig, Michael S.; Gravenhorst, Leske: Wissenschaftlichkeit und Interessen, Frankfurt, 1982

Cornelia Brandt, Gabriele Winker

Telearbeit – Entmystifizierung eines Modebegriffs

1 Zukunftsversprechen Telearbeit

Vor dem Hintergrund sich rasant entwickelnder Informations- und Kommunikationstechnologien und unter dem Einfluß einer tiefgreifenden Veränderung der internationalen Wettbewerbsbedingungen findet zur Zeit ein organisatorischer Wandel in Unternehmen statt. Traditionelle Unternehmensgrenzen lösen sich auf. An die Stelle räumlich und zeitlich festgelegter Strukturen der Zusammenarbeit innerhalb eines Unternehmens kommt es zu neuen netzwerkartigen Organisations- und Arbeitsformen, bei denen Ort und Zeit flexibel werden. Picot/Reichwald/Wigand (1996) sprechen in diesem Zusammenhang von neuen Formen der „Telekooperation", andere AutorInnen benutzen den von Davidow/Malone (1993) in die Diskussion gebrachten Begriff des „virtuellen Unternehmens". Dabei ist noch offen, wie diese vernetzten Arbeitsformen in der Zukunft konkret aussehen werden, mit welchen Vor- und Nachteilen sie für einzelne Beschäftigtengruppen verbunden sind und welche Humanisierungs- bzw. Rationalisierungspotentiale sie beinhalten.

Um so auffälliger ist, daß sich Wirtschaftsunternehmen und Parteien schon seit einigen Jahren darin einig sind, daß der Telearbeit die Zukunft gehöre. Telearbeit wird als zukunftsfähige Arbeitsform gesehen, da sie zur erhöhten Flexibilität aller Beteiligten, ArbeitnehmerInnen und Arbeitgeber, beitrage. Bereits im EU-Aktionsplan „Europa und die globale Informationsgesellschaft" vom Mai 1994 – auch als „Bangemann-Bericht" bekannt – wird als erste von zehn Anwendungen, die vorangetrieben werden sollen, die Telearbeit genannt: Mehr und neue Arbeitsplätze für eine mobile Gesellschaft sollen entstehen. Telearbeit soll die Produktivität in öffentlichen Verwaltungen und Unternehmen aller Größe steigern (Europa 1994, S.25).

Dabei wird Telearbeit von politischer Seite im Rahmen der Entwicklung zur Informationsgesellschaft nicht nur propagiert, sondern auch breit gefördert. In Europa fließen hohe Subventionen, um neue Telearbeitsplätze zu schaffen. Besonders umworben werden Klein- und Mittelbetriebe, von denen sich PolitikerInnen den höchsten Zuwachs an Telearbeitsplätzen erhoffen. Das Bundesforschungsministerium startete im März 1997 das Projekt „Telearbeit im Mittelstand". Aus dem Ministerium wurden 10 Millionen DM bereitgestellt, weitere 10 Millionen stiftete die Deutsche Telekom AG und zusätzliche 20 Millionen werden von der mittelständischen Industrie selbst aufgebracht (VDI nachrichten, 23.1.1998, S.22).

Besondere Resonanz in der Öffentlichkeit hat die Einführung der Telearbeit für SoftwareentwicklerInnen und InformatikerInnen bei der IBM Deutschland GmbH erfahren, die für ihre mit Unterstützung der Deutschen Angestellten Gewerkschaft (DAG) abgeschlossene „Betriebsvereinbarung über außerbetriebliche Arbeitsstätten" 1991 mit dem Innovationspreis der deutschen Wirtschaft ausgezeichnet wurde. Heute gibt es schon kaum mehr ein Großunternehmen oder ein Bundesministerium, das nicht mit Telearbeit erste Erfahrungen macht.

Und während in den 80er Jahren Telearbeit kritisch bewertet wurde, bestimmen heute weitgehend die BefürworterInnen die gesellschaftliche Diskussion. So unterzeichnen selbst namhafte GewerkschafterInnen Anfang 1998 eine Europäische Charta für Telearbeit und behaupten ganz ungebrochen, „daß Telearbeit ... zu einer Verbesserung der Lebensqualität, nachhaltiger Arbeitsmethoden, sowie eines gleichberechtigten Zugangs zur Arbeitswelt für alle Bürgerinnen und Bürger beitragen kann." (Europäische Charta 1998)

2 Telearbeit als Verengung der Diskussion um flexible Arbeit

Nachdem wir skizzenartig nachgezeichnet haben, wie Telearbeit von politischer und wirtschaftlicher Seite vorangetrieben wird, geht es uns in den nächsten Abschnitten darum offenzulegen, wie undifferenziert mit dieser ‚Schönwetterdiskussion' rund um Telearbeit Heilserwartungen und Zukunftschancen an die Wand gemalt werden, die mit einer ortsflexiblen Erwerbsarbeit allein nicht zu erreichen sind.

Ermöglicht wird diese undifferenzierte Diskussion durch den Begriff ‚Telearbeit' selbst, mit dem sich die neu entstehenden unterschiedlichen Arbeitsformen nicht differenzieren lassen. Telearbeit wird definiert als informations- und kommunikationstechnisch unterstützte Form ortsunabhängiger Erwerbsarbeit. Damit findet Telearbeit definitionsgemäß nicht in den zentralen Betriebsstätten des Auftrags- oder Arbeitgebers statt. Und Bedingung für Telearbeit ist die Ausstattung der Arbeitsstätte außerhalb des Betriebs mit Informations- und Kommunikationstechnik, mit der die Verbindung zum Betrieb aufrechterhalten werden kann.

Da diese Definition sehr breit ist, werden unterschiedliche Formen von Telearbeit nach dem Ort und der Dauer der außerbetrieblichen Erwerbsarbeit unterschieden. Während bei der permanenten Telearbeit (Teleheimarbeit) ausschließlich zu Hause in der Privatwohnung gearbeitet wird, sind die Beschäftigten bei alternierender Telearbeit teils zu Hause und teils in der zentralen Betriebsstätte tätig. Weitere Arbeitsorte für Telearbeit sind Satelliten- und Nachbarschaftsbüros sowie Telehäuser bzw. Telecenter, die eine Art Bürogemeinschaft vieler Telebeschäftigter darstellen. Wird die Erwerbsarbeit an wechselnden Orten außerhalb der Wohnung erbracht, wie beispielsweise Vertriebs- und Wartungsdienstleistungen bei KundInnen, ist von mobiler Telearbeit die Rede.

Wir werden im folgenden aufzeigen, daß mit diesem so definierten und benutzten Begriff ,Telearbeit' und der damit verbundenen undifferenzierten Fokussierung auf den Erwerbsarbeitsort die entscheidenden zukünftigen Veränderungen der Arbeitswelt ausgeblendet bleiben. Die Diskussion um ortsflexible Arbeit ist zwar wichtig, sie muß jedoch im Zusammenhang mit der umfassenden Neugestaltung von Arbeit in der Informationsgesellschaft geführt werden. Deswegen kommt es darauf an, gleichzeitig mit der Ortsflexibilität von Erwerbsarbeit auch die Umverteilung von bezahlter und unbezahlter Arbeit, die Gestaltung persönlichkeitsförderlicher Arbeitsinhalte und den arbeitsrechtlichen Schutz für die vielfältigen Formen neuer Selbständigkeit zu thematisieren. Erst wenn die ausgeblendeten Sachverhalte der Telearbeit wie die Rationalisierungserfolge, die neuen Widersprüche zwischen Familien- und Erwerbsarbeit, das Entstehen neuer Routinetätigkeiten und die arbeitsrechtlichen Deregulierungen in der gesellschaftlichen Debatte verstärkt wahrgenommen und problematisiert werden, lassen sich konkrete Gestaltungsoptionen für die ortsflexible Erwerbsarbeit im Interesse der Beschäftigten, vor allem auch der weiblichen Beschäftigten entwickeln.

3 Telearbeit und Produktivität

3.1 Suggestion von Beschäftigungschancen

Nach wie vor wird von politischer Seite Telearbeit als ein Beitrag zum Abbau der Arbeitslosigkeit gesehen und gefördert. In der oben genannten Europäischen Charta (1998) wird Telearbeit das Potential zugeschrieben, „die Beschäftigung zu erhöhen". Wenn wir uns die vorhandenen Daten anschauen, gibt es allerdings gesamtgesellschaftlich keinerlei Anhaltspunkte für zunehmende Beschäftigung durch Telearbeit.

Die Schätzungen und Hochrechnungen darüber, wie viele Telearbeitsplätze im Moment vorhanden sind, schwanken zwischen 10.000 (Öko-Institut, Grießhammer 1997, S.37), 150.000 (Empirica, Kordey/Korte 1996, S.25ff.) oder beinahe 900.000 (BMA 1997, Freudenreich u.a. 1997, S.36). Die hohen Differenzen hängen damit zusammen, daß es bereits heute schwierig ist, Telearbeit von anderen Formen der Erwerbsarbeit abzugrenzen. Ortsflexible Erwerbsarbeit unter Nutzung von Kommunikationstechnologien ist an immer mehr Arbeitsplätzen möglich, auch wenn diese nicht immer unter dem Begriff ‚Telearbeit' geführt wird. Auch differenziert nur das letztgenannte Gutachten, das vom Fraunhofer-Institut für Arbeitswirtschaft und Organisation erstellt wurde, nach dem Arbeitsort der Telearbeit: Danach sind etwa 500.000 Arbeitsplätze im Bereich mobiler Telearbeit zu finden, etwa 350.000 Arbeitsplätze in alternierender Telearbeit, 22.000 Arbeitsplätze in Teleheimarbeit und nur 3.500 Arbeitsplätze in Satelliten- und Nachbarschaftsbüros (Freudenreich u.a. 1997, S.36).

Die hohe Anzahl von Telearbeitsplätzen kommt damit zunächst durch die mobile Telearbeit zustande, unter die all die vielen AußendienstmitarbeiterInnen fallen, die ihren ‚alten' Job jetzt mit ‚neuen' Kommunikationstechnologien ausüben. Die alternierenden Telearbeitsplätze, bei denen Beschäftigte unter Beibehaltung ihres Arbeitsplatzes im Betrieb zeitweise zu Hause tätig sind, entstehen ebenfalls direkt aus bestehenden Beschäftigungsverhältnissen und werden kaum neu geschaffen. Teleheimarbeitsplätze stellen dann nur noch einen kleinen Prozentsatz aller Telearbeitsplätze dar und sind in der aufgeführten Größenordnung für die Bundesrepublik Deutschland nicht neu. So gibt es auf der Grundlage dieser quantitativen Studien keinen Hinweis darauf, daß durch Telearbeit neue Arbeitsplätze geschaffen werden, die nicht an anderer Stelle wegfallen. Dies ist auch nicht weiter verwunderlich, da Telearbeit kein neuer Beruf und keine eigenständige Arbeitstätigkeit ist, sondern eine neue ortsflexible Arbeits- oder Organisationsform.

Telearbeit ist allerdings eine Arbeitsform, mit der sich deutliche Produktivitätsgewinne erzielen lassen, die zwischen 10 und 50% liegen (Kordey/ Korte 1996, S.181). Deswegen sind die Gründe für die Forcierung der Telearbeit auch primär in den betriebswirtschaftlichen Interessen der Unternehmen zu sehen. So können durch die Einsparung von teurem zentralem Büroraum und durch die gemeinsame Nutzung eines Schreibtisches im Büro von mehreren alternierenden Telebeschäftigten Kosten reduziert werden. Gleichzeitig kann durch Mitarbeitermotivation, Verringerung der Fehlzeiten und Zunahme der Arbeitsintensität die Produktivität gesteigert werden.

3.2 Umverteilung der Produktivitätsgewinne

Statt Schaffung neuer Arbeitsplätze nimmt durch die Dezentralisierung von Tätigkeiten und die damit verbundenen deutlichen Produktivitätssteigerungen das Erwerbsarbeitsvolumen weiter ab. Diese Tatsache muß in die Debatte um die Telearbeit offensiv eingebracht werden, weil sich daraus kollektive Handlungsnotwendigkeiten ergeben. So könnte mit forciertem gewerkschaftlichem Engagement erreicht werden, daß in Zukunft die Einführung von Telearbeit mit tarifvertraglichen Absprachen über die Verteilung dieser Produktivitätsgewinne einhergeht. Dabei ist nicht nur an entsprechende Lohn-

und Gehaltserhöhungen zu denken, sondern beispielsweise auch an eine Kostenübernahme von Fort- und Weiterbildungen durch die Arbeitgeber. Gleichzeitig muß in der Zukunft erreicht werden, daß bei jeder Diskussion um Telearbeit auch die Umverteilung von Erwerbsarbeit angesprochen wird. Denn das durch Telearbeit geringer werdende Erwerbsarbeitsvolumen läßt sich nur durch Erwerbsarbeitsbegrenzungen, sprich deutliche Arbeitszeitverkürzungen gesamtgesellschaftlich gerechter verteilen.

4 Telearbeit und Integration von Familie und Beruf

4.1 Festhalten an Vereinbarkeitsfloskeln

Auch und gerade für Frauen wird Telearbeit propagiert mit dem Hinweis darauf, wie gut dadurch Familie und Beruf vereinbart werden könnten. Durch die Möglichkeit einer freieren Zeiteinteilung und den Wegfall von Anfahrtswegen zum Arbeitsplatz in der zentralen Betriebsstätte könnten Frauen ihre Aufgaben in den Familien mit den beruflichen Arbeitstätigkeiten verbinden. Damit sei die neue Arbeitsform Telearbeit besonders familien- und frauenfreundlich. So wird sie auch immer häufiger in den Medien präsentiert: Mutter (und seltener Vater) mit dem Kind auf dem Schoß am Heimarbeitsplatz; eine Hand bedient die PC-Tastatur, die andere hält den Telefonhörer. Dies ist das Zukunftsszenario über den neuen Büroalltag, der diesmal in den eigenen vier Wänden stattfindet.

Die vielseitigen Versprechen einer Vereinbarkeit von Beruf und Familie finden sich allerdings nicht nur in politischen Statements, sondern auch in wissenschaftlichen Untersuchungen (u.a. Miegel/Arras/Schneider 1995, S.54 oder Heller 1996, S.30). Dennoch gibt es keine Studie, die die Hypothese der besseren Integration des Erwerbsarbeitsbereichs und des privaten Lebensbereichs als zentrales Untersuchungsziel empirisch überprüft hätte. Und dieser Forschungsbedarf wird auch in der heutigen Zeit nicht aufgegriffen, da die Geschlechter- und Frauenfrage in dem Maße aus der Telearbeitsforschung verschwindet, wie die Telearbeit als eine der wichtigsten technisch-arbeitsorganisatorischen Rationalisierungsstrategien gesehen wird (Geideck 1998).

4.2 Neue Widersprüche in der Verbindung von beruflichen und familiären Anforderungen

Abwägungen der Vor- und Nachteile von Telearbeit im familiären Bereich lassen sich deswegen nur mittelbar aus Telearbeitsstudien ableiten, die verschiedene Aspekte der Telearbeit beleuchten. So kommen beispielsweise die

Beteiligten im Pilotprojekt beim Bundesministerium für Arbeit und Sozialordnung zu dem Schluß, daß Telearbeit durchaus zu einer entspannteren familiären Situation beitragen kann. Denn berufstätige Mütter haben im Verlaufe dieses Projektes festgestellt, daß von ihnen der Druck genommen wurde, Kinder pünktlich vom Kindergarten oder der Schule abholen zu müssen (Luithlen 1997).

Die größere räumliche Nähe zur Familie und die Möglichkeit zur selbständigen und flexiblen Einteilung der Arbeitszeit kann es Frauen erleichtern, die berufliche Arbeitszeit auf die vorhersehbaren sowie kurzfristigen Anforderungen der Familienmitglieder abzustimmen. Vor allem bei der Krankheit von Kindern oder von Angehörigen sowie bei Ausfall des Betreuungspersonals im weitesten Sinne, worunter zum Beispiel auch vorzeitiger Schulschluß zu sehen ist, kann die direkte Erreichbarkeit besonders wichtig sein. Allerdings besteht bei diesen Abstimmungsprozessen die Tendenz, daß sich die Erwerbsarbeit in den Abend und die Nacht sowie aufs Wochenende verlagert. Damit entsteht neuer Zeitstreß fürs Privatleben.

Dennoch kann gerade für ErziehungsurlauberInnen die permanente Telearbeit eine Perspektive für einen begrenzten Zeitraum sein, da hier eine Brücke zwischen Beruf und Familie geschlagen wird. Eine langfristige Alternative für Familien mit kleinen Kindern ist Teleheimarbeit allerdings nicht. Denn die genannten Vorteile werden mit neuartigen Anforderungen im häuslichen Bereich erkauft. Ein Problem ist die Gefahr sozialer Isolation durch die fehlende Einbindung in das Unternehmen. Ein weiterer Nachteil ist das Verschwimmen von Privat- und Berufssphäre. IBM-MitarbeiterInnen beschreiben als Problem die Notwendigkeit, Kinder dazu zu erziehen, bei der Arbeit nicht zu stören. Auch das Fehlen einer Möglichkeit, das familiäre Umfeld aus beruflichen Anlässen hinter sich lassen zu können, wird beanstandet (Glaser/Glaser 1995). Durch die örtliche Kopplung von Erwerbs- und Hausarbeit läßt sich kaum mehr sagen, wann die Erwerbsarbeit aufhört und die Hausarbeit anfängt und andersherum. Während Betrieb und KollegInnen weit entfernt sind, ist die Familie stets präsent. Dies beinhaltet die Gefahr, daß die privat zu erbringenden Arbeiten für Frauen weiter zunehmen, auch im Sinne von Ausgleichs- und Vermittlungsarbeiten zwischen den beiden Welten. Somit kann die Verquickung von Familie und Beruf den Vereinbarkeitsstreß noch erhöhen. Es entstehen neue Mehrfachbelastungen.

Gleichzeitig wird das Phänomen beschrieben, daß beruflich engagierte TeleabeiterInnen zu Hause kaum Abstand von ihrer Erwerbsarbeit gewinnen und damit ihren Familien eher weniger als mehr Zeit widmen können, als dies während der Berufstätigkeit außer Haus der Fall war (de Aenelle 1995, zitiert nach Büssing/Aumann 1996). So kann es zu Konkurrenzverhältnissen zwischen Beruf und Privatleben kommen, unter denen alle Familienmitglieder leiden. Beruflicher Streß wird auf die Familie und die Partnerschaft übertragen (Glaser/Glaser 1995). Somit lassen sich zwei widersprüchliche Tendenzen aufzeigen: „Zum einen kann die raum-zeitliche Nähe von Beruf und Familie die Koordination von beruflichen und familiären Anforderungen verbessern, zum anderen birgt gerade diese Nähe der beiden Lebensbereiche neuartige Reibungsflächen für die Beteiligten." (Büssing/Aumann 1996, S.227)

Neben den geschilderten Veränderungen innerhalb des familiären Raumes kann Telearbeit auch im beruflichen Bereich mit deutlichen Veränderungen verknüpft sein, die sich oft als Nachteile herausstellen. Ist keine betriebliche Anbindung mehr vorhanden, geraten die Beschäftigten schnell aus dem Blick derjenigen, die für die Personalplanung und Aufstiegsförderung im Betrieb verantwortlich sind. „Out of sight means out of promotion" – dieser Spruch auf Telebeschäftigte angewendet zeigt die Schwierigkeit, für den Betrieb sichtbar zu bleiben und bei Weiterbildung, Aufstieg und Karriere berücksichtigt zu werden. Besonders negativ kann sich dieses Phänomen gerade für Frauen auswirken, da ihre fehlende betriebliche Präsenz die innerbetrieblich vorherrschenden ‚männlichen' Machtstrukturen und damit den Verdrängungsprozeß von Frauen unterstützen kann.

Eine Verlagerung von Erwerbsarbeit nach Hause verändert jedoch nicht nur faktisch das Zusammenspiel des beruflichen und privaten Lebensbereichs, sondern hat auch Auswirkungen auf die symbolischen Grenzen zwischen Arbeit und Nicht-Arbeit. Bisher wurde – auch räumlich – zwischen der bezahlten Erwerbsarbeit im Unternehmen und der unbezahlten Haus- und Sorgearbeit im Wohnbereich unterschieden und diese geschlechtsspezifisch zugeordnet. Mit der Telearbeit verbinden sich Hoffnungen auf eine Vermischung der beiden Sphären. Kiran Mirchandani (1998) stellt allerdings fest, daß aus Sicht der TelearbeiterInnen die Dichotomie von Erwerbsarbeit als Teil der öffentlichen Sphäre und Nicht-Arbeit als Teil der privaten Sphäre bestehen bleibt. Mit der Auflösung der räumlichen Trennung zwischen bezahlter und nicht-bezahlter Arbeit nehmen TelearbeiterInnen nun eine inhaltliche Unterscheidung vor. Unter „real work" verstehen sie planbare Arbeit, die konkret an meßbaren Arbeitsergebnissen festgemacht werden kann und nur im Bereich der Erwerbsarbeit vorkommt. „Non-work" ist dagegen informelle Arbeit, worunter die Betreuung von Kindern oder andere familiäre Arbeiten fallen. Hausarbeit wird damit nach wie vor – von telearbeitenden Männern wie Frauen – als nebensächlich erlebt, als etwas, das in den Pausen zwischen ‚richtiger Arbeit' erledigt werden kann. Diese Nicht-Arbeit wird sogar noch breiter gefaßt: TelearbeiterInnen zählen dazu auch die informelle Kommunikation mit KollegInnen im beruflichen Bereich, die damit ebenso wie die Reproduktionstätigkeiten abgewertet wird. So wird durch häusliche Erwerbsarbeit die geschlechtsspezifische Organisation und Zuordnung von Arbeit nicht aufgebrochen, sondern gefestigt.

Zusammenfassend läßt sich festhalten, daß durch ortsflexible Erwerbsarbeit in bestimmten Fällen Erleichterungen bei der familiären Arbeit erzielt werden können, diesen Erleichterungen jedoch familiäre Belastungen und berufliche Nachteile gegenüberstehen. Die neue Ortsflexibilität führt nicht zu einer gerechteren Arbeitsteilung zwischen den Geschlechtern, sondern die Geschlechterhierarchie wird über inhaltlich veränderte Grenzziehungen zwischen „real work" und „non-work" aufrechterhalten.

4.3 Individuelle Ortssouveränität

Da die Telearbeit unterschiedlichste Auswirkungen hat und abhängig von den konkreten Lebensumständen der Beschäftigten bewertet werden muß, darf sie nur auf freiwilliger Basis angeboten werden. Besonders wichtig ist dabei, daß über Tarifverträge für TelearbeiterInnen eine Rückkehrmöglichkeit an den betrieblichen Arbeitsplatz verankert wird, damit gerade Frauen nicht einer Arbeitsform verpflichtet bleiben, die sie nur für eine bestimmte Lebensphase wählen wollten.

Mittelfristig muß das Ziel sein, die starre Grenze zwischen Telebeschäftigten und Nicht-Telebeschäftigten aufzuheben. Anzustreben ist eine möglichst weitgehende individuelle Ortssouveränität für Frauen und Männer. Dabei steht dann nicht mehr eine einmalige Entscheidung pro oder contra Telearbeit im Vordergrund, sondern alle Beschäftigten erhalten die Möglichkeit, individuell zu entscheiden, wann und für wie lange sie zu Hause erwerbstätig sein wollen. Erwerbsarbeit in der Privatwohnung könnte dann je nach Lebenslage gebündelt über einen längeren Zeitraum oder aber nur kurzfristig für einzelne Tage bei Krankheit der Kinder und Angehörigen stattfinden. Gleichzeitig könnten Frauen und Männer durch Präsenz in der zentralen Betriebsstätte bewußt zwischenmenschliche Kommunikation und Teamarbeit vorantreiben.

Bis dieses Szenario Realität wird, ist die Organisation eines regelmäßigen Erfahrungsaustausches zwischen den Telebeschäftigten besonders wichtig, auch um den neuen dichotomen Grenzziehungen zwischen Arbeit und Nicht-Arbeit zu begegnen. Unternehmen, Gewerkschaften und Frauenorganisationen sind aufgerufen, solche virtuellen und realen Treffs zu organisieren. Sie können den Charakter von Workshops haben und müssen als Fortbildungszeit anzurechnen sein. Ziel ist eine informationelle Vernetzung von ortsflexiblen Erwerbstätigen.

Gute Arbeitsergebnisse lassen sich weder mit dem Säugling auf dem Arm noch neben der Hausarbeitsbetreuung der Schulkinder erzielen. Auch bei der Ausweitung ortsflexibler Erwerbsarbeit bleibt daher der Ausbau von Kinderbetreuungseinrichtungen sowie die Realisierung qualitativ hochwertiger Ganztagsschulen eine gesellschaftliche Herausforderung von vorrangiger Bedeutung.

5 Telearbeit und Arbeitsinhalt

5.1 Vernachlässigung der arbeitsinhaltlichen Gestaltung

Mit der Fixierung der Telearbeitsdiskussionen auf den Ort der Erwerbsarbeit gerät der Inhalt der vielfältigen Tätigkeiten, die zur Zeit örtlich flexibel ausgeführt werden, an den Rand der Betrachtung. Ortsunabhängig ausgeübte Tätigkeiten können jedoch von einfacher Routinetätigkeit bis zur hochqualifizierten Entwicklungs- und Serviceleistung reichen.

Telearbeit von Frauen wird heute vor allem in den Bereichen Programmierung sowie mittel- bzw. höherqualifizierter Sachbearbeitung einerseits und gering qualifizierter Büroarbeit wie zum Beispiel Schreibarbeiten, Dateneingabe und telefonische Auftragsannahme andererseits ausgeübt. Dabei sind Frauen in den Routinebereichen überrepräsentiert. „Während die einfach strukturierten Tätigkeiten mit niedrigem Qualifikationsgrad und geringen kreativen Anforderungen einen sehr hohen Frauenanteil aufweisen, nimmt dieser mit den Qualifikationsanforderungen der Tätigkeiten ab." (Strauf/ Nägele 1996, S.52). So werden durch Telearbeit die Strukturen geschlechtshierarchischer Arbeitsteilung aufrechterhalten. Feststellbar ist, daß immer wieder neue Arbeitsfelder entstehen, bei denen hoch strukturierte Arbeitsanteile abgegrenzt und vor allem auf Frauen übertragen werden. Diese Tätigkeiten können dann auch in Teleheimarbeit ausgeführt werden.

Zur Zeit nehmen hierarchisch und arbeitsteilig organisierte Telefon- und Computer-Arbeitsplätze zu, in denen Telefondienstleistungen in den Bereichen Telefon-Banking, Service-Hotlines, Versandhandel etc. angeboten werden. Teilweise sind diese Arbeitsplätze in sogenannten Call-Centers gebündelt, eine Art Satellitenbüros, die von den zentralen Betriebsstätten ausgegliedert sind, teilweise sind diese Dienstleistungen auch bereits als Teleheimarbeit organisiert. Diese Tätigkeiten sind nicht nur besonders belastend, sondern führen in der Regel auch in eine berufliche Sackgasse.

Allerdings werden auch immer mehr hochqualifizierte Tätigkeiten ortsflexibel ausgeführt. Für diese ganzheitlichen Arbeitsaufgaben ist soziale Interaktion oft unabdingbar. Gerade bei höherqualifizierten Tätigkeiten spielen die informationellen und emotionalen Beziehungen, die über permanente Telearbeit gefährdet sein können, eine wichtige Rolle. Ein persönlicher Austausch von beruflichem Fach- und Erfahrungswissen unter KollegInnen, das Erleben von Unternehmenskultur, die Weitergabe von vertraulichen Informationen erfordern persönliche Kontakte mit KollegInnen und dem Unternehmen (Büssing/Aumann 1996). Dies ist ein wichtiger Grund, warum qualifizierte Tätigkeiten vor allem in Formen alternierender Telearbeit ausgeführt werden.

Auch hängen Optionen zur Arbeitszeitgestaltung stark von der Arbeitsaufgabe ab. Individuelle Zeitsouveränität ist nicht automatisch mit Telearbeit verbunden. Oft entpuppt sich gerade bei typischen Frauen-Routinetätigkeiten die versprochene größere Flexibilität bei Telearbeit schnell als Scheinflexibilität, wenn die durch den schwankenden Markt vorgegebene Auftragslage in Verbindung mit enger Terminierung kaum zeitliche Autonomie zuläßt. Heute reicht die Arbeitszeitgestaltung bei Telearbeit von starren Arbeitszeitvorgaben etwa in der Telefonvermittlung und in Fernsekretariaten, bis hin zu weitgehender Zeitsouveränität bei hochqualifizierten Tätigkeiten wie beispielsweise in der Programmierung, im Management oder in Forschung und Entwicklung.

Obwohl also die konkreten Arbeitsinhalte direkte Auswirkungen auf die Form der Telearbeit, die zeitliche Flexibilität und die geschlechtsspezifische Zuordnung haben, wird über die arbeitsinhaltliche Ausgestaltung der ortsflexiblen Erwerbsarbeit wenig diskutiert. Auch ist die Tatsache auffällig, daß in der bisherigen Diskussion um Telearbeit Partizipationskonzepte kaum eine Rolle spielen. Dies ist um so problematischer, da Telearbeit zahlreiche zu regelnde Fragen aufwirft u.a. auch in Bezug auf die häusliche Arbeitsplatzgestaltung. Denn die Nutzung eines Notebooks am Küchentisch, im Hotelzimmer oder auf dem Fahrersitz eines Autos entspricht in der Regel nicht den Mindestanforderungen der Bildschirmarbeitsschutzverordnung. Auch besteht die Gefahr, daß Telearbeit ohne Regelung dieser Fragen gerade für finanziell schwache ArbeitnehmerInnengruppen, zum Beispiel alleinerziehende Frauen mit kleinen Kindern, durch Vernachlässigung des Arbeits- und Gesundheitsschutzes bei gleichzeitig zunehmendem Streß durch Mehrfachbelastungen zu einer schleichenden Verschlechterung von Arbeitsbedingungen beiträgt.

5.2 Qualifizierte Arbeitsinhalte bei ortsflexibler Erwerbsarbeit

Aus diesen Darlegungen zur Arbeitsgestaltung lassen sich eine Reihe von Gestaltungsoptionen ableiten. Wichtig ist zunächst, daß vor der Einführung ortsflexibler Erwerbsarbeit die Arbeitsinhalte überprüft werden, damit gerade Frauen nicht primär Routinetätigkeiten übertragen werden. Im Rahmen der Organisation von Telearbeit ist die Arbeitsaufgabe so umzustrukturieren, daß eine ganzheitliche, zukunftsweisende Tätigkeit in Telearbeit ausgeführt wird, wie das beispielsweise für Frauen in den Schreibbereichen über das Konzept der qualifizierten Mischarbeit möglich ist. Die inhaltliche Aufwertung von Tätigkeiten ist im besonderen auch für teilzeitarbeitende Telearbeiterinnen wichtig, da ansonsten Teilzeitarbeit in Kombination mit Routinetätigkeiten zu Hause die Zuständigkeit von Frauen für Familie und Pflege weiter zementiert.

Darüber hinaus müssen Vereinbarungen über die zeitliche Verfügbarkeit der ArbeitnehmerInnen getroffen werden. Durch eine bewußte Arbeitsgestaltung können Beschäftigten große zeitliche Spielräume zur Verfügung gestellt werden, ohne daß dabei betriebswirtschaftliche Notwendigkeiten mißachtet werden. Wichtig ist weiter, daß Informations- und Kommunikationstechniken nicht zur Kontrolle der ortsungebunden Arbeitenden mißbraucht werden, sondern daß den Beschäftigten über diese Technologie umfassende Zugriffsmöglichkeiten auf Unternehmensdaten und Kundeninformationen zur Verfügung gestellt werden.

Um die sozialverträgliche Gestaltung der Telearbeit zu Hause sicherzustellen, sind arbeitswissenschaftliche und arbeitsrechtliche Standards im Bereich der Technikausstattung und deren Finanzierung, Wartung und Versicherung zu schaffen. An dieser Stelle sind auch die zuständigen staatlichen Stellen aufgefordert, ein Regelwerk für den häuslichen Arbeits- und Gesundheitsschutz zu entwickeln.

Einen großen Handlungsbedarf sehen wir bei der Konzeption und Durchführung von Partizipationsmodellen, die den neuen Anforderungen gerecht werden. In Rückgriff auf frühere Erfahrungen plädieren wir allerdings für den Einsatz von geschlechtssensitiven Beteiligungsmodellen (Winker 1995, S.245ff.), da ansonsten Frauen in hierarchisch untergeordneten Positionen zuwenig Möglichkeit erhalten, ihre Vorstellungen zu artikulieren und durchzusetzen. Es gilt, die Beschäftigten bei der Planung der Telearbeit bereits frühzeitig einzubeziehen. Unter Mitarbeit möglichst aller Beteiligten kann es gelingen, Aufgabenzuschnitte in inhaltlicher, zeitlicher und räumlicher Hinsicht zu überprüfen und zu verändern.

Gleichzeitig müssen in diesen Projektgruppen die zahlreichen Fragen in bezug auf häusliche Arbeitsplatzgestaltung, Datenschutz, Haftung, Übernahme von Gerätekosten, anteilige Miete und Energiekosten geklärt werden. Betriebs- und Dienstvereinbarungen zwischen Arbeitgeber und Interessenvertretung schaffen dabei den Rahmen für eine sozialverträgliche Gestaltung. Erforderlich ist es, in Testphasen Erfahrungen zu sammeln, die dann in die weitere Gestaltung einfließen können.

6 Telearbeit und Arbeitsrecht

6.1 Aushöhlung der Arbeitsverhältnisse

Über Telearbeit kann sich nicht nur der raum-zeitliche Aspekt von Erwerbsarbeit ändern, sondern auch der institutionell-rechtliche. Die Rechtsform kann jedoch höchst unterschiedlich sein.

Unter den Begriff ‚Telearbeit' werden sowohl Arbeitsverhältnisse gefaßt, in denen ArbeitnehmerInnen ihre Erwerbsarbeit zu Hause, in wohnortnahen

Nachbarschafts- bzw. Satellitenbüros oder unterwegs mit dem Laptop erbringen, als auch Tätigkeiten, die nicht mehr in einem Arbeitsverhältnis ausgeübt werden. Unter die Personen, die in keinem Arbeitsverhältnis stehen, fallen Gewerbetreibende, die auf der Grundlage des Heimarbeitsgesetzes arbeiten, sowie freie MitarbeiterInnen oder selbständige UnternehmerInnen, die auf der Basis eines Dienst- oder Werkvertrags tätig sind. Nach einer Untersuchung des Fraunhofer Instituts für Arbeitswirtschaft und Organisation bilden TelearbeiterInnen, die im Heimarbeitsverhältnis beschäftigt sind oder als freie MitarbeiterInnen oder Selbständige arbeiten, zur Zeit die Ausnahme (Freudenreich u.a. 1997, S.23). Allerdings ist diese Feststellung mit Vorsicht zu betrachten, da es beinahe unmöglich ist, selbständige TelearbeiterInnen vollständig zu erfassen.

Auf jeden Fall ist zur Zeit noch keine flächendeckende Entlassung von ArbeitnehmerInnen in die Selbständigkeit festzustellen. Arbeitsrechtliche Bestimmungen erschweren diesen Wechsel der Arbeitsform noch. Solange bestehende Arbeitsverhältnisse in Telearbeitsplätze umgewandelt werden, ist es auch von Unternehmerseite zur Akzeptanzgewinnung sinnvoll, die bisherige Rechtsform beizubehalten. Dies kann sich jedoch in naher Zukunft rasant ändern. Bei weiterhin hoher Arbeitslosigkeit ist damit zu rechnen, daß BerufseinsteigerInnen Telearbeit in Form der Selbständigkeit oder freier Mitarbeit angeboten wird. Von Unternehmensseite wird bereits heute neben alternierender Telearbeit auch die Telearbeit in Selbständigkeit favorisiert (Kordey/Korte 1996, S.36f.).

Schließlich ergeben sich für Arbeitgeber einige Vorteile, wenn sie in Zukunft zu Auftraggebern werden, so u.a. der Wegfall der Arbeitgeberanteile im Bereich der Sozialversicherungen, Kostensenkung durch Verlagerung von Risiken der Geschäftsabwicklung und der Wegfall der individuellen Sicherungen des Arbeitsrechts. So ist abzusehen, daß Telearbeit in Richtung Auflösung kollektiver Arbeitsformen und Übergang in die Selbständigkeit benutzt wird. Die Auslagerung von Tätigkeiten in Telearbeit und die damit verbundene notwendige Strukturierung der Arbeitsaufgaben kann als organisatorische Vorbereitung und Erprobung eines Outsourcing verstanden werden. Der ArbeitnehmerInnenstatus löst sich dann schrittweise über mehr Individualisierung der Arbeitssituation auf und führt im Ergebnis zur ungewollten Verselbständigung.

Nimmt allerdings die Selbständigkeit zu, werden sich immer mehr Personen in der Scheinselbständigkeit[1] wiederfinden, da sie entweder direkt von ihrem früheren Arbeitgeber und jetzigen Auftraggeber abhängig bleiben oder als NeueinsteigerInnen keine unternehmerische Chance auf dem Markt erhalten. Über die bisherige Zahl der Scheinselbständigen gibt es keine sicheren

---

1 Unter Scheinselbständigen werden Personen verstanden, die faktisch als abhängig Beschäftigte tätig sind, aber den Status von Selbständigen oder freien MitarbeiterInnen zugewiesen bekommen.

Angaben. Eine Untersuchung des Instituts für Arbeitsmarkt und Berufsforschung kommt je nach Definition der Scheinselbständigkeit zu dem Ergebnis, daß 0,6 bzw. 1,3% aller Erwerbstätigen als eindeutig abhängig Beschäftigte eingestuft werden können, obgleich ihnen die Arbeitnehmereigenschaft in der Praxis nicht zugestanden wird. Dabei ist der Prozentsatz der scheinselbständigen Frauen signifikant höher als der der Männer (Dietrich, 1996, S.11).

Aber auch wenn in Zukunft mehr Männer in den ‚Graubereich' zwischen Schein- und Selbständigkeit fallen werden, kann es für Frauen schwierig werden. Denn es ist dabei durchaus denkbar, daß die neuen Selbständigen im zunehmenden Konkurrenzkampf die Mitarbeit eines billigen Familienmitglieds, in der Regel der Ehefrau, im Büro benötigen, wie es heute aus der Landwirtschaft, aus vielen selbständigen Kleinbetrieben sowie aus Rechtsanwaltskanzleien und Arztpraxen bekannt ist. Es besteht dabei die Gefahr, daß Frauen zu mithelfenden Familienangehörigen werden, ohne oder mit nur geringem eigenen Erwerbseinkommen. Auch werden sich die hierarchischen Arbeitsbeziehungen zwischen den Geschlechtern, die aus dem organisierten Erwerbsarbeitsbereich mit der weiblichen Zuarbeit bekannt sind, gerade im privaten Bereich weiter zuspitzen.

Zusammenfassend läßt sich festhalten, daß Telearbeit zum Vehikel werden kann, um die Mechanismen und die Schutzvorkehrungen der Arbeitswelt zu unterlaufen und zu zerstören (Online Forum Telearbeit, S.3); und diese Entwicklung könnte einmal mehr auf Kosten der Frauen gehen.

6.2 Gesetzlicher Schutzrahmen für flexible Erwerbsarbeit

Um dieser arbeits- und sozialrechtlichen Deregulierung entgegenzuwirken, ist bei der Einführung von Telearbeit grundsätzlich darauf zu achten, daß der gesetzliche Schutzrahmen des Arbeitsverhältnisses aufrechterhalten wird. Deswegen ist es notwendig, auch die neuen flexibleren Formen der Erwerbsarbeit über den Schutz des ArbeitnehmerInnenstatus abzusichern. Dafür bietet sich ein neues Arbeitsvertragsgesetz an, wie Peter Wedde (1997) es vorschlägt. Eine darin enthaltene Legaldefinition von ArbeitnehmerIn würde zwar die Abgrenzungs- und Umgehungsprobleme an der Schnittstelle zwischen Arbeitsverhältnis und Selbständigkeit nicht gänzlich ausschließen, allerdings würde dadurch ein einheitlicher arbeitsrechtlicher Schutzrahmen für alle persönlich und wirtschaftlich abhängig Beschäftigten geschaffen, der auch TelearbeiterInnen zugute käme. Beseitigt würden auch viele ‚Graubereiche' zwischen Arbeitsverhältnis, Beschäftigung nach Heimarbeitsgesetz, Beschäftigung in freier Mitarbeit als arbeitnehmerähnliche Person, die Scheinselbständigkeit heute überhaupt erst ermöglichen. Auf kollektiver Ebene sollte die Festschreibung des Beschäftigungsverhältnisses als ArbeitnehmerIn über Betriebs- oder Dienstvereinbarungen bzw. Tarifverträge erfolgen.

Gleichzeitig wird es jedoch in Zukunft immer mehr Erwerbstätige geben, die gewollt oder ungewollt zu ‚neuen Selbständigen' werden. Eine Perspektive für diese Situation bieten Telehäuser und Telecenter, die von staatlicher Seite verstärkt gefördert werden müssen. Telehäuser bieten Selbständigen wie Teleheimarbeiterinnen einen gemeinsamen Arbeitsort und gemeinsame Perspektiven. Anknüpfend an Erfahrungen mit Rechtsanwaltssozietäten oder Gemeinschaftspraxen von ÄrztInnen kann über Telehäuser der Vereinzelung entgegengewirkt und kollektives Tätigsein verstärkt werden.

Auf gesellschaftlicher Ebene müssen gleichzeitig neue soziale Sicherungssysteme mit einer allgemeinen Beitragspflicht geschaffen werden, die auch Selbständige im Alter, bei Krankheit oder bei Berufsunfähigkeit absichern. Ähnlich wie bei der Künstlersozialversicherung sind auch Auftraggeber in die Finanzierung eines solchen Sozialsystems einzubeziehen.

Darüber hinaus sind Regelungen vorzusehen in Richtung Mindeststandards bei Werkverträgen. Wichtig ist in diesem Zusammenhang auch, neue Möglichkeiten der Organisierung von Selbständigen, beispielsweise durch Erweiterung der gewerkschaftlichen Strukturen zu schaffen.

Ebenfalls notwendig sind staatlich geförderte Einrichtungen, die gezielt selbständig tätige Frauen beraten (z.B bei Verträgen) und weiterbilden (z.B. über neue technische Möglichkeiten). Auch verschiedene Formen des Coachings sind anzubieten, um die Selbstausbeutung in Grenzen zu halten.

7 Gleichberechtigung durch qualifizierte, abgesicherte, ortsungebundene Erwerbsarbeit

In zeitlicher, räumlicher und organisatorischer Hinsicht wird Erwerbsarbeit flexibel. Es wird zu einer nationalen wie internationalen Neustrukturierung der Arbeitsteilung innerhalb und zwischen Unternehmen, Organisationen und Verwaltungen kommen. Dabei wird ortsflexible Erwerbsarbeit unter Nutzung von Informations- und Kommunikationstechnologien zum Bestandteil vieler Arbeitsplätze und damit zu einem Stück Normalität werden. Das bedeutet gleichzeitig, daß in absehbarer Zukunft der Begriff ‚Telearbeit' wegen seiner abnehmenden Trennschärfe genauso in den Hintergrund treten wird, wie heute bereits das Modewort der 80er Jahre ‚Bildschirmarbeit' nicht mehr relevant ist. Aber nicht die Zukunftslosigkeit eines Modebegriffs, der Zukunftsfähigkeit suggeriert, ist das Hauptproblem. Viel wichtiger ist die Tatsache, daß die derzeit vorherrschende Diskussion um Telearbeit einen breiten gesellschaftspolitischen Austausch über neue dezentrale Arbeitsformen eher behindert als fördert.

Um die neuen Möglichkeiten flexibler Arbeitsformen für ein Aufbrechen der geschlechtshierarchischen Arbeitsteilung auszuloten, dürfen wir mit dem Begriff ‚Telearbeit' nicht weiter bei der Diskussion räumlicher Verschiebungen stehen bleiben. Es muß uns statt dessen gelingt, in der Diskussion um flexible Erwerbsarbeit darüber zu debattieren,

- wie die mit der Telearbeit einhergehenden Produktivitätsfortschritte zur Umverteilung von bezahlter und unbezahlter Arbeit genutzt werden können,
- wie eine individuelle örtliche und zeitliche Souveränität für alle Beschäftigten gewährleistet werden kann,
- wie ortsflexible Erwerbsarbeit mit qualifizierten Arbeitsinhalte gestaltet werden kann und
- wie ein arbeits- und sozialrechtliches Sicherungssystem für die verschiedenen Beschäftigungsformen flexibler Arbeit realisiert werden kann.

Zusammenfassend läßt sich festhalten, daß Telearbeit für die Mehrzahl der erwerbstätigen Frauen nicht der neue Königsweg ist. Und dennoch ist das räumliche Verwischen der Grenzen zwischen Erwerbsarbeit einerseits sowie Haus- und Sorgearbeit andererseits für uns ein wichtiger Ansatzpunkt, um immer wieder aufs Neue die traditionellen Geschlechterrollen zu thematisieren und damit aufzubrechen.

Literatur

Büssing, André; Aumann, Sandra: Telearbeit und das Verhältnis von Betrieb, Familie und Freizeit: eine Bestandsaufnahme. In: Zeitschrift für Arbeitswissenschaft, Heft 4/1996

Davidow, William H.; Malone, Michael S.: Das virtuelle Unternehmen. Der Kunde als Co-Produzent. Frankfurt, New York: Campus, 1993

Dietrich, Hans: Empirische Befunde zur „Scheinselbständigkeit". IAB-Werkstattbericht 7/1996

Europa und die globale Informationsgesellschaft. Empfehlungen für den Europäischen Rat. Brüssel, 26.5.1994

Europäische Charta für Telearbeit. In: Innovationsforum Multimedia-Anwendungen des Landes Baden-Württemberg (Hrsg.): Initiative Tele@rbeit Baden-Württemberg. April 1998

Freudenreich, Heike; Klein, Barbara; Wedde, Peter: Entwicklung der Telearbeit – Arbeitsrechtliche Rahmenbedingungen. Abschlußbericht. Im Auftrag des Bundesministeriums für Arbeit und Sozialordnung. Stuttgart, August 1997

Geideck, Susan: Flexible Arbeitsverhältnisse – stabiles Geschlechterverhältnis? In: Schmiede, Rudi; Egloff, Nicolai (Hrsg.): Sozialstruktur der Arbeitsmärkte. Berlin: Edition Sigma, 1998 (im Erscheinen)

Glaser, Wilhelm R.; Glaser, Margrit O.: Telearbeit in der Praxis. Psychologische Erfahrungen mit außerbetrieblichen Arbeitsstätten bei der IBM Deutschland GmbH. Berlin: Luchterhand, 1995

Grießhammer, Rainer u.a.: Umweltschutz im Cyberspace. Zur Rolle der Telekommunikation für eine nachhaltige Entwichlung. Freiburg: Öko-Institut e.V., 1997

Heller, Michael: Telearbeit – Die anspruchsgruppenorientierte Betrachtung einer flexiblen Beschäftigungsform. Dissertation der Universität St. Gallen, Hallstadt: Rosch Buch, 1996

Kordey, Norbert; Korte, Werner B.: Telearbeit erfolgreich realisieren. Das umfassende, aktuelle Handbuch für Entscheidungsträger und Projektverantwortliche. Braunschweig, Wiesbaden: Vieweg, 1996

Luithlen, Christel: Erfahrungsbericht über den Modellversuch „Telearbeit im Bundesministerium für Arbeit und Sozialordnung (BMA)". In: Der Personalrat 9/97, S.393-397

Miegel, Meinhard; Arras, Hartmut E.; Schneider, Edith: Die Auswirkungen von Informations- und Kommunikationstechniken auf zukünftige Wirtschaftsräume. Gutachten im Auftrag der IBM Deutschland GmbH. Bonn, Basel, November 1995

Mirchandani, Kiran: No Longer a Struggle? Teleworkers´ Reconstruction of the Work–non-work Boundary. In: Jackson, Paul J.; Wielen, Jos M. van der (eds.): Teleworking: International Perspectives. From Telecommuting to the Virtual Organisation. London, New York: Routledge, 1998, S. 118-135

Online Forum Telearbeit (getragen von DPG, IG Medien und HBV): Basisinformation Telearbeit, Frankfurt, o.J.

Picot, Arnold; Reichwald, Ralf; Wigand, Rolf T.: Die grenzenlose Unternehmung. Information, Organisation und Management. 2., aktualisierte Aufl., Wiesbaden: Gabler, 1996

Strauf, Simone; Nägele, Barbara: Telearbeit – eine Chance für Frauen? Der Diskussionsstand zu Risiken, Chancen und Interessen von Unternehmen und Arbeitnehmerinnen. Eures discussion paper dp-57. Freiburg, 1996

Wedde, Peter: Entwicklung der Telearbeit – arbeitsrechtliche Rahmenbedingungen. Gutachten für das Bundesministerium für Arbeit und Sozialordnung. Bonn, 1997

Winker, Gabriele: Büro – Computer – Geschlechterhierarchie. Frauenförderliche Arbeitsgestaltung im Schreibbereich. Opladen: Leske+Budrich, 1995

Gabriele Fladung, Iris Stolz

TELEHAUS WETTER – ein innovatives, frauengeführtes Dienstleistungsunternehmen

Telearbeit ermöglicht die Vereinbarkeit von Beruf und Familie, erleichtert den Einstieg in die Selbständigkeit, trägt zur Entwicklung der ländlichen Räume bei, ermöglicht mobilitätseingeschränkten Personen eine Erwerbsarbeit ... So und ähnlich klingen die Versprechungen zur schönen neuen Arbeitswelt. Bringen die Informations- und Kommunikationstechnologien neue Chancen für Frauen?

Unternehmenslustige Frauen aus dem Landkreis Marburg-Biedenkopf sind 1994 unter Regie der Frauenbeauftragten des Landkreises angetreten, die Chancen von Neuen Technologien zur Schaffung von qualifizierten Frauenarbeitsplätzen im ländlichen Raum zu prüfen. In der Stadt Wetter, etwa 15 km von Marburg entfernt, eröffneten sie in Trägerschaft des Vereins für Frauenbildung, Arbeit und Regionalentwicklung (VeFAR eV.) ein Teleservice- und Schulungscenter. So begann das TELEHAUS WETTER.

Ausgangslage

Die Wirtschaftsstruktur im Landkreis Marburg-Biedenkopf ist geprägt von Klein- und Mittelbetrieben des produzierenden Gewerbes. Arbeitsplätze im Dienstleistungsbereich, einem bevorzugten Arbeitsfeld von Frauen, sind stark unterrepräsentiert. Insbesondere qualifizierte Frauen haben Schwierigkeiten, in der Region einen angemessenen Arbeitsplatz zu finden. Je weiter die räumliche Entfernung vom Zentrum der Universitätsstadt Marburg in den ländlichen Raum zunimmt, desto geringer wird der Anteil an sozialversicherungspflichtigen qualifizierten Arbeitsplätzen für Frauen.

Viele qualifizierte Arbeitnehmerinnen nehmen für einen Arbeitsplatz zeitintensive Pendelfahrten in Ballungsgebiete auf sich oder verlassen den ländlichen Raum. Dies ist für Frauen, die Familie und Beruf vereinbaren müssen, in der Regel nicht möglich. So werden Frauen gezwungen, entweder auf eine existenzsichernde Beschäftigung zu verzichten oder schlechte Arbeitsplatzbedingungen zu akzeptieren. Sie lassen sich auf Beschäftigungsangebote unterhalb ihrer Qualifikation ein, geben sich mit niedriger Entlohnung zufrieden, arbeiten in prekären Beschäftigungsverhältnissen ohne Sozialversicherungsschutz, in befristeter Tätigkeit, auf Abruf, als Aushilfe, als Saisonarbeiterin, als Heimarbeiterin usw.

Die Gründerinnen des TELEHAUS WETTER setzen sich gleichermaßen frauen-, beschäftigungs- und strukturpolitische Ziele:

- Qualifizierte Arbeitsplätze für Frauen sollen im ländlichen Raum geschaffen werden. Die Arbeitsplätze sollen sozialversicherungspflichtig sein und eine Vereinbarkeit von Beruf und Familie ermöglichen. Dabei besteht der Anspruch an möglichst hohe Arbeitszeitsouveränität, d.h. Möglichkeiten für Teilzeitarbeit und flexible Arbeitszeitgestaltung der Frauen. Wegzeiten sollen sich in einem akzeptablen Rahmen halten.
- Durch die Schaffung von wohnortnahen, existenzsichernden Arbeitsplätzen im ländlichen Raum und die Weiterqualifizierung von Frauen im Bereich der Informations- und Kommunikationstechnologien werden beschäftigungspolitische Zielsetzungen verfolgt.
- Die Etablierung unternehmensbezogener Dienstleistungen stärkt die regionalen Wirtschaftsstrukturen und fördert die Entwicklung des ländlichen Raums.

Der Mut und Ansatz der ‚Pionierinnen' hat sich bewährt. Heute arbeiten 16 Mitarbeiterinnen und Mitarbeiter in den drei Geschäftsstellen des TELEHAUS WETTER: dem Stammhaus in Wetter, einer Kleinstadt mit fast 10.000 EinwohnerInnen, und den zwei Niederlassungen in der Universitätsstadt Marburg. In Marburg hat sich das TELEHAUS in einem Gewerbegebiet am Stadtrand und im Gründer- und Technologiezentrum der Stadt niedergelassen.

Telearbeit im TELEHAUS WETTER

Mit der Entscheidung für das TELEHAUS wählen die Frauen bewußt eine Sonderform der Telearbeit: das wohnortnahe Teleservicecenter. Teleheimarbeit als isolierte, häusliche Arbeit lehnen sie als eine Arbeitsform, die zu Lasten der Frauen geht, ab. Die Chancen der Neuen Technologien zur Verlagerung von Arbeit aus Ballungsgebieten in den ländlichen Raum und zur flexibleren Arbeitszeitgestaltung wollen sie aber sehr wohl nutzen. Teleservicecenter als Sonderform der Telearbeit bieten tägliche, persönliche Kontakte zu Kolleginnen und Kollegen sowie die räumliche Trennung von Wohnung und Arbeitsplatz. Das Teleservicecenter bietet eine gute Alternative zur Teleheimarbeit.

Kommunikationswege im Teleservicecenter sind gekennzeichnet von den neuen technischen Möglichkeiten der Kommunikation und bieten gleichfalls auch die alten, direkten, face to face Kontakte, die wir gewohnt sind. Formelle und informelle Beziehungen wachsen und bilden einen Boden, auf dem dann die Anforderungen der neuen, technischen Kommunikationswege erprobt werden können.

Alternierende Telearbeit, d.h. ArbeitnehmerInnen arbeiten abwechselnd im Betrieb und zu Hause, ist eine weitere Form der Telearbeit, die mittlerweile im TELEHAUS WETTER praktiziert wird. Sie kommt im wesentlichen dann zum Tragen, wenn die Kinder krank sind und die Kinderbetreuung es erforderlich macht. Alternierende Telearbeit ist eindeutig eine Arbeitsform der Zukunft. Bei alternierender Telearbeit können die notwendigen informellen Kontakte erhalten und andererseits die Vorteile der Arbeit am häuslichen Schreibtisch genossen werden.

Das TELEHAUS WETTER hat sich von Beginn an zum Ziel gesetzt, existenzsichernde, wohnortnahe, flexible, familienfreundliche Arbeitsplätze für Frauen zu schaffen. Im TELEHAUS werden ausschließlich sozialversicherungspflichtige Arbeitsverträge mit unterschiedlichen Teilzeitregelungen abgeschlossen. Zwischen 15 und 38,5 Stunden pro Woche sind möglich, die Lage der Arbeitszeiten werden im Team und kundenorientiert geregelt.

Qualifikation der Mitarbeiterinnen

Telearbeit stellt hohe Anforderungen an die Qualifikation der Beschäftigten und an die Unternehmensleitungen. Die organisatorische und räumliche ‚Entkopplung' erfordert eine ergebnisorientierte Bewertung der Arbeit (management by objectives). Damit steigen die Anforderungen an Selbständigkeit, Selbstverantwortung und Loyalität der Beschäftigten. Erforderliche Schlüsselqualifikationen sind Organisationstalent, Belastbarkeit, Kommunikationsfähigkeit, Teamfähigkeit, Durchsetzungsvermögen, Aufgeschlossenheit, Flexibilität, Zukunftsorientierung und die Bereitschaft zum lebenslangen Lernen. Ein hohes Maß an Professionalität, gegenseitiger Wertschätzung und Kooperationsbereitschaft ist notwendig. An dieser Stelle kommt ein wichtiger Standortvorteil der Region zum Tragen. Die nahegelegene Universitätsstadt Marburg bürgt für ein hohes Qualifikationspotential der Mitarbeiterinnen. Dieser Standortvorteil führt zu einer Teamzusammensetzung, die den hohen Anforderungen, die ein Teleservicecenter stellt, gerecht wird.

Das TELEHAUS WETTER sammelt seit 1994 Erfahrungen in Telearbeit und Telekooperation. Die Anforderungen an die Mitarbeiterinnen sind stetig gewachsen, das Projekt entwickelt die Erfahrungen der technischen und organisatorischen Arbeits- und Führungsanforderungen für Telearbeit kontinuierlich weiter und gibt diese Erfahrungen auch in der Beratung und Schulung sowie der Teleserviceaufbauberatung weiter. Das TELEHAUS WETTER ist heute ein modernes, unternehmensorientiertes Dienstleistungszentrum mit mehreren ‚Satellitenbüros'. Angeboten werden Know-how und

Ressourcen für die wachsenden Outsourcingpotentiale der Wirtschaft auf der Basis neuester Kommunikationstechnologien. Im Laufe der Jahre haben sich vier Geschäftsfelder herauskristallisiert:

- der Teleservice für kleine und mittlere Unternehmen,
- die Forschungsstelle zu Fragen der Telekooperation,
- die Entwicklung von technologieorientierten Beschäftigungsprojekten,
- die Beratung und Schulung im Bereich Teleservice.

Aktuelle Arbeitsschwerpunkte

Im folgenden werden einige aktuelle Arbeitsschwerpunkte im TELEHAUS WETTER vorgestellt:

Das Teleservicecenter für kleine und mittlere Unternehmen, ein unternehmenorientiertes Dienstleistungszentrum

Je nach KundInnenbedarf ist das TELEHAUS WETTER Info-Hotline, freundliches Top-Sekretariat und professionelle PR- und Marketingabteilung. Das Dienstleistungsangebot erstreckt sich auf die Bereiche: Telefon und Büroservice, Marketing, Mail&Call, Telesales, PR, Öffentlichkeitsarbeit, Grafik, Marketing-Seminare.

Eine leistungsfähige Telekommunikationsanlage ermöglicht Dienstleistungen rund ums Telefon wie Telefonannahme, Anrufweiterschaltung, Info- und Auskunftsservice, Terminmanagement und Telefonmarketing. Internet, E-Mail, Fax und Videokonferenzanwendungen dienen der Unterstützung des Sekretariatsservices, der Abwicklung von Geschäftskorrespondenz, der Durchführung von Mailingaktionen und der Übermittlung von graphischen Präsentationen. Das Tätigkeitsfeld der Mitarbeiterinnen umfaßt den Aufbau und Pflege von Datenbanken, die Durchführung von Internetrecherchen und die Gestaltung von Webseiten.

Die Angebote des TELEHAUS sind kundenorientiert und werden in der Regel individuell maßgeschneidert auf die Bedürfnisse der KundInnen. Durch die Standorte der Satellitenbüros in einem Gewerbegebiet und in einem Gründer- und Technologiezentrum wenden sich vor allem junge, innovative Unternehmen an das TELEHAUS. Sie nutzen die Angebote des Teleservicecenter, weil sie sich noch kein eigenes Sekretariat leisten können und weil sie den professionellen Service kennen und schätzen gelernt haben. Das TELEHAUS bedient KundInnen vor Ort, in der Region sowie auch aus dem gesamten Bundesgebiet inklusive virtueller Unternehmen.

Arbeiten im Teleservice stellt hohe Qualifikationsanforderungen an die Mitarbeiterinnen. Der Teleservicebereich erfordert von ihnen hohe Flexibilität und eigenverantwortliches Arbeiten. Allein für den qualifizierten Telefonservice ist es notwendig, die Unternehmensphilosophie und die aktuellen Belange der AuftraggeberInnen zu kennen und zu vertreten. Sie haben nicht nur einen Chef oder eine Chefin, sondern zehn oder mehr mit ihren jeweils eigenen Wünschen und Bedürfnissen.

Telekooperation von Unternehmensberatungen

Eine spezielle Zielgruppe des TELEHAUS sind frauengeführte Unternehmensberatungen. Die Frauen werden von einem Backoffice an innovative Informations- und Kommunikationstechnologien herangeführt und in den Anwendungen geschult. Durch das Backoffice erhalten sie via IuK-Technologie zusätzliche professionelle Unterstützung in den Bereichen Telefon-, Büro- und Marketingservice.

Die Unternehmensberatungsbranche expandiert, ihr Wachstum wird von guten Zukunftsprognosen begleitet – noch ist der Anteil frauengeführter Unternehmungen gering. Gute Chancen haben Frauen besonders dann, wenn sie zukunftsorientierte Nischen besetzen und neue, marktgerechte Formen der Zusammenarbeit entwickeln. Die kommunikationstechnologische Verknüpfung der Unternehmensberatungen untereinander wird im Projekt unterstützt und begleitet. Hierbei geht es um:

- die Erprobung und Anpassung informationstechnologischer Produkte wie E-Mail, Internet, Videokonferenzsysteme, Application Sharing,
- die Untersuchung damit möglich werdender neuer Arbeitsformen und
- die Analyse der sich entwickelnden Kooperationen sowie
- die Schaffung und Stabilisierung neuer Beschäftigungsverhältnisse.

Ein transnationaler Austausch über die grenzüberschreitenden Möglichkeiten der Telekooperation sowie ein Erfahrungsaustausch über neue Arbeitsformen und Organisationsmodelle durch den Einsatz der IuK-Technologie erfolgt durch europaweite Vernetzung. Das Projekt wird in der zweijährigen Aufbauphase von der EU im Rahmen von ADAPT II gefördert.

Telearbeit in der Familienphase – TAF

TAF heißt die Projektlinie zur Förderung der besseren Vereinbarkeit von Beruf und Familie für berufstätige Mütter und Väter. TAF arbeitet mit der Arbeitshypothese, daß Telearbeit in der Familienphase eine neue Arbeitsform ist, die den ErziehungsurlauberInnen sowie den Arbeitgebern Vorteile bringt. Die ArbeitnehmerIn bleibt über die innerbetrieblichen Vorgänge auf dem laufenden, behält den Kontakt zur Berufswelt und zu den Kolleginnen und Kollegen, bewahrt ihre Qualifikation und kann gleichzeitig Berufs- und Familienleben besser vereinbaren. Der Arbeitgeber behält eine bewährte Arbeitskraft, mindert damit betriebliche Probleme beim beruflichen Wiedereinstieg der ErziehungsurlauberIn und spart teure Anpassungsqualifizierungen, die bei mehrjähriger Abwesenheit aus dem Betrieb nötig werden.

In einer durch die EU im 4. Aktionsprogramm Chancengleichheit geförderten Studie zu TAF wurden auf der Basis

- von qualitativen Interviews mit ausgewählten Telearbeits- bzw. TAF-ExpertInnen,
- einer Umfrage unter praktizierenden TelearbeiterInnen,
- Literaturrecherchen und
- vielfältigen Diskussionen mit nationalen und internationalen Partnern

die Hintergründe und Motive sowie die Chancen und Risiken von Telearbeit in der Familienphase analysiert. Neue Anforderungen und vorbildhafte Modelle zu TAF wurden abgeleitet und diskutiert[1]. Im Rahmen von TAF qualifiziert, berät und informiert das TELEHAUS berufstätige Eltern und Arbeitgeber bei der Einführung von Telearbeit in der Familienphase. TAF orientiert sich an den Erfordernissen kleiner und mittlerer Unternehmen (KMU), gewährleistet den Qualifikationserhalt der MitarbeiterInnen und senkt damit Kosten. Gleichzeitig wird im Bereich der KMU der Technologietransfer vorangetrieben und die Wettbewerbsfähigkeit gefördert.

Telearbeit und Telekooperation – Beschäftigungschancen für behinderte Menschen

Seit 1996 beschäftigt das TELEHAUS auch behinderte Arbeitskräfte. Auf der Basis dieser Erfahrung will das TELEHAUS durch die Nutzung der neuen Technologien einen Beitrag zur beruflichen Integration von behinderten Menschen in den Arbeitsmarkt leisten. Neue Arbeitsformen wie Telearbeit und Telekooperation kommen zum Tragen.

In einem aktuellen EU geförderten Projekt werden zehn Einzelfälle als Fallbeispiele in ihrer konkreten Umsetzung begleitet. Zielgruppe sind insbesondere qualifizierte arbeitslose oder von Arbeitslosigkeit bedrohte Frauen mit einer körperlichen Behinderung. Drei Telearbeitsmodelle finden in den Fallstudien besondere Berücksichtigung:

- Bei der Schaffung neuer Telearbeitsplätze für behinderte Menschen werden sowohl Teleheimarbeitsplätze als auch alternierende Modelle realisiert. Geeignete Aufgabenfelder in den Unternehmen werden definiert und mit behinderten Menschen besetzt, deren Qualifikationsprofil dem Aufgabenbereich entspricht.
- Bestehende Arbeitsverhältnisse werden durch die Einführung von alternierender Telearbeit stabilisiert. Von Arbeitslosigkeit bedrohte Mitarbeite-

---

1   Der TAF-Praxisbericht ist kostenlos und kann beim TELEHAUS WETTER angefordert werden.

rInnen werden durch die Umgestaltung des Arbeitsplatzes bzw. einer Neudefinition der Aufgabenbereiche in Telearbeit eingeführt.

• Durch die Vermittlung von Teleserviceaufträgen an behinderte Menschen sollen weitere Arbeitsplätze geschaffen werden. Geeignete Teleserviceaufträge werden gesammelt und an behinderte Menschen vermittelt, die die Voraussetzungen in technischer und fachlicher Hinsicht mitbringen. Verschiedene Kooperationsformen wie Nachbarschaftsbüros werden gefördert.

Ein integriertes Element des Projekts ist die transnationale Vernetzung mit Institutionen in Dänemark, Großbritannien, Frankreich und Italien.

Die Erfahrungen in der Umsetzung von Telearbeit werden projektbegleitend der Öffentlichkeit vorgestellt. Dadurch sollen vor allem Arbeitgeber sensibilisiert werden, mit Hilfe von Telearbeit mehr behinderten Menschen eine berufliche Perspektive zu eröffnen.

Die Entwicklung von technologieorientierten Beschäftigungsprojekten

Seit seiner Gründung hat das TELEHAUS mehr als 40 langzeitarbeitslosen Frauen, Wiedereinsteigerinnen und Schwerbehinderten mit Hilfe projektbezogener Tätigkeiten und Aufgaben in den Geschäftsbereichen des TELE-HAUS eine berufliche Vorbereitung auf eine spätere Beschäftigung oder eine Existenzgründung geboten. Die meisten Teilnehmerinnen verfügten über eine qualifizierte Erstausbildung, die durch eine praxisnahe Weiterbildung im Bereich der EDV, von den Grundlagen bis hin zu branchenspezifischen EDV-Spezialisierungen, erweitert wurde. In Projektarbeit und Seminaren erfolgten Entwicklung und Ausbau der erforderlichen Schlüsselqualifikationen für die Arbeit mit den Neuen Technologien und die Erfordernisse am Ersten Arbeitsmarkt. Nach der Beschäftigung im TELEHAUS WETTER haben die Frauen auf dem Arbeitsmarkt gute Chancen. Mehr als 80% konnten in den Ersten Arbeitsmarkt integriert werden, davon auffällig viele in Führungs- und Leitungspositionen.

Beratung und Schulung im Bereich Teleservice

Die Forderung nach lebenslangem, berufsbegleitendem Lernen als Vorbereitung auf den Weg zur Informationsgesellschaft ist im TELEHAUS Realität. Innerhalb der Qualifizierungen in den Beschäftigungsprogrammen und bei Schulungen von Frauen aus der Region hat das TELEHAUS langjährige Erfahrungen in EDV-Schulungen gesammelt. Die EDV-Schulungen werden durch Training und Beratung hinsichtlich erforderlicher Schlüsselqualifikationen für potentielle TelearbeiterInnen ergänzt.

In einem neuen Projekt „Teleteaching für Erziehungsurlauberinnen im ländlichen Raum" wird kombinierter Nah- und Fernunterricht erprobt. Mit Rücksicht auf das eingeschränkte Zeitbudget der Frauen und die im ländlichen Raum vorherrschenden Mobilitätseinschränkungen erfolgt die Qualifizierungsmaßnahme im kombinierten Nah- und Fernunterricht auf der Basis der elektronischen Kommunikation und des elektronischen Datenaustauschs. Der Kontakt der Teilnehmerinnen untereinander und zur Tutorenstelle im TELEHAUS WETTER erfolgt über E-Mail und direkte Online-Hilfen. Zusätzlich findet der persönliche Informationsaustausch im Rahmen von Workshops statt. Die Fortbildung baut auf den beruflichen Grundqualifikationen im Bereich der kaufmännischen und verwaltenden Berufe auf und wird den Erziehungsurlauberinnen ermöglichen, ihre EDV-Kenntnisse zu erweitern und auf den neuesten Stand zu bringen. Das Projekt ist eingebunden in die Initiative HESSEN teleworking.

Das TELEHAUS gibt seine Erfahrungen gerne weiter[2] und will Frauen zur Nachahmung anregen. Im Rahmen der Teleserviceaufbauberatung des TELEHAUS werden Institutionen, Vereine, Privatunternehmen, Existenzgründerinnen, Frauenbeauftragte usw. praxisnah beraten.

---

2   Weitere und jeweils aktuelle Informationen über das TELEHAUS WETTER sind über die webpage http://home.t-online.de/home/telehaus.wetter jederzeit abrufbar oder beim TELEHAUS WETTER, Alter Graben 2, 35083 Wetter, Tel.: 06423/9285-0, E-Mail: telehaus. wetter@t-online.de zu erhalten.

Gertrud Heck-Weinhart

Telearbeit bei der Württembergischen

1 Bereiche, in denen Telearbeit geleistet wird

Die *Württembergische* ist eine der größeren Versicherungsgruppen in Deutschland mit Sitz in Stuttgart und Geschäftsstellen im ganzen Bundesgebiet. Sie beschäftigt etwa 5000 MitarbeiterInnen in Innendienst und angestelltem Außendienst.

1.1 Historie und derzeit vorhandene Felder

Telearbeit in der Württembergischen startete Anfang 1992. Begonnen wurde damit aus einem konkreten Anlaß: Es fehlten qualifizierte Arbeitskräfte für die Bearbeitung von Anträgen in der Autoversicherung. Man besann sich auf Mitarbeiterinnen, die in Erziehungs- oder Elternurlaub waren, und fragte sie, ob sie wieder arbeiten wollten, wenn erforderlich in Teilzeit und von zu Hause aus. Heute findet Telearbeit zur Bewältigung der unterschiedlichsten Aufgaben statt:

- zur Sachbearbeitung in den Versicherungsabteilungen
  - in Telearbeit im Eltern- und Erziehungsurlaub
  - in alternierender Telearbeit (Modellversuch)
- in der Schadenbearbeitung der Sachverständigen vor Ort
- bei Abschluß und Veränderung von Versicherungsverträgen vor Ort durch AußendienstmitarbeiterInnen
- zur Überwachung und Steuerung des Rechenzentrumsbetriebes
- in der Software-Entwicklung und -Wartung
- in Stabsabteilungen wie Personalentwicklung oder Statistik
- für leitende Angestellte und Führungskräfte im DV-Bereich (Pilotfeld)

Diese Aufstellung kann nicht vollständig sein. Es ist inzwischen schon eine so breite Palette an Telearbeitsmöglichkeiten im Unternehmen vorhanden, daß es (beinahe) keinen Arbeitsplatz mehr gibt, der nicht wenigstens über einige telearbeitsfähige Aufgaben verfügt.

1.2 Sachbearbeitung in den Versicherungsabteilungen

Die Telearbeit wird an einem PC geleistet, der über eine Leitung mit dem Großrechner in der Zentrale verbunden ist und nur als Großrechner-Bildschirm genutzt wird. Auf dem Großrechner sind die Daten gespeichert, die bearbeitet werden, und ist die Software verfügbar, die zur Bearbeitung der anstehenden Aufgaben benötigt wird. Anfangs wurden Datex-P-Leitungen zur Verbindung eingesetzt, mittlerweile wird vor allem im Nahbereich mit ISDN-Verbindungen gearbeitet. Die Leitungskosten trägt die Württembergische, den Computer, die Büromöbel und das Büromaterial stellt sie ebenfalls.

Rechtlich ist die Telearbeit als zeitlich befristeter (individueller) Ergänzungsvertrag zum Arbeitsvertrag ausgestaltet, der den eigentlich bestehenden (meist) Vollzeitarbeitsvertrag nicht aufhebt. Endet die Telearbeit, gilt automatisch wieder der vorher vereinbarte Arbeitsvertrag.

Die Arbeit selbst ist so bemessen, daß bei einem 50%-Arbeitsvertrag auch etwa 50% des vorher bewältigten Arbeitsvolumens zu leisten ist, jedoch meist ohne den üblichen Telefondienst. Die TelearbeiterInnen kommen in der Regel einmal wöchentlich in ihre Abteilung zu ihrem zuständigen direkten Vorgesetzten und holen sich die zu bearbeitenden Vorgänge ab – die Hälfte des unsortierten Posteingangs eines Referates, wie sie es vorher in Vollzeit bearbeitet haben. Bei der Gelegenheit nehmen sie erforderliche Rücksprachen vor oder besprechen aufgetretene Fehler oder sonstige Schwierigkeiten.

An Schulungen oder anderen Veranstaltungen nehmen die TelearbeiterInnen wie die anderen Mitglieder ihrer Gruppe teil. In der Abteilung steht ihnen jedoch kein Arbeitsplatz mehr zur Verfügung. Eine Zeiterfassung wird nicht vorgenommen.

Diese Ausgestaltung wurde einvernehmlich zwischen Geschäftsleitung und Betriebsrat in Abstimmung mit den Betroffenen beschlossen. Es gibt bis heute keine Betriebsvereinbarung zur Telearbeit, eine solche wird auch von keiner der beteiligten Parteien vermißt. Geschäftsleitung und Betriebsrat stehen beide auf dem Standpunkt, daß so viel flexibler auf die konkreten Bedürfnisse sowohl der Abteilungen als auch der MitarbeiterInnen eingegangen werden kann und daß individuelle Regelungen großzügiger sein können als eine allgemeinverbindliche Regelung. Es erscheint unwahrscheinlich, daß heute bei Neuverhandlungen für alle MitarbeiterInnen eine so günstige Regelung wie die jetzige erreicht werden könnte. Auftretende Probleme werden von Fall zu Fall gelöst, beispielsweise das Thema Ergonomie oder (fehlende) Zutrittsrechte des Arbeitgebers zur Wohnung der TelearbeiterInnen. Eine allgemeinverbindliche Regelung aller Punkte wäre auf jeden Fall sehr aufwendig.

Abb.1: Telearbeit im Erziehungs- und Elternurlaub in der Versicherungs-Sachbearbeitung (Camerer 1997)

Personenkreis	zeitlich befristete Ergänzungsverträge im Erziehungs- bzw. Elternurlaub
Arbeitszeit	19 Wochenstunden (=50%), frei wählbar im Dialograhmen der Großrechneranwendung (7.00 Uhr bis 19.00 Uhr)
Vergütung	50% des bisherigen Gehaltes zuzüglich 150 DM pro Monat Kostenpauschale für Strom und Telefon
freiwillige Sozialleistungen	voller Erhalt entsprechend Vollzeit-Job
Arbeitsplatz	nur noch zu Hause, Ausstattung stellt Arbeitgeber, Datenübertragungskosten ca. 300 DM pro Monat
Arbeitsmenge	½ Referat ohne besondere Sortierung oder Aufbereitung, keine Telefonate
Arbeitsüberlassung	in der Regel wöchentliche Selbstabholung und Kontakt
Betreuung	durch unmittelbaren Vorgesetzten
Informationsaustausch	MitarbeiterInnen, Betriebsrat, Fachabteilung, Personalabteilung am Anfang monatlich, dann jeden zweiten Monat

1.3 Software-Entwicklung und -Wartung

Ein Beispiel für die ganz individuelle Gestaltung der Arbeit unter Einschluß von Telearbeit findet sich im Bereich der Software-Entwicklung und -Wartung. Ein zusammenlebendes Paar ,besitzt' gemeinsam einen Arbeitsplatz im Büro und einen Telearbeitsplatz zu Hause. Die technische Ausgestaltung des Telearbeitsplatzes entspricht der in den Versicherungsabteilungen. Beide Personen arbeiten Teilzeit (50% bzw. 60%). Eine ist im Erziehungsurlaub und hat einen Ergänzungsarbeitsvertrag (siehe Abb. 1). Die andere Person hat einen individuellen Teilzeitarbeitsvertrag mit der Übereinkunft, daß nach einer bestimmten Zeit (derzeit nach einem Jahr) das Recht besteht, wieder zum vorherigen Arbeitsvertrag zu wechseln. Beide kommen zeitweise ins Büro, eine eher öfter, eine eher selten. Zeiten der Telearbeit werden per Selbstauskunft zusammen mit Zeiten der Anwesenheit im Büro auf dem im Unternehmen üblicherweise eingesetzten Gleitzeitkonto geführt. Beide Personen betreuen das gleiche Arbeitsgebiet. Sie entwickeln neue Software und ändern vorhandene entsprechend den Wünschen der betreuten Fachabteilungen und der Investitionsplanung ihres Arbeitsgebietes. Sie bearbeiten nicht nur für sich abgeschlossene Projekte, sondern sind an vielen Stellen in Teamarbeit eingebunden und auf Teamarbeit angewiesen. Gelegentliche Anwesen-

93

heit in Besprechungen und telefonische bzw. elektronische Erreichbarkeit ist erforderlich und über ein großrechnerbasiertes E-Mail-System auch am Telearbeitsplatz gewährleistet.

1.4 Rechenzentrumsbetrieb

Das Rechenzentrum ist für den reibungslosen Betrieb der Hardware und der gesamten Software zur Unterstützung der Arbeit aller MitarbeiterInnen zuständig. Nachts, wenn kein Dialogbetrieb stattfindet, werden zum Beispiel Versicherungsdokumente und Beitragsrechnungen ‚produziert‘, d.h. gedruckt. Die Aufgabe der Produktionsüberwachung, d.h. die Gewährleistung der technisch korrekten Abläufe der Batch-Programme wird abends, nachts und am Wochenende seit einiger Zeit nur noch auf dem Wege der Telearbeit wahrgenommen. MitarbeiterInnen, die solche Aufgaben ständig durchführen, haben einen festen Telearbeitsplatz zu Hause. Sie kommen aber während der normalen Arbeitszeit ins Büro. Für bestimmte Phasen der Softwareentwicklung, beispielsweise direkt nach Freigaben von neuer oder geänderter Software in den Produktionsbetrieb, werden darüber hinaus auch Bereitschaftsdienste der Software-EntwicklerInnen per Telearbeit geleistet. Dazu wird ein Notebook mit Modem mit nach Hause genommen, mit dem sich der Bereitschaftsdienst beim Großrechner anmelden[1] und im Notfall wie im Büro arbeiten kann.

1.5 Stabsabteilungen wie Personalentwicklung oder Statistik

Auch in der Abteilung Personalentwicklung, die für die Erstausbildung von Versicherungskaufleuten, Kaufleuten für Bürokommunikation und Studierenden an der Berufsakademie sowie für die Weiterbildung aller MitarbeiterInnen zuständig ist, gibt es Telearbeit im Erziehungsurlaub. Um Erreichbarkeit sicherzustellen, wird das E-Mail-System des Großrechners genutzt.

Berichte zur Information der einzelnen AbteilungsleiterInnen werden zum Teil von einer zentralen Stabsabteilung erstellt. Die benötigten Zahlen liegen im wesentlichen auf dem Großrechner vor. Auch diese Aufgabe wurde bereits in Telearbeit ausgeführt.

1.6 Führungskräfte im DV-Bereich

Im Jahr 1997 ist ein Projekt zur Ermittlung der Möglichkeiten von Telearbeit für Führungskräfte im DV-Bereich durchgeführt worden. Als Teil des Projek-

---

1 Zur Sicherheit stellt der Großrechner erst per Rückruf die Verbindung her.

tes ‚TeleVers' wurde es von der EU gefördert. Teilgenommen haben ein Hauptabteilungsleiter, vier Abteilungsleiter, eine Abteilungsleiterin und eine männliche Stabsperson aus dem Bereich der Software-Entwicklung. Auch nach Projektende wird die Telearbeit fortgeführt, sie kann als etabliert angesehen werden. Welche Tätigkeiten diese Führungskräfte ausführen und wie ihre Arbeitsweise aussieht, zeigt Abbildung 2.

Abb. 2: Wesentliche Aufgaben der Führungskräfte im DV-Bereich und Auswirkungen auf die Arbeitsweise (Brachmann 1998)

- Betreuung und Management von Projekten
- Mitarbeiterbetreuung und Mitarbeiter-Coaching
- Beratung von Fachabteilungen
- Planung und konzeptionelle Arbeit
- Kontrolle, Betreuung und Überwachung des Produktionsbetriebes
- Mitwirkung bei der Zieldefinition und den Strategien der Abteilung

⇒ hohe Kommunikationsintensität (face to face)
⇒ große Bedeutung der informellen Kommunikation
⇒ hohes Maß an Fremdbestimmung
⇒ starke Fragmentierung des Arbeitstages
⇒ wenig unterbrechungsfreie Arbeitsphasen
⇒ häufige Nichterreichbarkeit durch Dienstreisen und Besprechungen, dadurch Unterbrechung des Informationsflusses

Die Geräteausstattung trägt den Aufgaben und der Arbeitsweise Rechnung und sieht deshalb anders aus als bei den bisher vorgestellten Tätigkeiten. Es sind vorhanden: ein ISDN-Anschluß, ein leistungsfähiger PC mit der jeweils benötigten PC-Software und einer Terminalemulation für Arbeiten auf dem Zentralrechner, Telefon, Faxgerät und Drucker, falls sie benötigt werden. Geräte- und Leitungskosten trägt das Unternehmen, eine Kostenpauschale gibt es nicht. Neben der Installierung eines festen Telearbeitsplatzes in der Wohnung der Führungskräfte werden auch die Möglichkeiten der mobilen Telearbeit genutzt. An die Stelle des ISDN-Anschlusses tritt dann eine Funkverbindung zum Zentralrechner des Unternehmens.

Im Projekt zeigte sich, daß bezogen auf die Arbeitsmöglichkeiten Erwartung und Erfahrung weitgehend übereinstimmten. In Abbildung 3 sind die an den Telearbeitsplätzen durchgeführten Tätigkeiten dargestellt. Als besonders angenehm wurden die Kommunikationsmöglichkeiten unterwegs empfunden und die Möglichkeit, Reisezeit optimal zur Vor- und Nachbereitung der besuchten Besprechungen oder Veranstaltungen zu nutzen. Berichte konnten gleich geschrieben werden, später im Büro wäre dazu sowieso keine Ruhe mehr vorhanden gewesen. Aufträge konnten per E-Mail abgeschickt und

95

damit die Veranstaltungen abschließend bearbeitet werden. Unangenehm waren die gelegentlich auftretenden technischen Probleme mit dem Aufbau der Verbindung zum Zentralrechner. Auch das Gewicht der mitzuführenden Geräte war nicht ganz zu vernachlässigen.

Abb.3: Durchgeführte Tätigkeiten

---

1. am häuslichen Telearbeitsplatz (TAP)
- Erstellung von Protokollen, Berichten und Präsentationen
- Überwachung der Produktion
- Kommunikation zwischen den Beteiligten außerhalb der Arbeitszeit
- Bearbeitung von elektronischer Post (Memo)
- Projektmanagement über Lotus Notes
- Programmierung von Anwendungsprogrammen
- Recherche über Internet

2. am mobilen Telearbeitsplatz (MAP)
- Erstellen von Protokollen und Berichten
- Überwachung der Produktion
- Bearbeitung von elektronischer Post (Memo)

Bei dem involvierten Personenkreis handelte es sich um leitende Angestellte, die nicht dem Betriebsverfassungsgesetz unterliegen. Es wurden auch keine separaten oder zusätzlichen Arbeitsverträge geschlossen. Im Laufe des Projektes wurde immer klarer, daß es sich bei der Telearbeit der Führungskräfte größtenteils um zusätzlich erbrachte Arbeit handelt. Die Anwesenheit im Büro wird nicht ersetzt, sondern die Erreichbarkeit und der Arbeitseinsatz werden über die 'normalen' bzw. durch die Reisezeiten eingeschränkten Büroarbeitszeiten hinaus ausgedehnt. Es handelt sich somit um 'Supplementäre Telearbeit'.

2 Erfahrungen

Von den TelearbeiterInnen geht eine Sogwirkung aus. Das spricht für die Attraktivität der Telearbeitsmodelle. So wünschen Frauen, die in Erziehungsurlaub gehen, oft die Möglichkeit, bisherige Tätigkeiten per Telearbeit weiterhin ausüben zu können. Damit überbrücken sie eine Zeit, in der sie schlecht aus dem Haus können. Ebenso bemühen sich nicht am Projekt beteiligte Führungskräfte darum, ebenfalls einen häuslichen Telearbeitsplatz zu bekommen.

Die Erfahrungen sind für die Beteiligten überwiegend positiv. Bei den VersicherungssachbearbeiterInnen und den Führungskräften gibt es dazu systematisch durchgeführte Untersuchungen (empirica 1997, Voigt 1995). Bei anderen Personen oder Gruppen gab und gibt es immer wieder einzelne Gespräche über die Erfahrungen mit der Telearbeit.

Einige der aufgeführten Telearbeitsbereiche erwiesen sich als auf Dauer weniger geeignet für Telearbeit. So wird die Betreuung von Auszubildenden in Zukunft nicht mehr von telearbeitenden MitarbeiterInnen wahrgenommen. In anderen Bereichen gab es sowohl Personen, die erfolgreich in der Telearbeit waren, als auch andere, die nicht damit zurechtkamen. Ihre Telearbeitsverträge wurden nicht verlängert.

Bei aller positiven Grundstimmung der meisten TelearbeiterInnen gab es aber auch Abweichungen zwischen Erwartung und Erfahrung. Für einzelne VersicherungssachbearbeiterInnen war die Isolation ein kritisches Thema, auch wenn die Telearbeit von vornherein nur auf eine bestimmte Dauer angelegt war. Die Führungskräfte hatten mehr Zeitgewinn für die Familie erwartet und sahen sich im Gegenteil damit konfrontiert, nun auch in der häuslichen Zeit ihrer Arbeit nachzugehen. Trotzdem war die erreichte Flexibilität ein Gewinn für sie, den sie nicht missen möchten. Bei der supplementären Telearbeit kann man nicht von einer Lockerung der Bindung an das Unternehmen sprechen. Es tritt eher das Gegenteil ein, eine noch stärkere Bindung durch die zeitlich ausgedehnte Einbindung in die Informationsströme.

Grundsätzlich stehen die Telearbeitsmöglichkeiten Männern und Frauen gleichermaßen offen. Da Männer jedoch seltener Erziehungs- oder Elternurlaub in Anspruch nehmen, gibt es auch wenige bis keine Männer, die ausschließliche Telearbeit während des Erziehungs- oder Elternurlaubes ausüben. Die geschlechtstypische Zuordnung der Zuständigkeit für die Familienarbeit wird durch die neue Arbeitsform nicht verändert. Einigen wenigen Männern, die sich stärker auch für Familienarbeit verantwortlich fühlen, gab Telearbeit die entscheidende Erleichterung, hier auch wirklich aktiv zu werden und zum Beispiel Pflegeaufgaben zu übernehmen. Unter den Führungskräften und auf Stabsstellen gibt es nur wenige Frauen, hier machen vor allem Männer Telearbeit. Die neue Arbeitsform läßt sich ohne Brüche in die bisherige gesellschaftliche Arbeitsverteilung der Geschlechter integrieren.

3 Ausblick

Bei allen hier betrachteten Telearbeitsformen geht es um qualifizierte, ins Unternehmen eingebundene Tätigkeiten und Personen. Alle Telearbeitsplätze sind von MitarbeiterInnen besetzt, die vorher ganz normal im Büro des Unternehmens in Stuttgart oder den Geschäftsstellen gearbeitet haben. Es wurden bisher keine neuen Arbeitsplätze direkt als Telearbeitsplätze eingerichtet und mit neu ins Unternehmen eingetretenen MitarbeiterInnen besetzt.

Die Erfahrungen zeigen, daß sehr viele Aufgaben per Telearbeit erledigt werden können. Darüber hinaus ist Telearbeit für viele Tätigkeitsbereiche als Ergänzung und Mittel der räumlichen und zeitlichen Flexibilisierung einsetzbar. Dort, wo die Kosten vertretbar sind, wird sich meines Erachtens ergänzende Telearbeit schnell verbreiten.

Um mit Telearbeit erfolgreich sein zu können, muß aber eine persönliche Eignung für diese Arbeitsform hinzukommen. Telearbeit liegt nicht allen Personen gleichermaßen. Eine Welt voller einsamer TelearbeiterInnen scheint mir, aus dem sicher eingeschränkten Blickwinkel bisheriger Erfahrungen, nicht das Zukunftsmodell moderner Arbeit zu sein. Nicht nur die Menschen brauchen Kommunikation. Viele Aufgaben sind eingebunden in Prozesse und erfordern ständige Abstimmung und damit Kommunikation – und sei sie auch elektronisch.

Literatur

Brachmann, Achim: Telekooperation im DV-Management der Württembergischen Versicherung AG, Projektbericht, Vortrag im Rahmen der Konferenz Telekooperation. Perspektiven verteilter Arbeits- und Organisationsformen, Stuttgart, April 1998

Camerer, Rolf: Telearbeit in Versicherungen. Vortrag im Rahmen des Management Circle, Frankfurt, November 1997

empirica: Abschlußbericht über den Einsatz der Telearbeit bei der Württembergischen, Bonn, Oktober 1997, unveröffentlicht

Voigt, Helga: Tele-Sachbearbeitung während der Familienpause, ein Klein-Modell der Württembergischen Versicherung AG, Stuttgart, Vortrag auf der Konferenz Telearbeit in Europa, Hattingen, Mai 1995

Heidi Schelhowe

Anwenden – Verstehen – Gestalten
Informatische Bildung in der Informationsgesellschaft

Ich möchte mit meinem Aufsatz das Nachdenken darüber anregen, welche grundlegenden informatischen Kenntnisse wir Kindern und Jugendlichen in der schulischen Bildung anbieten wollen, damit sie mit der für die Informationsgesellschaft zentralen Technologie, der Informationstechnologie, kompetent umgehen, sie kritisch beurteilen und ihre Anwendungen in der Informationsgesellschaft mit gestalten können. Dabei gehe ich davon aus, daß die zunehmende Nutzung des Computers in der Schule und auch in der Freizeit eine *pädagogische* Initiative nicht überflüssig, sondern umso dringlicher macht.

Mädchen beteiligen sich am Informatikunterricht in seiner gegenwärtigen Form nur noch wenig. Ich glaube aber, daß gerade aus dem Nachdenken über die Interessen, die Mädchen in bezug auf Informationstechnologie entwikkeln, eine fruchtbare Auseinandersetzung um die Zukunft einer informationstechnologischen Allgemeinbildung erwachsen könnte.

1 Informatische Bildung in der Schulpraxis: Zwei Beispiele

Zwei Lernbereiche – die Informationstechnische Grundbildung (ITG) und der Informatikunterricht – scheinen dafür prädestiniert, grundlegende Qualifikationen über die Technologie der Informationsgesellschaft zu vermitteln. Ich möchte zunächst zwei Beispiele aus der Unterrichtspraxis kurz schildern, die aus meinen Erlebnissen bei Unterrichtshospitationen stammen.

a)   ITG in einer Schulklasse der 8. Jahrgangsstufe

ITG wird hier als Pflichtfach im Klassenverband unterrichtet, zweistündig für ein halbes Jahr. Die Schülerinnen und Schüler bekommen zu Beginn der Stunde einen Aufgabenzettel, der die Benutzung verschiedener Funktionen des Textverarbeitungssystems „Word" trainieren soll. Die Aufgaben sind genau definiert und sollen abgearbeitet werden. Der Aufgabenzettel beginnt mit der Anweisung, den Computer einzuschalten und „Word" anzuklicken. Die Schülerinnen und Schüler werden dann angeleitet, eine Datei zu öffnen, bestimmte Sätze in einen schon vorgegebenen Text einzufügen, Korrekturen durch Positionierung des Cursors und Betätigen der Delete-Taste vorzunehmen, einzelne Wörter zu markieren, im Menü Kursivschrift auszuwählen, in der gleichen Weise auch Schriftgröße und Schriftart einzelner Sätze zu verändern, die Überschrift zu zentrieren.

Die Schülerinnen und Schüler erledigen die Aufgabe unterschiedlich schnell. Einige Mädchen, die fertig sind, langweilen sich, fangen an, sich zu unterhalten; auf dem Bildschirm erscheint der Bildschirmschoner. Einige der Jungs verhalten sich ähnlich, einige andere fangen an, auf dem Computer herumzunavigieren. Sie suchen Spielprogramme, probieren einiges aus, finden schließlich ein Spiel, mit dem sie sich bis zum Ende der Stunde beschäftigen.

b) Grundkurs Informatik im 11. Jahrgang Gymnasium (Oberstufe)

Die drei Schülerinnen und 14 Schüler haben schon Grundkonzepte der Programmiersprache Pascal kennengelernt. Das Konzept der Funktion in Pascal wird mit Hinweis auf ihr Vorkommen in der Mathematik eingeführt. Der Lehrer stellt die Aufgabe, aus einem Nettobetrag und dem Mehrwertsteuersatz den Bruttobetrag zu errechnen. An der Tafel wird der Algorithmus erarbeitet, die entsprechenden Anweisungen und programmiersprachlichen Notationen werden eingeführt. Schülerinnen und Schüler vervollständigen das Programm, ergänzen es um Ein- und Ausgabeanweisungen, geben es am Rechner ein. In einer Gruppe gibt es Probleme beim Aufruf des Editors, in einer anderen beim Compilieren. Die zwei (männlichen) Cracks werden zu Hilfe gerufen, machen „irgendwas", es funktioniert. Die Gruppe arbeitet weiter. Fehler, die beim Compilieren gefunden wurden, werden korrigiert, bis das Programm schließlich bei allen läuft. In der Zwischenzeit haben einige Schüler das Programm schon um zusätzliche Funktionen erweitert.

Die beiden ausgewählten Beispiele sind sicherlich als Extreme zu sehen, und die Praxis informatischer Bildung in den Schulen ist in vielen Punkten weitaus besser und differenzierter, als es in ihnen zum Ausdruck kommt. Informatiklehrerinnen und -lehrer haben in den vergangenen Jahren eine Vielzahl von Anstrengungen unternommen, an der Gestaltung von Rahmenplänen mitgewirkt, Fortbildungen besucht, ihren Unterricht geöffnet. Sie haben ihre Lernziele sorgfältiger überdacht und Unterricht sinnvoller und interessanter, projektorientiert, handlungsorientiert gestaltet.

Auch wenn die genannten Beispiele wie eine Karrikatur erscheinen mögen, so werden daran doch zwei Prinzipien heutiger informatischer Bildung in der schulischen Praxis deutlich: Informatische Bildung in der Ausprägung von ITG beruht im Kern auf der Vorstellung, daß man den SchülerInnen die Benutzung des Computers systematisch beibringen müsse. Viele Erfahrungen zeigen demgegenüber, daß mit den modernen Benutzungsoberflächen ein experimenteller Zugang für viele SchülerInnen einleuchtender und angemessener ist. Das heißt, die SchülerInnen erwerben im Zusammenhang einer sie interessierenden Anwendung nebenbei und spielerisch die erforderliche Bedienungskompetenz, ohne eine systematische Einführung. Da in der ITG aber der Computer als Gegenstand, nicht die Anwendung des Computers für einen bestimmten Zusammenhang im Vordergrund steht, gerät diese (trotz der in vielen Rahmenplänen vorgesehenen Integration der ITG in den Fachunterricht) leicht zu einer Veranstaltung, in der nach starren Anweisungen die Spielregeln eines gängigen Programms der Firma X gelehrt werden. Was lernen die SchülerInnen dabei (nicht)?

1. Sie lernen, das Programm der Firma X zu „bedienen".
2. Sie glauben, daß dies „informatische Bildung" sei, also das, was man über Informationstechnologie wissen muß.
3. Die Neugier, weitere Funktionalitäten des Programms oder des Computers kennenzulernen, etwas zu „verstehen", muß schon vorhanden sein (wie im Beispiel der Jungengruppe). Wenn dies nicht der Fall ist, so wird sie jedenfalls nicht geweckt, sondern eher verhindert: Die gestellten Aufgaben können ja mit Hilfe der von der LehrerIn erteilten Anweisungen erledigt werden.

Für einen nicht zu unterschätzenden Teil der SchülerInnen – und dies gilt insbesondere für die Mädchen – wird also mit Abschluß der ITG der Eindruck erweckt, damit ihre informatische Grundbildung abhaken zu können. Eine Motivation, auch in den höheren Klassen Informatik als Wahlpflichtfach oder in der Oberstufe im Kursangebot zu wählen, ist aus einem solchen Unterricht kaum zu erwarten. Viel eher kann sie entstehen aus der Benutzung des Computers in der Freizeit (was bei Mädchen heute immer noch weniger verbreitet ist als bei Jungen), aus dem Computereinsatz im Fachunterricht oder aus der Einschätzung der Bedeutung des Computers in der heutigen und zukünftigen Gesellschaft. Von dort kann die Gewißheit entstehen, daß es mit dem Computer mehr auf sich haben muß, als es in der Bedienung eines Textverarbeitungs-, Tabellenkalkulations- oder E-Mail-Programms zum Ausdruck kommt, daß es eine Menge spannender Erfahrungen zu machen gilt, die nur durch umfassendere Kenntnisse zu haben sind.

Wenn in den Oberstufenklassen der Informatik Mädchen nur noch selten auftauchen, so ist das nicht – wie möglicherweise noch eine Generation zuvor – auf ein Gefühl von Defizit („Das kann ich nicht!") zurückzuführen. Wir wissen, daß Mädchen auf Appelle, sich Technikkompetenz doch „zuzutrauen", heute ausgesprochen allergisch reagieren können. Die Rolle der „Schwächeren", der Nicht-Kompetenten, der Opfer entspricht nicht ihrem Selbstbild. Ihre Antwort lautet: „Das ist nicht interessant. Das macht keinen Spaß. Das müssen nur ein paar Spezialisten wissen. – Und schau Dir doch diese langweiligen, technikfixierten Typen an!"

Für die Mädchen, die sich doch für einen Informatikkurs entscheiden, bestätigt sich häufig dieser spontane Eindruck. Dies möchte ich mit dem zweiten Beispiel zeigen. Hier steht das Erlernen einer speziellen Programmiersprache im Vordergrund. Auch wenn das Lernziel in den Lehrplänen oft als „Algorithmik" auftaucht, erfordert eine Handlungsorientierung im Unterricht – da sie als die Erstellung eines auf dem Rechner ausführbaren Programms verstanden wird – zunächst und in hohem zeitlichem Umfang das Erlernen und Anwenden der Syntax einer speziellen Programmiersprache, zumal die Anforderungen für den Oberstufenunterricht recht komplexe algorithmische Strukturen vorsehen. So steht nicht selten im Oberstufenunterricht das Programmieren ganz im Vordergrund.

Das Vorurteil über informatische Allgemeinbildung als Spezialistenwissen findet hier Nahrung: Informatikunterricht, das ist etwas für die wenigen, die im Innern der Maschine agieren, sich mit ihrer Konstruktion beschäftigen, die Maschine bezwingen wollen. In der Tat, eine Tätigkeit für einige wenige Systemspezialisten. Diesen überläßt frau dann gerne das Feld – denen, die ihr Wissen als Geheimwissen verkaufen (vgl. im Beispiel: Sie machen „irgendwas"), und das kann auch ruhig so bleiben. Mit dem, was Mädchen (und einen Großteil auch der Jungen) an der Informationstechnologie fasziniert und interessiert, scheint das kaum etwas zu tun zu haben.

So wird auch das Bild gefestigt, das viele vom Informatikspezialisten haben und das die schwedische Untersuchung über „the production of male power in computer science" bestätigt hat: Es ist die Vorstellung von einer männlich geprägten Informatikkultur und von Freaks, die ausschließlich an der Maschine Computer interessiert sind und mit denen man über nichts anderes reden kann (Håpnes/Rasmussen 1991).

2 Mädchen und Informationstechnologie

Während Mädchen und junge Frauen also kaum Interesse an dieser Art von Informatikunterricht zeigen, sind sie sehr wohl zu begeistern für Multimedia- und Netzanwendungen sowie eine Ausweitung ihrer Computernutzung. Darüber hinaus berichten Lehrerinnen und Lehrer, daß sie ein ausgeprägtes Interesse haben, Hintergründe zu verstehen, nicht nur „Knöpfe zu drücken". Was sonst aber sollte eine recht verstandene informatische Bildung leisten? Der Zugang von Frauen und Mädchen zur Informationstechnologie ist allerdings in der Regel nicht technikinduziert, das heißt, nicht von einem originären Interesse an Technik als solcher geprägt. Eher scheint sich, wie Seymour Papert schreibt, ein Interesse an Technik erst „hinter ihrem eigenen Rücken", „fast unsichtbar für sie selbst und für andere" äußern zu können (Papert 1994, S.137).

Wie die ersten Bemühungen um Frauenförderung auf dem Gebiet der Informationstechnologie in den 80er Jahren orientieren auch heutige Anstrengungen oft sehr stark auf die Benutzung (heute von Multimedia und Internet, damals von Textverarbeitung oder Tabellenkalkulation). Hier wird sicherlich sehr viel positive und fruchtbare Arbeit geleistet. Weniger denn je aber reicht dies heute aus, um das Interesse von Mädchen und Frauen an einer *qualifizierteren technischen* Bildung zu wecken. Im Gegenteil: Mit einer Orientierung, daß doch alles „ganz einfach" sei, verhindern wir gerade das Entstehen von Neugier, die Voraussetzung ist für den Wunsch, tiefer in technisches Wissen einzudringen.

So muß unsere Fragestellung heute sehr viel grundsätzlicher lauten: Wie gelingt es, über die Anwendungen eine Haltung zu befördern, die sich nicht begnügt mit dem, was man rasch und einfach lernen kann, sondern das Interesse hervorruft, mehr zu wissen, mehr zu lernen, technologisches Wissen als lustvoll und gewinnbringend zu erleben, als eine Antwort auf die spannenden Fragen, die uns bewegen? Im ersten Kapitel haben wir gesehen, daß herrschende Praxis informatischer Bildung hier oft nicht förderlich ist, sondern daß sie Neugier tötet und daß der Informatikunterricht heute nur die anspricht, die ein originäres Interesse an der Technik selbst haben.

Auch Sherry Turkle fordert, die Frage, was SchülerInnen (und wir alle) über Computer heute wissen müssen, neu zu stellen. Sie sieht einen grundlegenden kulturellen Wandel in den Anforderungen. Heute gehe es nicht mehr darum zu begreifen, was *innerhalb* des Computers hardware-technisch vor sich geht. Vielmehr sei neu zu definieren, was „computer literacy" und „readership skills" im Zeitalter der Simulationen mittels Computer bedeuten (Turkle 1997).

Die Koeduktionsdebatte, wie sie gerade auch im Zusammenhang mit informatischer Bildung immer wieder im Vordergrund steht, ist sicherlich ein wesentlicher Ansatzpunkt, um kulturelle Muster aufzubrechen, die Technik mit männlicher Dominanz verbinden. Mädchenschulen bzw. geschlechtshomogene Kurse ermöglichen Mädchen eher einen unbeschwerteren und selbstverständlicheren Zugang zu Technik (z.B. Funken u.a. 1996). Die Monoedukation aber enthebt uns nicht der Frage, welches die Inhalte sind, die möglichst vielen Mädchen einen lustvollen Zugang zur Technologie ermöglichen können. Solange wir keine Antworten auf diese Fragen finden, besteht die Gefahr, daß jede Konfrontation mit männlicher Technikkultur wieder zu einem Rückzug der Mädchen führt, wie es im Modellversuch an der Bremer Schule Rübekamp deutlich geworden ist[1] (Volmerg et al. 1996).

---

1 Dort konnten in geschlechtshomogenen Informatikkursen die Mädchen deutlich an Selbstbewußtsein gewinnen. Als die Mädchen- und Jungenkurse jedoch wieder zusammengelegt werden mußten, griffen die alten geschlechtsspezifischen Zuweisungen sofort wieder.

3 Informationsgesellschaft und die Rolle der Informationstechnologie

Viele WissenschaftlerInnen, so auch die AutorInnen dieses Buches, sehen Hinweise dafür, daß wir uns heute an der Schwelle zu einem neuen Zeitalter befinden. Die sogenannte Informationsgesellschaft, die die heutigen hochentwickelten Industriegesellschaften ablöst oder doch grundlegend verändert, ist gekennzeichnet durch eine Zunahme von Informationsarbeit und eine nachlassende Bedeutung des industriellen Sektors. Klassische Arbeitsstrukturen lösen sich auf. Eine geregelte, lebenslange Erwerbsarbeit, oft im selben Beruf, nicht selten sogar beim selben Arbeitgeber, mit einem hohen Standard an sozialer Sicherung wird auch für die männlichen Erwerbstätigen in der Bundesrepublik nicht mehr der Normalfall sein. Man wechselt häufiger während seines Lebens den Beruf und den Arbeitsplatz. Man übt auch Arbeitstätigkeiten aus, die nicht der (bisherigen) Qualifikation entsprechen. Eine lebenslange Weiterqualifizierung ist erforderlich. Zeiten von Vollzeitbeschäftigung wechseln mit Arbeitslosigkeit oder Teilzeittätigkeit. Mehr Arbeit wird ganz oder teilweise zu Hause und in verschiedenen Formen von selbständiger Arbeit erledigt.

Die gegenwärtigen Veränderungen in der Bundesrepublik greifen jedoch über die unmittelbare Erwerbstätigkeit hinaus: Internationalisierung, größere Vielfalt an Ethnizität und Kultur bewirken einerseits größere Offenheit und größeren kulturellen Reichtum, bringen aber andererseits auch zunehmende Konflikte mit sich. Das Verständnis von Privatheit und Öffentlichkeit verändert sich. Eine gewisse Einheitlichkeit in Lebensformen und Werthaltungen ist nicht mehr gegeben, die Individualisierung nimmt zu, aber auch die Vorstellung von der *einen* persönlichen Identität ist fragwürdig geworden.

Die Technologie, die mit all diesen Veränderungen aufs engste verknüpft ist – sie ist einerseits Ergebnis, andererseits Motor für diese Entwicklungen – ist die Computertechnologie. Der Computer wirkte in der ersten Phase seiner Anwendungen vorrangig in der Tradition der großen Maschinerie der industriellen Produktion als ein Artefakt zur Rationalisierung von Arbeit, in diesem Fall zur Ersetzung *geistiger* Tätigkeit durch eine Maschine. Gleichzeitig aber bildet die Informations- und Kommunikationstechnologie auch den Kern der Technologie, die die Umwälzungen der Industriegesellschaft zur Informationsgesellschaft befördert. Der Computer entwickelt sich von einer Rechenmaschine und einem Werkzeug zu einem Medium, das die Integration bisheriger Medien und eine weltweite Vernetzung ermöglicht, das der Speicherung, Darstellung und Vermittlung von Information und Kommunikation dient.

Computertechnologie ist ganz wesentlich daran beteiligt, daß Arbeit rationalisiert werden kann, daß Berufe sich rasch ändern, daß eine Flexibilisierung von Arbeitszeit und Arbeitsort stattfindet, daß die Verbindungen internationaler und kulturell vielfältiger werden, daß Vorstellungen von dem, was privat und was öffentlich ist, sich ändern, daß menschliche Beziehungen flüchtiger und unbestimmter und daß Rollen rascher gewechselt werden können.

SchülerInnen erleben diese Veränderungen, und sie erleben auch den Computer in seiner zentralen Rolle in diesen gesellschaftlichen Prozessen. Sie erfahren überall die Präsenz des Mediums Computer und erahnen, daß es sich hier um eine Technologie handelt, die ihr Leben und ihre Zukunft verändert und grundlegend prägt. Warum sollten sie nicht neugierig darauf sein, mit Computern selbst umzugehen, zu lernen, wie man sie benutzt, zu erfahren, welche Rolle Computer in den gegenwärtigen Veränderungen spielen und wie sie selbst Einfluß darauf nehmen können?

4 Zur Notwendigkeit einer pädagogischen Neubestimmung

Bildung bekommt in der Informationsgesellschaft neue Aufgaben, die sich in Begrifflichkeiten wie „selbstbestimmtes Lernen", „lebenslanges Lernen", „Medienkompetenz" ausdrücken. Neue Formen des Lernens in der Schule sind in der Diskussion; es wird gefragt, wie das Lernen selbst gelernt werden kann; strukturelle Veränderungen von Schule scheinen notwendig. Darüber hinaus aber steht die Organisationsform Schule selbst in ihrer Vormachtstellung für die Bildung in der Informationsgesellschaft in Frage.

Auf dem Weg in die Informationsgesellschaft und in der Veränderung von Bildungsprozessen spielen die wissenschaftlichen Grundlagen der Informatik und die Entwicklungen in den Anwendungen der Informationstechnologie eine entscheidende Rolle. Wir haben heute nicht nur die Aufgabe, den jungen Menschen die Benutzung dieser Technologie zu ermöglichen, sondern wir müssen ihnen auch die Chance geben, die gegenwärtigen Veränderungen zu verstehen und zu begreifen, wie diese Veränderungen mit der Technologie zusammenhängen. Sie sollen von diesen Entwicklungen nicht nur getrieben werden in eine ungewisse und möglicherweise gefährliche Zukunft, sondern sie sollen sich als mündige BürgerInnen verhalten können, die sich in die Gestaltung der zukünftigen Gesellschaft einmischen. Dazu müssen sie nicht nur den Umgang mit den Medien erlernen, sondern ihre Produktionsbedingungen durchschauen und die Fähigkeiten erlangen, sie mitzugestalten.

5 Der Computer als instrumentales Medium, neue Theorieansätze in der Informatik

Im Computer sind zwei technische Entwicklungslinie vereinigt, die bis dahin getrennt voneinander waren: Er ist einerseits eine Maschine zur Rationalisierung von Arbeit in der Tradition der klassischen Maschinerie der industriellen Produktion. Er ist gleichzeitig aber auch ein Medium zur Speicherung, Darstellung und Übermittlung von Information und Kommunikation und steht so in der Tradition von Buchdruck, Telefon, Fernsehen. Die Bedeutung dieser zweiten Funktionalität tritt heute in den Vordergrund, ohne daß die erste, die der Verarbeitung, dabei verloren geht. Dieser Doppelcharakter drückt sich z.B. aus im Konzept der Interaktivität (Schelhowe 1997).

Die Anwendungen der Informatik haben sich in den vergangenen Jahren in ihrem Schwerpunkt verlagert, von einer „Rationalisierung geistiger Tätigkeiten" hin zu medialen Anwendungen durch weltweite Vernetzung und durch Zusammenfassung bisheriger Medien durch ihre Digitalisierung (Multimedia). Auch in den Grundlagen der Informatik kommt dies mehr und mehr durch geänderte Leitbilder und in der Forderung nach einem Paradigmenwechsel zum Ausdruck. So wird heute in der Wissenschaft Informatik deutlich, daß die Vorstellung, Informatik sei ausschließlich in der Tradition klassischer Ingenieurwissenschaften und der Mathematik zu sehen, wenig hilfreich ist, um den Computer als Medium zu verstehen und zu gestalten. Wenn informatische Bildung nach wissenschaftlichen Antworten auf die Fragen sucht, die sich aufgrund der gesellschaftlichen Veränderungen stellen, so muß sie sich auch an diesen fortgeschrittenen Diskussionen, Methoden und Leitbildern der Informatik orientieren.

In den „Communications of the ACM" vom Mai 1998 verweist Peter Wegner (1998) aus Sicht der Computing Science, aber auch der neueren Anwendungen, auf die Fragwürdigkeit der Algorithmik als *der* Grundlage der Informatik. Sein Beitrag trägt den Titel „Why Interaction Is More Powerful Than Algorithms". Er fordert einen Wandel in der Sichtweise der Grundlagen der Informatik, den er im Begriff der „interaction machine" faßt. In Deutschland haben Ute und Wilfried Brauer 1995 einen ähnlichen Richtungswechsel für die Informatik gefordert: Sie halten das klassische, sequentiell orientierte „Turing/Zuse-Paradigma" für ungeeignet, der wachsenden Bedeutung von Kommunikation und Kooperation im Zusammenhang mit dem Einsatz von Informationstechnik gerecht zu werden (Brauer/Brauer 1995).

Die Überbetonung der Algorithmik und des Programmierens im Informatikunterricht – eine Vorstellung, die Linearität statt Parallelität, Verarbeitung statt Speicherung, Hierarchie statt Vernetzung in den Vordergrund stellt – kann den heutigen Anforderungen nicht gerecht werden. Die Verarbeitung von Daten ist mit Sicherheit ein zentraler Faktor, um das Spezifikum des

Computers als eines neuartigen Mediums zu erklären. Gleichzeitig aber weisen uns sowohl die Anwendungen als auch die wissenschaftlichen Überlegungen der Informatik darauf hin, daß wir in der Schule die Aufgabe haben werden, den Computer als *Medium* zu erklären.

6 Einige Vorschläge für eine informatische Bildung, die das Interesse an den technologischen Bedingungen der Informationsgesellschaft aufgreift

Im folgenden wird (weiterhin) von „informatischer Bildung" gesprochen, wenn die Bildungsanforderungen gemeint sind, die im Zusammenhang mit den Anwendungen und Wirkungen des Computers in der Informationsgesellschaft entstehen. Dennoch möchte ich diesen Begriff umfassender verstanden wissen, als es die heutige Bildungspraxis in ITG und im Informatikunterricht an den allgemeinbildenden Schulen vorsieht. Es geht vielmehr um Medienkompetenz und die Förderung einer Medienkultur in einem umfassenderen Sinne.

Dabei ist von vornherein klar, daß es sich nicht um die Vermittlung technischer Kenntnisse im engen, klassischen Sinne handeln kann, sondern daß der spezifische Charakter von Software, die sich auf Symbolmanipulation, auf Informations- und Kommunikationsprozesse bezieht, zu berücksichtigen ist, daß daher die strikte Trennung zwischen technischer Bildung einerseits und sozialer, sprachlicher und musischer Bildung andererseits nicht sinnvoll ist. Wie diese Bildungsinhalte in die klassischen Fächer und Ausbildungsinstitutionen zu integrieren sind, wäre dann eine zweite Frage, die im Anschluß an eine inhaltliche Klärung zu stellen sein wird.

In Deutschland wird seit den 70er Jahren über die Aufgaben einer „Medienerziehung" diskutiert. Sie war traditionell ein Feld, auf dem man sich Gedanken darüber machte, wie SchülerInnen befähigt werden können, „kritisch" auf die (modernen) Medien zu reagieren und mit ihnen umzugehen. Medienerziehung bezog sich, sofern sie Eingang in die Schulfächer (in erster Linie Deutschunterricht, dann auch Kunst, Musik, Politik) fand, auf die *Inhalte* der Medien, vor allem von Literatur, von Rundfunk und Fernsehen. Der Computer kam bisher dabei nicht vor. Erst in einer Empfehlung der Bund-Länder-Kommission für Bildungsplanung und Forschungsförderung (BLK) von 1995 (Bund-Länder-Kommission 1995), die einen neuen Aufbruch für die Medienerziehung in der Schule markiert, spielt die Informationstechnologie eine zentrale Rolle. In diesem Orientierungsrahmen für die schulische Bildung wird festgehalten, daß Medien heute neben dem Elternhaus und der Schule die entscheidende Bedeutung in der Sozialisation von

Kindern und Jugendlichen haben. Es gelte nun in der Schule dazu beizutragen, daß SchülerInnen „Medienkompetenz" erhalten und zur Entfaltung einer „Medienkultur" beitragen können.

Heute wird deutlich, daß die klassische Trennung zwischen dem technischen Medium einerseits und dem Medieninhalt andererseits nicht mehr aufrechterhalten werden kann. Das hat schon McLuhan mit der oft zitierten Äußerung „the medium is the message" deutlich gemacht. Dies gilt um so mehr für den Computer: Software ist sowohl technisches Mittel (als Programme, die auf einer Maschine ausführbar sind) als auch Medien*botschaft*, die von einer Maschine „kommuniziert", von ihr (teilweise) erzeugt wird. So läßt sich auch in der Bildung die Unterscheidung zwischen technologischem Wissen auf der einen Seite und geisteswissenschaftlichem Umgang mit den Medieninhalten auf der anderen nicht mehr sinnvoll aufrechterhalten.

Wenn wir nun diese Voraussetzungen akzeptieren und wenn wir davon ausgehen, daß wir die nächste Generation darin unterstützen wollen, daß sie sich in der Informationsgesellschaft nicht nur zurechtfindet, sondern sie auch aktiv und verantwortlich mitgestalten kann, so stellt sich die Frage nach einer informatischen Bildung neu. Ich möchte einige Vorschläge dazu machen. Dabei möchte ich drei Dimensionen, die ähnlich auch im Orientierungsrahmen der BLK zur Medienerziehung vorkommen, unterscheiden:

Wir müssen junge Menschen befähigen, ein Computerprogramm gezielt auszuwählen – entsprechend den Absichten, die sie selbst verfolgen – und es kompetent zu benutzen.

Im Vergleich zur Praxis der bisherigen Ausbildung in der Sekundarstufe I, die oft darin besteht, daß man SchülerInnen anleitet, ein bestimmtes Textverarbeitungs-, ein Spreadsheet-Programm oder neuerdings auch einen Internetbrowser zu bedienen, muß das bedeuten, daß wir SchülerInnen dauerhafteres und übertragbares Wissen vermitteln. Ziel ist, daß sie Prinzipien im Umgang mit dem Computer kennenlernen, nicht eine spezielle Software der Firma X. Die jetzt existierenden Programme werden – spätestens wenn die SchülerInnen die Schule verlassen – veraltet sein. Aufgabe ist es, deutlich zu machen, was z.B. bei einer objektorientierten Oberfläche passiert, wenn wir das Symbol einer Datei anklicken. Die SchülerInnen müssen verstehen, daß beim Computer zu jeder Datei ein Programm gehört, mit dem sie erstellt wurde, und daß ein objektorientierter Umgang darin seinen Ausdruck findet, daß das Objekt „weiß", welche Aktivität „zu ihm paßt" und so der BenutzerIn die Mühe abnimmt, zuerst an dieses Programm denken zu müssen.

Solches Wissen ist notwendig, damit SchülerInnen begreifen können, daß Computer und Computerprogramme nicht eine festgefügte und fest vorgegebene Technik sind. Wir müssen dieses Bewußtsein schärfen, indem wir für sie die Leistungen, die Stärken und Schwächen *unterschiedlicher* Programme erfahrbar machen. SchülerInnen sollen in der Lage sein, diese zu überprüfen, die für ihre Zwecke und ihre Denkstrukturen geeigneten Programme auszuwählen und zu installieren.

Dies bedeutet aber auch mehr als die Kenntnis verschiedener Computerprogramme, ihrer Funktionalität und ihrer Benutzungsschnittstellen. Es bedeutet vor allem, daß die SchülerInnen in der Lage sind, ihr eigenes Anliegen und ihre eigenen Lernstile und -methoden gut zu analysieren und zu verstehen. Sie müssen ihre Bedürfnisse ernstnehmen und diese als Maßstab nehmen, um Technologie einzusetzen. Nur so können sie das richtige Werkzeug oder Medium für den jeweiligen Zweck auswählen bzw. die vorhandenen Medien kritisch betrachten. Das heißt, daß wir auch in der Schule Computerprogramme nicht per se einsetzen, sondern erst nachdem wir mit den SchülerInnen eine Aufgabenstellung entwickelt und geklärt haben, welchen Nutzen wir bei ihrer Lösung vom Computer erwarten können.

Die SchülerInnen sollen die Bedingungen, unter denen Computer arbeiten und angewendet werden, verstehen.

Die SchülerInnen erfahren den Computer heute in der Freizeit, aber auch über Kampagnen wie „Schulen ans Netz" als ein neues *Medium.* Computer sehen sie als Mittel zur Speicherung, Darstellung und Vermittlung von Information und Kommunikation. Wir müssen ihnen die Neuartigkeit dieses Mediums als eines „instrumentalen Mediums" deutlich machen. Nur so können seine Interaktivität und seine spezifische Rolle in der Gesellschaft erklärt werden.

Dies können wir z.B. sichtbar machen, wenn wir auf die unterschiedliche Wahrnehmung des Computers in der Geschichte seiner Anwendungen zurückblicken: War er zunächst nichts anderes als ein calculator, eine Maschine, die der Rationalisierung des Rechnens und der Rationalisierung geistiger Arbeit dienen sollte, so wurde er mit den Techniken der Direkten Manipulation immer mehr als ein Werkzeug gesehen: Ein Werkzeug, mit dem eine BenutzerIn selbst „Dinge" bearbeiten konnte, statt sie bloß an eine Maschine zu delegieren. Die maschinelle Verarbeitung findet im Hintergrund, verborgen vor den Augen der BenutzerIn statt. Der heute vorherrschende Eindruck eines Mediums kann entstehen, weil die maschinellen Prozesse, die zur Erzeugung einer Virtuellen Realität und zum Umgang damit erforderlich sind, noch mehr versteckt sind.

Um die Produktionsbedingungen des Computers, unseren Umgang mit ihm und seine Wirkungen zu verstehen, müssen wir wissen, was die „Interaktivität" des Computers bedeutet, wie unsere Zeichenprozesse zu rein syntaktischen Prozessen werden, sobald sie in der Maschine, hinter der Schnittstelle ablaufen und warum dennoch der faszinierende Eindruck entstehen kann, daß der Computer „Bedeutung" erkenne und mit uns kommuniziere (Nake 1995).

Wir können die Neuartigkeit dieses Mediums als eines „Mediums aus der Maschine" an Beispielen deutlich machen: Was bedeutet es z.B., wenn wir im Internet eine Suchmaschine benutzen? Wie müssen wir eine Anfrage formulieren, damit sie von einem Computerprogramm „verstanden" und sinnvoll bearbeitet werden kann? Was tun Suchmaschinen mit dieser Anfrage? Wie werden die Zeichen, die wir eingeben, in Zusammenhang gebracht mit den Dokumenten, die von anderen ins Netz gestellt worden sind? Nur wenn wir die Funktion des Computerprogramms als eine Maschine, die Daten verarbeitet, begreifen und wenn wir eine Vorstellung von den Algorithmen haben, die dabei ablaufen, werden wir in der Lage sein, die gelieferten Ergebnisse und das von der Suchmaschine dargestellte „Ranking" richtig zu bewerten und für unsere Zwecke zu nutzen.

Die SchülerInnen sollen Voraussetzungen dafür bekommen, daß sie auf die Gestaltung der Technologie und ihrer Anwendungen in der Gesellschaft Einfluß nehmen können.

Eine Voraussetzung dafür, daß SchülerInnen zur Mitgestaltung befähigt werden, ist die kompetente Beherrschung und ein Verständnis der Technologie, wie dies in der ersten und zweiten These zum Ausdruck kommt.

SchülerInnen müssen aber darüber hinaus auch ein Verständnis davon haben, wie Software entsteht. In den Lehrplänen des Informatikunterrichts für die Sekundarstufe II ist in den meisten Bundesländern – dies allerdings meist erst im 13. Jahrgang, wo Mädchen nicht mehr dabei sind – vorgesehen, daß im Rahmen eines Projektes eingeführt wird in die Methodik der Entwicklung größerer Software-Systeme (Softwareengineering), so daß SchülerInnen erkennen können, wo welche Entscheidungen getroffen werden und wo dementsprechend auch NutzerInnen und Betroffene Einfluß nehmen können auf die Gestaltung von Software. Einige Empfehlungen nehmen ausdrücklich Bezug auf Vorstellungen von einer partizipativen oder kooperativen Softwareentwicklung, wie sie in der Informatik vor allem als „Skandinavischer Weg" bekannt geworden sind. Dies ist eine der Möglichkeiten, SchülerInnen die Vorstellungen von der Gestaltbarkeit der Technologie nahezubringen. Auch die Fähigkeit, den Prozeß der Modellbildung nachvollziehen und den Entstehungsprozeß von Simulationen verstehen zu können, gehört zu diesen Voraussetzungen.

Wenn wir an den Computer und die Computernetze als Medium der Information und Kommunikation denken, so sollte eine Zielsetzung lauten, daß SchülerInnen das Netz dafür nutzen lernen, sich selbst und ihre eigenen Anliegen zum Ausdruck zu bringen, sich mit anderen darüber zu verständigen, eine Öffentlichkeit für ihre Interessen herzustellen und dabei die Interessen anderer zu berücksichtigen. Sie müssen dazu den Computer in seiner Funktion, die sowohl die der bisherigen Massenmedien als auch die von Zwei-Weg-Medien umfaßt, begreifen und nutzen können.

Diese Vorstellungen gehen über ein Training in der Benutzung von Computerprogrammen oder im Schreiben von HTML-Code hinaus. Sie erfordern z. B. ein Nachdenken darüber, wie Dokumente ansprechend und schön gestaltet werden können und über den Zusammenhang von Inhalt und Form der Darstellung. Sie erfordern auch eine Reflexion über das, was einer anonymen Öffentlichkeit mitgeteilt werden, was nur mit einer kleinen, begrenzten Gruppe geteilt werden, was privat bleiben soll. Dies muß die Entscheidung darüber bestimmen, welche Art elektronischer Kommunikation (E-Mail, Newsgroup, WWW...) der oder die einzelne nutzt. Das beinhaltet letztendlich auch eine Diskussion ethischer Fragen und eine Reflexion der Veränderungen im Verhältnis zwischen privatem und öffentlichem Raum in der Informationsgesellschaft.

Schließlich gehört zum Bereich informatischer Bildung auch das Wahrnehmen und die Diskussion der grundlegenden gesellschaftlichen Veränderungen, soweit sie mit dem Computer in Zusammenhang stehen: Die Veränderungen in der Erwerbsarbeit, die Verschiebung der Schwerpunkte von der Produktions- zur Informationsarbeit, die Änderungen im Freizeitverhalten, die zunehmende Virtualisierung von Erfahrungen und anderes mehr.

7 Die Interessen von Mädchen als Ausgangspunkt

Der an Algorithmik- und an Programmentwicklung orientierte Informatikunterricht, der heute die Regel ist, ist zu einer Veranstaltung für technikbegeisterte Jungen geworden. Es haben sich nicht nur die Mädchen aus den Informatikkursen der Oberstufe fast vollständig verabschiedet, sondern auch das Interesse der männlichen Jugendlichen an diesem Fach ist rückläufig. Der Informatikunterricht dient nicht dazu, die Bedeutung der Computertechnologie in unserer Gesellschaft verstehen zu lernen, sondern dazu, Spezialisten zu fördern und eine Ausbildung im Programmieren zu leisten, eine Fähigkeit, die nur von sehr wenigen gebraucht wird. Demgegenüber sollten wir auf eine informatische Bildung hinarbeiten, die wirklich allgemeinbildend ist. Ich glaube, daß wir dazu von Mädchen und Frauen, von ihren Bedürfnissen und von ihren Fragen lernen können.

Gerade bei Frauen und Mädchen können wir erwarten, daß sie offen sind für die *Neuartigkeit* dieser Technologie, die durch eine bloße Fortschreibung alter Ingenieurkultur eher verdeckt wird. Gerade bei ihnen kann ein besonders innovativer, nicht durch bisheriges Technikverständnis belasteter Zugang vermutet werden, wenn wir die Rolle der Informationstechnologie im Rahmen der Allgemeinbildung neu betrachten wollen. Für Mädchen erscheint die Informationstechnologie gerade in ihrer Neuartigkeit interessant, während Jungen und Männer mit einem traditionellen Technikzugang eher die Kontinuität zur klassischen (Maschinen-)Technik sehen. Gerade mit der Medienorientierung ist es erforderlich, sich von alten Vorstellungen freizumachen und die Spezifika von Software, in ihrer Interaktivität und ihrer Zeichenhaftigkeit (im Unterschied zur Materialität von Hardware), die sie von bisheriger Technik unterscheidet, zum Schwerpunkt des Zugangs zu machen. In dieser Beziehung scheinen Mädchen und Frauen – schon dadurch, daß sie keinem Profilierungszwang unterliegen, sich nicht als „Technikfreaks" beweisen müssen – unbelasteter zu sein und daher offener für innovative Ideen über das, was sie über diese Technologie wissen wollen und müssen, um Medienkompetenz und Medienkultur entfalten zu können. Dem kommt andererseits entgegen, daß das „Medium" Computer im Unterschied zur „Maschine" oder zum „Werkzeug" Computer bislang noch wenig(er) geschlechtsspezifisch besetzt scheint, sich hier also neue Chancen für einen geschlechtsunabhängigen Zu- und Umgang ergeben.

Ich möchte in der pädagogischen Neubestimmung einer informatischen Bildung für die Informationsgesellschaft weniger für eine spezifische Mädchenbildung und einen mädchenspezifischen Zugang plädieren, auch nicht dafür, Mädchen in einer besonderen Betroffenheit oder Benachteiligung in bezug auf technische Bildung wahrzunehmen. Vielmehr glaube ich, daß wir – wenn wir die oben genannten allgemeinen Zielsetzungen konkretisieren wollen – uns in besonderer Weise auf die Mädchen und ihre Ausgangslage werden stützen können. Wir könnten somit in eine Situation kommen, wo wir diese nicht als ein Nachholen technologischer Bildung für Mädchen oder das Errichten einer Nische für Mädchen sehen, sondern wir könnten in die Offensive kommen in der pädagogischen Debatte um Technologiezugang.

Ausblick

Die hier dargestellten Aufgaben für eine informatische Bildung möchte ich als einen Vorschlag und eine Anregung für die Diskussion verstanden wissen. Ihre Konkretisierung wäre noch zu leisten – mit Mädchen und Frauen und mit denen, die Erfahrungen in der Mädchenbildungsarbeit haben. Ich bin jedenfalls überzeugt, daß wir in unserer Diskussion um die Bildung, die wir der nächsten Generation mitgeben wollen, deutlich weitergehende Prioritäten setzen müssen, als es mit einer Parole „Schulen ans Netz" getan ist.

Das heißt nicht, daß wir statt eines handlungsorientierten, erfahrungsgeleiteten Unterrichts zu einer althergebrachten Methode trockener Vermittlung theoretischen Wissens zurückkehren müssen. Vielmehr bedeutet es für die Planung des Unterrichts, daß wir die Lernumgebungen für die SchülerInnen sorgfältig planen und arrangieren, damit sie dort das lernen können, was sie für ein selbstbestimmtes und verantwortungsvolles Handeln in der Welt brauchen werden.

Was ich unter informatischer Bildung verstehe, ist dabei nur ein (kleiner) Teil dieser Aufgabe. Notwendig ist insgesamt eine Stimmung des Aufbruchs und eine pädagogische Neubestimmung der Aufgabe der Schule in der Informationsgesellschaft. Das heißt, neben einer informatischen Bildung z.b. auch, darüber nachzudenken, welche Fähigkeiten die SchülerInnen brauchen werden als *Ausgleich* zu einer von Technologie geprägten Umwelt.

Literatur

Brauer, Wilfried; Brauer, Ute: Informatik – das neue Paradigma. Änderungen von Forschungszielen und Denkgewohnheiten der Informatik. In: LogIn Nr. 15, Heft 4, 1995, S.25-29

Bund-Länder-Kommission für Bildungsplanung und Forschungsförderung: Medienerziehung in der Schule. Orientierungsrahmen. Bonn 1995

Funken, Christiane; Hammerich, Kurt; Schinzel, Britta: Geschlecht, Informatik und Schule. Oder: Wie Ungleichheit der Geschlechter durch Koedukation neu organisiert wird. Sankt Augustin: Academia Verlag 1996

Håpnes, Tove; Rasmussen, Bente: The Production of Male Power in Computer Science. In: Anna-Maija Lehto/Inger Eriksson (Eds.): Women, Work and Computerization. Precedings, Helsinki 1991, S.407-423

Nake, Frieder: Vom Batch Processing zu Direct Manipulation: ein Umbruch im Umgang mit Computern. In: Hurrle, Gerd; Jelich, Franz-Josef (Hrsg.): Vom Buchdruck in den Cyberspace? Mensch-Maschine-Kommunikation. Marburg: Schüren 1995, S.28-44

Papert, Seymour: Revolution des Lernens. Kinder, Computer, Schule in einer digitalen Welt. Hannover: Heise 1994 (engl. Original 1993)

Schelhowe, Heidi: Das Medium aus der Maschine. Zur Metamorphose des Computers. Frankfurt: Campus 1997

Turkle, Sherry: Seeing Through Computers. Education in a Culture of Simulation. In: The American Prospect No. 31, March-April 1997, S.76-82

Volmerg, Birgit; Creutz, Annemarie; Reinhardt, Margarethe; Eiselen, Tanja: Ohne Jungs ganz anders? Geschlechterdifferenz und Lehrerrolle am Beispiel eines Schulversuchs. Bielefeld: Kleine 1996

Wegner, Peter: Why Interaction Is More Powerful Than Algorithms. In: CACM, May 1997, Vol. 40, No.5, S.81-91

Veronika Oechtering

Frauengerechte Hochschulausbildung in technischen Studiengängen

1 Reformen sind überfällig

Ein langer Atem war nötig: Knapp 100 Jahre nachdem die Frauen in Deutschland das langerkämpfte Immatrikulationsrecht erhielten, stellten sie im Wintersemester 1997/98 erstmals mehr als die Hälfte aller Studierenden. Etwas Anderes, ebenso heftig Umstrittenes wurde dabei fast übersehen: Zur selben Zeit haben sich Studentinnen im ersten Frauenstudiengang an einer deutschen Hochschule immatrikuliert. Und für das kommende Wintersemester sind bereits zwei weitere Frauenstudiengänge angekündigt. Bemerkenswert ist, daß diese drei Studiengänge im technisch-wirtschaftlichen Bereich liegen. Es scheint nach vielen Jahren wissenschaftlicher Forschungen und hochschulpolitischer Debatten tatsächlich ein Moment erreicht zu sein, der geringen Beteiligung von Frauen in technischen Bildungsbereichen und Berufen mit durchgreifenden Veränderungen begegnen zu wollen. Denn nicht Defizite von Frauen sind für ihre marginale Zahl verantwortlich, sondern vor allem strukturelle und kulturelle Bedingungen sowie gesellschaftliche Stereotype von männlicher Technikkompetenz und weiblicher Technikdistanz.

„Will man nicht schon zu Schulzeiten damit beginnen, so eröffnet das Studium doch letztmalig die Chance, den Absolventinnen all jene Eigenschaften zu vermitteln, die es ihnen erlauben, den Berufseinstieg nicht notwendigerweise mit der Übernahme des (...) selbstbeschränkenden Rollenverhaltens koppeln zu müssen. Hierzu muß die Hochschule aber entsprechende Freiräume bereithalten, in denen geschlechtsfremde Einschätzungen keine Rolle spielen. Einen solchen Freiraum bietet der Modellversuch ‚Frauenspezifisches Studienangebot Wirtschaftsingenieurwesen' an der Fachhochschule Wilhelmshaven." (Schneider u.a. 1997, S. 54)

„Wenn das 21. Jahrhundert ein *Jahrhundert der Ingenieure* wird, (...) dann sind mit Nachdruck die Ingenieurinnen gefragt. Ihre besonderen Interessen und Fähigkeiten zu mehr Interdisziplinarität, Kommunikation und eher ganzheitlichem Denken haben sie gerade für den technischen Dienstleistungssektor interessant gemacht. Viele der attraktiven Berufe der Zukunft werden hier zu finden sein. Neue Ingenieurstudiengänge setzen nun auch bei den Berufswünschen von Frauen an, die ihr Interesse an einer Zusammenarbeit mit Menschen, an Beratung und Marketing, mit einer breiten Palette beruflicher Möglichkeiten im Energiesektor verbinden wollen. Mit dem Frauenstudium Energieberatung und -marketing wird die Fachhochschule Bielefeld Frauen gezielt Chancen auf einem sich rasant entwickelnden Markt einräumen, an dem sie bisher nur mit unter 3 Prozent beteiligt waren." (Fachhochschule Bielefeld 1998, S. 2)

„Die Fachhochschule Aalen, Hochschule für Technik und Wirtschaft, plant in Kooperation mit der Pädagogischen Hochschule Schwäbisch Gemünd zum kommenden Wintersemester die Einführung eines Studiengangs ‚Mikro- und Feinwerktechnik/Mechatronik' speziell für Frauen. (...) Die Beweggründe für das Projekt sind die unverändert geringen Zahlen weiblicher Studierender in allen technischen Fachbereichen. Durch dieses neue Angebot erhofft sich die Fachhochschule Aalen, Frauen stärker für die Aufnahme eines ingenieurwissenschaftlichen Studiums motivieren zu können. Es ist geplant, studienbegleitend die Inhalte und Formen der Veranstaltungen didaktisch zu überarbeiten. Dieser Part wird von der Pädagogischen Hochschule Schwäbisch Gmünd übernommen." (Möckel 1998)

Diese hochschulpolitisch radikalen Schritte sind offensichtlich nicht allein aus dem Bemühen um Frauengleichstellung erwachsen. Sie sind vielmehr einzuordnen in die breite Debatte um die Qualität der Hochschulausbildung insgesamt und um die Orientierung an neuen beruflichen und gesellschaftlichen Anforderungen an TechnikerInnen.

In einer Vielzahl von Modellprojekten, die unterschiedliche Studienphasen betreffen, werden beispielsweise Grad und Formen der Praxisorientierung im Verhältnis zur wissenschaftlichen Grundlagenausbildung, Interdisziplinarität, Studiendauer, neu einzuführende Studienabschlüsse oder Internationalität verhandelt. Mancherorts sind dem bereits grundlegende Reformen gefolgt. Vor allem angesichts der seit Anfang der neunziger Jahre stark gesunkenen Studierendenzahlen in den Technikwissenschaften[1] und dem mittelfristig damit verbundenen Verlust an personeller und finanzieller Ausstattung bemühen sich zahlreiche Studiengänge um verbesserte Studienbedingungen. An einigen Orten wurden dabei auch die Frauen als neue oder verlorene Zielgruppe ins Licht gerückt.

Die eingangs erwähnten Frauenstudiengänge stehen somit im weiten Kontext spezifischer Projekte zur Motivation von Frauen in ingenieurwissenschaftlichen Fächern. Insgesamt ergibt sich mittlerweile eine solide Ausgangsbasis an theoretischen und praktischen Veränderungsmöglichkeiten im Interesse von Frauen. Dieses Spektrum an Experimenten möchte ich im folgenden anhand ausgewählter Beispielen vorstellen und die Ansätze in die allgemeine Hochschulstrukturdebatte einordnen. Es ist inzwischen deutlich geworden, daß auf diese Weise keine schnellen Veränderungen des Interesses von Frauen und Mädchen erreicht werden können. Vielmehr bedarf es weitergehender sehr unterschiedlicher und dauerhafter Rahmenbedingungen, um Frauen für ein technisches Studium zu motivieren. Keinesfalls stellt ein kurzfristiges Interesse der Studiengänge an einer Bedarfsdeckung für vorhandene Studienplätze eine hinreichende Grundlage für nachhaltige Verbesserungen dar.

---

1 Die Informatik wurde ebenfalls durch die Beschäftigungskrise im Ingenieurbereich beeinflußt, baute jedoch zunächst größere Überlastquoten ab und konnte sich inzwischen auf eine vollständige Auslastung der Studienplätze hin stabilisieren.

2 Ebenen der Hochschulreform

2.1 Wissenschaftspolitische Rahmensetzungen

In technischen Berufsbereichen befinden sich Frauen überwiegend auf der Ebene der Assistenzberufe und so gut wie nie in einflußreichen Positionen in Industrie, Wissenschaft oder Politik. Mit den vorhandenen technologiebasierten Zukunfts- und Fortschrittserwartungen, die heutzutage gerade auch in der Debatte um die Informationsgesellschaft intensiv ausgemalt werden, liegen demnach fast ausschließlich männliche Gesellschaftsprojektionen vor.

Gleichzeitig zielt die laufende Hochschulstrukturreform in allen Bundesländern auf den Ausbau technischer Fächer und Forschung ab, verbunden mit dem Abbau von sozial- und geisteswissenschaftlichen Kapazitäten. An den Hochschulen erweisen sich diese wissenschaftspolitischen Reformziele als äußerst widersprüchlich, denn immerhin nehmen etwa 40 Prozent aller Frauen und Männer eines Jahrgangs ein Studium auf, wobei die Studienangebote in Technikfächern bisher kaum den Interessen von Frauen entsprechen. Es kann demnach keine Rede von der Gleichberechtigung von Frauen sein, solange ihnen die Verwirklichung ihrer Studieninteressen im sozial- und geisteswissenschaftlichen Bereich durch den Kapazitätsabbau erschwert oder gar unmöglich gemacht wird, ohne gleichzeitig die technischen Studienrichtungen frauengerecht zu verändern. Politische EntscheidungsträgerInnen haben sich diesem Widerspruch bisher nicht gestellt.

Deutlich negative Folgen haben auch die Streichungen umfangreicher finanzieller Unterstützungsmaßnahmen für Frauen, die über den sogenannten Zweiten Bildungsweg ein Studium aufnehmen wollen. Diese Gruppe hat in früheren Jahren einen wesentlichen Teil der Technikstudentinnen ausgemacht.

Notwendig sind Diskussionen unter Frauen und Männern über gesellschaftliche Veränderungen durch Technologien und über den verantwortungsbewußten Umgang damit. Frauen sind die Mitsprache- und Mitentscheidungsrechte durch aktive Maßnahmen zu gewährleisten. Es ist eine Aufgabe der Hochschulen, *beiden Geschlechtern* die dazu notwendigen Qualifikationen zu vermitteln.

2.2 Berücksichtigung von Fraueninteressen in einzelnen Studienphasen

Zahlreiche Reformen in technischen Studiengängen bieten die Chance, das herrschende Geschlechterverhältnis zu thematisieren und neue Wege vorzuschlagen, um den Zugang für Frauen zu technischen Hochschulausbildungen und ihren Verbleib darin zu erleichtern. Die zentralen Ansatzpunkte für bereits durchgeführte oder noch laufende Studienreformen im Interesse von Frauen bilden

- die Neugestaltung der Studienvorbereitungs- und Einführungsphase,
- der Erwerb oder die Auffrischung von Kenntnissen bezüglich mathematischer, programmiertechnischer oder fachpraktischer Grundlagen,
- die Neukonzeption von Lehrveranstaltungen,
- der Erwerb von Berufsfähigkeiten,
- die Praxisintegration in das Studium,
- monoedukative Lehre sowie
- Weiterbildungsangebote für Frauen.

Das Gemeinsame dieser Projekte ist, daß sie neben dem Inhalt der Lehre insbesondere auch die Studienkultur sowie die Vorphasen eines Studiums und den Übergang in den Beruf als tendenziell Frauen ausgrenzende Faktoren analysieren und hier neue Konzepte anbieten. Um die genannten Reformpunkte zu verdeutlichen, werde ich nun jeweils die grundsätzliche Ausgangslage, beispielhafte Projekte[2] und bereits erzielte Ergebnisse vorstellen. Dabei ist zu berücksichtigen, daß das Reformpotential einzelner Projekte immer nur auf bereits Vorhandenem aufbauen kann. Hier bieten die historisch gewachsenen Hochschulstrukturen sicherlich sehr unterschiedliche Voraussetzungen, so daß jeweils spezifische Ansatzpunkte für eigene Reformen gesucht werden müssen.

Neugestaltung der Studienvorbereitungsphase

Gemeinsames Ziel der Reformvorhaben zur Neugestaltung der Studienvorbereitung ist es, das vorherrschende Bild von technischen Studienfächern und Berufsfeldern bei Schülerinnen und allgemein in der Öffentlichkeit zu korrigieren. Durch die *Öffnung der Hochschulen* wird versucht, eine aktive Schnittstelle zwischen Schule, Beratungsinstitutionen wie Arbeitsamt und Studienberatung sowie der breiten Öffentlichkeit zu bilden. Mit den Erfahrungen von Technikerinnen aus den Hochschulen sollen Mädchen und Frauen Mut gemacht werden und die Zugänge zum Studium sowie die Berufsfelder aufgezeigt werden. Viele derartiger Projekte werden von den Studiengängen gemeinsam mit den Frauen- bzw. Gleichstellungsbeauftragten der Hochschulen umgesetzt.

Diese Projekte sind relativ breit angelegt. Eine ihrer zentralen Aufgabenstellungen ist es, den Schülerinnen fehlende Vorstellungen über die Tätigkeitsfelder und Studienbereiche verschiedener Fachdisziplinen wie z.B. Bauingenieurwesen, Maschinenbau, Elektrotechnik, Physik, Mathematik, Chemieingenieurwesen, Umwelttechnik zu vermitteln. Sie bieten Informatio-

---

2   Die Projekte stellen nur eine Auswahl dar. Es werden vor allem laufende sowie gut dokumentierte abgeschlossene Projekte berücksichtigt (vgl. auch Diegelmann u.a. 1994).

nen über Technikstudiengänge in Form von Schnuppertagen in den Studiengängen, Sommeruniversitäten für Schülerinnen, Betriebspraktika in der oder vermittelt durch die Hochschule, Diskussionsrunden für die gesamte Schulöffentlichkeit, schriftliche Materialien bis hin zu Unterrichtseinheiten für den berufskundlichen Unterricht an Schulen. Die folgende Aufstellung listet eine Auswahl von Projekten zur Studienvorbereitung auf:

Projekte zur Studienvorbereitung (Auswahl)

- *Sommeruniversität für Frauen in Naturwissenschaft und Technik, Universität/ Gesamthochschule Duisburg*
  Seit 1990 gibt es jährlich in den Sommerferien spezielle Projektwochen für Schülerinnen der Oberstufe, in denen verschiedene Fächer vorgestellt werden. http://www.uni-duisburg.de/Akzent/somuni.htm

- *Schülerinnenprojektwoche – Technik sollte nicht allein den Männern überlassen bleiben, Ruhr-Universität Bochum*
  In Form von Workshops für Schülerinnen wurden im Herbst 1997 die Studien- und Berufsbilder der Diplom-Ingenieurinnen für Elektrotechnik, Bauingenieurwesen und Maschinenbau vorgestellt. http://crusher.et.ruhr-uni-bochum.de/~fsr/ spw1.htm

- *Schülerinnen-Techniktag an der Universität Kaiserslautern*
  Seit 1995 werden regelmäßig fächerübergreifend Schülerinnen aus ganz Rheinland-Pfalz zu studienpraktischen wie berufsbezogenen Informationsveranstaltungen eingeladen. http://www.uni-kl.de/Frauenbuero/TECHTAG.HTM

- *Sommerhochschule Natur- und Ingenieurwissenschaften, gemeinsam veranstaltet von der Fachhochschule und der Universität Oldenburg*
  Eine Woche lang werden seit 1996 jährlich spezielle Vorlesungen und Praxiseinblicke in einer Vielzahl von Studiengängen angeboten. Zugleich wird auf die Unterschiede zwischen Fachhochschul- und Universitätsstudium eingegangen. http://www.fh-oldenburg.de/modellvo/sommer2.htm

- *Informatik-AGs der Fakultät für Informatik an der Universität Stuttgart*
  Ein Team von Informatikerinnen und Informatikern bietet seit Anfang 1997 Arbeitsgemeinschaften für Schülerinnen der Oberstufe an. Eine AG läuft über vier Monate und umfaßt Vorbereitungskurse, Fachvorträge von WissenschaftlerInnen, Podiumsdiskussionen mit Gästen aus der Industrie sowie Kontaktveranstaltungen mit Mitgliedern der Fakultät. http://www.informatik.uni-stuttgart.de/ipvr/as/ projekte/frauen/seminar.html

- *Technik zum Be-Greifen, TU Braunschweig*
  Von 1993 bis 1996 wurden im Laufe eines Projekts Angebote konzipiert, die Schülerinnen den praktischen Umgang mit Technik ermöglichen, insbesondere durch dreiwöchige Betriebspraktika, Betriebserkundungen und Mädchen-Technik-Erlebnistage; zudem wurde über weibliche Identifikationspersonen ein Einblick in den Studien- und Wissenschaftsalltag gegeben (Wender u.a. 1997).

Entscheidend ist, daß das Engagement zu spezifischen Aktionen für Frauen direkt aus den Fächern kommt. Auch wenn Abiturientinnen zunächst nach

Fachinteressen ein bestimmtes Studium wählen, so sind ihnen die Schwierigkeiten von Ingenieurinnen bei der Suche nach Arbeitsplätzen sehr wohl bewußt, genauso wie die problematische Vereinbarkeit von Erwerbstätigkeit und Kindererziehung. Viele Abiturientinnen lehnen es ab, sich von vornherein als Individualistinnen in der Ausbildung und später in der Berufstätigkeit zu begreifen. Hier ist dringend erforderlich, auf die vorhandenen Netzwerke von Technikerinnen hinzuweisen und diese aktiv in die Beratungskonzepte mit einzubeziehen. Die bewußte Motivierung *durch Frauen* ist darüber hinaus für beide Geschlechter ein wichtiger Aspekt. Sie bietet Anlaß, auch mit Jungen über die Erwerbstätigkeit von Frauen in technischen Berufen allgemein und bezogen auf ihre Erwartungen an eine Lebenspartnerin zu diskutieren. Dieser Aspekt kann im Schulunterricht in vielen Zusammenhängen aufgegriffen werden. Alle Erfahrungen mit den Schulen, insbesondere den Lehrkräften, mit den Studien- und BerufsberaterInnen sowie mit Presseleuten machen deutlich, daß es häufig sowohl an Fachkenntnissen bezogen auf ein Technikstudium wie auch bezogen auf die Situation von Frauen in der Technik mangelt (Kreowski u.a. 1997). Nur wenn FachvertreterInnen den Dialog mit diesen Gruppen innerhalb und außerhalb der Hochschulen aufnehmen und kontinuierlich fortsetzen, sind Änderungen möglich. Nicht zuletzt sind gut aufbereitete Informationsmaterialien unerläßlich, die fächerbezogen gezielt Frauen ansprechen.

Über diese Ansätze hinaus scheint es dringend erforderlich, innerhalb der Hochschulen gezielt Informationsveranstaltungen für Studentinnen aller Fächer durchzuführen, die einen Fachwechsel in technische Studiengänge erwägen. Studieninformationsangebote für Schülerinnen genügen nicht den differenzierteren Erwartungen und Bedürfnissen dieser Zielgruppe. Hier gilt es, neue Konzepte zu entwickeln, die einerseits fachinhaltliche Anforderungen darstellen, andererseits die Anerkennung bereits erbrachter Studienleistungen und Fragen der Studienfinanzierung aufgreifen.

Neugestaltung der Studieneinführungsphase

Frauen bringen andere Vorkenntnisse und Erwartungen an eine technische Studienausbildung mit als ihre männlichen Kommilitonen (Möller u.a. 1995, Schinzel 1997, Schwarze 1998). Beispielsweise haben sie als Abiturientinnen andere Fächerkombinationen absolviert oder während einer Berufstätigkeit vor dem Studium in andern Praxisfeldern gearbeitet. Nicht zuletzt hat die Militärzeit bei vielen Technikstudenten das soziale Verhalten geprägt. Dies alles wird im Laufe des Studiums immer wieder, teilweise auch nur sehr subtil, relevant (Engler/Faulstich-Wieland 1994) und bringt für Studentinnen häufig Probleme mit sich. Ein bewußter Umgang mit solchen Situationen läßt sich nur erreichen, wenn die Frauen sich untereinander vernetzen und ihre Erfahrungen austauschen. Zugleich ist es notwendig, die Ausrichtung der Technikstudiengänge an diesen männlichen Biographien abzuschaffen.

Um die Kontakte von Frauen innerhalb eines Semesters, semester- oder sogar fächerübergreifend zu unterstützen (vor allem wenn sich ausgesprochen wenige Frauen in einem Jahrgang befinden) und so einen Ausgleich zur Minderheitensituation im Studium zu bieten, haben sich spezielle Einführungsangebote für Studentinnen als sinnvoll erwiesen. Zusätzlich zur sonst üblichen Einführungswoche für alle Studierenden des ersten Semesters stellte beispielsweise der Paderborner Modellversuch ein Konzept einer ‚Infowoche' für Erstsemestlerinnen verschiedener Technikfächer zusammen (Möller u.a. 1995). Thematisch gliedert sie sich in drei Bereiche: zu Inhalten, Lern- und Arbeitsweisen der gewählten Studienrichtung, zum Studium als soziale Situation, zu Berufsfeldern und Erwerbstätigkeit als Teil weiblicher Lebensplanung. In dieser Woche bieten beispielsweise Technikeinführungen von Fachfrauen für zukünftige Fachfrauen einen guten gemeinsamen Einstieg in das Studium und schaffen Kontakte, die in den folgenden Monaten und Jahren hilfreich sind und aktiv genutzt werden. Betriebsbesichtigungen und Kontakte zu berufstätigen Ingenieurinnen schaffen weitere Möglichkeiten zum Kennenlernen weiblicher Vorbilder und zur sinnvollen Studienvorbereitung. Die Hochschulen signalisieren durch diese Angebote ihren Studienanfängerinnen, daß sie deren Studienfachwahl ernst nehmen und ihr fachliches Interesse fördern wollen. In Paderborn und auch an der ETH Zürich sind derartige Angebote ein Element eines abgestuften Gesamtkonzepts, das während des gesamten Studiums weitere Angebote für Frauen bereit hält. Der Studiengang Informatik der ETH hat dazu ein Mentorinnen-System entwickelt, das von wissenschaftlichen Mitarbeiterinnen getragen wird.

Projekte zur Studieneinführung (Auswahl)

- *BLK-Modellversuch ‚Förderung von Studentinnen im Grundstudium in natur- und ingenieurwissenschaftlichen Fächern', U-GH Paderborn*
  Seit Herbst 1991 werden fächerübergreifende Infowochen für Studienanfängerinnen in Technikfächern angeboten (Möller u.a. 1995).

- *Mentoring-System, Department Informatik der ETH Zürich*
  Seit Anfang 1997 werden allen Studentinnen, die Interesse daran haben, wissenschaftliche Mitarbeiterinnen vermittelt, um in persönlichem Kontakt Erfahrungen auszutauschen und in Problemsituationen zu helfen. Dies bildet einen Teil eines umfassenden Frauenförderungsprogramms. Ausführliche Informationen unter http://www.inf.ethz.ch/personal/kemme/frauen/nav_bar.html

Erwerb oder Auffrischung von mathematischen, programmiertechnischen oder fachpraktischen Grundlagen

Die rasante Entwicklung neuer Technologien überfordert die Anpassungsfähigkeit fast aller Ausbildungseinrichtungen in der Vermittlung der notwendigen neuen Fertigkeiten. Zum einen sind beim Lehr- und Ausbildungspersonal vielerorts Wissensdefizite festzustellen, zum anderen entspricht die technische und organisatorische Ausstattung der Institutionen oft nicht den ständig wachsenden Erfordernissen. In technischen Studiengängen sind zwar die neuesten technischen Geräte vorhanden, hier mangelt es jedoch an einer systematischen Entwicklung didaktischer Methoden und Verfahren zur Vermittlung der jeweils nötigen technischen Kenntnisse.

Um nicht den Charakter von ‚Geheimwissen' beim Umgang mit Technik im Studium weiter zu verstärken, sind eine professionelle Ausstattung und offene Zugangsmöglichkeiten zur technischen Infrastruktur (beispielsweise zur Informationstechnik) in den Hochschulen für Frauen unerläßlich. Zur Nutzung dieser Technik bedarf es einführender Kurse, in denen systematisch Wissen über die Grundprinzipien sowie über Nutzungsmöglichkeiten und -grenzen dieser Technologien vermittelt werden. Dies gilt insbesondere beim fortschreitenden Einsatz neuer Medien in der Lehre. Weibliche Lehrende sind in diesem Zusammenhang äußerst wichtig.

Projekte zur Einführung in die wissenschaftliche Infrastuktur und zur Ergänzung der Studiengrundlagen (Auswahl)

- *BLK-Modellversuch ‚Förderung von Studentinnen im Grundstudium in natur- und ingenieurwissenschaftlichen Fächern', U/GH Paderborn*
  In Paderborn ist ein Projektlabor für Studentinnen eingerichtet, das über ein kleines Rechnernetz, mehrere Arbeitsplätze zur Erstellung elektronischer Schaltungen und eine eigene Bibliothek verfügt. Ein zugehöriges Lehrangebot mit speziellen Programmierkursen sowie Einführungsveranstaltungen für Praktika unterstützt im gesamten Studienverlauf. http://www.uni-paderborn.de/extern/femme/watis.htm

- *Projektlabor Computeranwendungen, TU Ilmenau*
  Um Studentinnen aller Fachrichtungen beim Gebrauch der neuen Medien zu unterstützen, ist ein Projektlabor mit entsprechenden Einführungskursen eingerichtet worden (vgl. Schade in diesem Buch).

- *Frauenrechnerräume an der Universität Karlsruhe und der TU Berlin*
  Das Rechenzentrum der Universität Karlsruhe sowie der Informatikstudiengang an der TU Berlin haben seit 1997 jeweils einen mit verschiedenen Rechnern ausgestatteten Raum eingerichtet, der nur Frauen zur Verfügung steht und von Tutorinnen betreut wird. http://www.uni-karlsruhe.de/Uni/RZ/Personen/ry55/frr/zeit.html, http:// wwwbs.cs.tu-berlin.de/~zjustine/frauenrechnerraum.html

- *Programmierkurse und Tutorien für Frauen an der TU Berlin*
  Der Informatikstudiengang der TU Berlin bietet Studentinnen seit 1991 regelmäßig in den Semesterferien Programmierkurse als Kompaktkurse an. http:// wwwbs.cs.tu-berlin.de/~zjustine/ebitter96.html

- *Admin@, Fachbereich Informatik der Universität Hamburg*
  Admina ist ein Projekt von Studentinnen für Studentinnen, das einmal pro Semester als einwöchiger Kompaktkurs am Fachbereich Informatik stattfindet. Die Studentinnen überlegen sich jeweils Themen, die sie interessieren, und suchen Studentinnen, die diese Themen aufbereiten und in der Admina-Woche präsentieren. Dabei stehen Fachthemen und deren praktische Anwendung im Vordergrund. http://www.informatik.uni-hamburg.de/Frauen

- *Projekt ‚Multimedia an Hochschulen für Frauen', FH Lübeck*
  Im Rahmen des Projekts wird ein fächerübergreifendes Lehrkonzept ‚Multimedia' für Studentinnen technikwissenschaftlicher Studiengänge entwickelt. http:// informatik.fh-luebeck.de/Multimedia/MultimediaAnHochschulen/Ziele.htm

Nicht nur im Anfangssemester, sondern vor allem im weiteren Verlauf des Grundstudiums werden in technischen Studiengängen von Studierenden Fertigkeiten erwartet, die ihnen an der Hochschule nicht systematisch vermittelt werden. Beispielsweise sind Kenntnisse von Programmiersprachen häufig Voraussetzung für Praktika, ohne daß ausreichende Einführungskurse oder Übungszeiten zum Erlernen der Sprachen im Stundenplan vorgesehen sind. Ebenso werden technische Vorerfahrungen im Sinne von ‚Bastelerfahrungen' erwartet, die häufiger von Jungen als Vorwissen mit ins Studium eingebracht werden als von Mädchen. Obwohl diese Fertigkeiten keinesfalls den Ausschlag für einen Studienerfolg geben, sind sie relevant für die Herstellung männlicher Geschlechtsidentität im Studium und grenzen Frauen aus. Um Studentinnen in der Wahrnehmung ihrer Kompetenzen zu stärken oder tatsächlich fehlendes Wissen zu ergänzen, sind spezielle Frauentutorien und Workshops zur Praktikavorbereitung erfolgreich eingesetzt worden (Möller u.a. 1995).

Wie die angeführten Projektbeispiele zeigen, erfolgt die Unterstützung der Studentinnen einerseits in Form von Kursen und Tutorien, andererseits stellen die Studiengänge auch kontinuierliche Beratungsangebote in Verbindung mit speziellen Arbeitsplätzen für Studentinnen zur Verfügung. Die positiven Erfahrungen sollten andere Studiengänge darin überzeugen, derartige Angebote flächendeckend umzusetzen und ins Regelstudium zu integrieren. Parallel könnten auch Defizite der Männer in speziellen Angeboten thematisiert werden (vgl. Abschnitt ‚Erwerb von Berufsfähigkeiten').

Neukonzeption von Lehrveranstaltungen

Die Veränderung von Lehrangeboten an Hochschulen ist ein permanenter Prozeß, dessen Ursachen und Kriterien sehr vielfältig sein können. Neue Gedanken zur Veränderung von Lehr- und Lernzielen, zum Inhalt oder zur Ablaufgestaltung einer Veranstaltung können oftmals einfach und schnell umgesetzt werden. Neben neuen rein fachlichen Lernzielen ließen sich auf diese Weise auch Anforderungen sozialer, organisatorischer oder sprachlicher Art in vielen Lehrangeboten deutlicher entwickeln (vgl. Abschnitt ‚Erwerb von Berufsfähigkeiten').

Mehrere Untersuchungen haben ergeben, daß Studentinnen in technischen Fächern gerade historische, ökonomische oder rechtliche Bezüge zum jeweiligen Fachkontext vermissen; ebenso wünschen sie interdisziplinäre Zusammenhänge oder Praxisbezüge (Hammel 1995). Im Modellversuch ‚Frauen im Ingenieurstudium an Fachhochschulen – Geschlechtsspezifische

Aspekte in Lehre und Studium' an der Fachhochschule Bielefeld sind beispielsweise in einem Werkstoffkunde-Praktikum solche Kriterien umgesetzt worden, die vor allem auch selbständiges Arbeiten fördern. (Hering/Schwarze 1997). Obwohl die Studentinnen und Studenten das neue Konzept durchweg positiv bewerteten, mußte im Ergebnis allerdings auch festgestellt werden, daß ohne eine Änderung von Studienaufbau und Rahmenbedingungen (wie z.b. zeitliche und räumliche Freiräume für mehr Projektarbeit) die Umsetzung neuer Konzepte letztlich wirkungslos bleibt, um deutlicher Frauen zu interessieren. Auf die negativen Einflüsse der herkömmlichen Studienorganisation von Technikstudiengängen weisen auch die Ergebnisse des Hamburger Modellversuchs ,Technik entdecken' hin (Engler/Faulstich-Wieland 1994). Sie arbeiten darüber hinaus die negativen Effekte auf, die die alltäglich meist unbeabsichtigt vermittelten Bilder der Geschlechterdifferenz erzeugen. So verknüpft das traditionelle Bild von Ingenieuren und Informatikern Technik einerseits mit ,Macht' und andererseits mit ,Männlichkeit' (vgl. auch Erb in diesem Buch). Sinnvoll erscheint demnach, daß Lehrende zunächst ihr eigenes Bild von Weiblichkeit und Männlichkeit reflektieren, über ihre Darstellungsweise des Geschlechterverhältnisses und über Alternativen dazu.

An dieser Stelle sei allgemein auf die Konzeption neuer Fachrichtungen oder spezieller Studiengänge verwiesen (z.B. die aus der klassischen Ingenieurwissenschaften entstandene Fachrichtung Technischer Umweltschutz oder die aus der Informatik entwickelten Studiengänge, die sog. Bindestrich-Informatiken, wie Wirtschaft- oder Medieninformatik). Solche auf einzelne Anwendungsbereiche hin konzipierte Ausbildungen sprechen durchschnittlich deutlich mehr Studentinnen an als die Ausgangsstudiengänge. Welche langfristigen Perspektiven die anwendungsorientierten Studiengänge jeweils haben, kann teilweise noch nicht abschließend beantwortet werden.

Erwerb von Berufsfähigkeiten

Vor allem aus der Industrie werden in den letzten Jahren nachdrücklich fehlende Qualifikationen von TechnikerInnen angeführt, wie mangelnde fächerübergreifende Kenntnisse bis hin zur unzureichenden Allgemeinbildung, fehlendes Kosten-Nutzen-Denken, mangelndes Machbarkeits-, Zulässigkeits- oder Vermarktungsgespür. Besonders deutlich artikuliert wird von dieser Seite schließlich, wie gering die Fähigkeit zur Integration von Kontexten (Neben- und Randbedingungen von Aufgaben, Wirkungen für AnlagenbetreiberInnen und Betroffene, juristische Prozeduren usw.) ausgeprägt und erlernt ist. In diesem Zusammenhang wird immer wieder der Ruf nach den sogenannten Schlüsselqualifikationen laut, nach Flexibilität/Offenheit, Problemlösefähigkeit, Reflexionsvermögen, organisatorischen Fähigkeiten, Selbständigkeit/Verantwortung und sozialen Fähigkeiten (deutlich hervorgehoben in VDE 1994, VDI 1995).

Diese neuen Orientierungen stehen weniger im Widerspruch zu Weiblichkeitsbildern und Frauenrollen und eröffnen damit neue Identifikationsmöglichkeiten für Mädchen und junge Frauen. Die Chancen, die diese Veränderungen eröffnen, sollten von Frauen durch eine aktive Mitgestaltung bei Reformen technischer Ausbildungs- und Studiengänge konsequent genutzt werden. So war beispielsweise die Zielsetzung eines Projektseminars ‚Umweltgerechte Produktentwicklung‘ an der TH Darmstadt, durch Anwendung aktiver Lehrformen der mangelnden Ausbildung von sogenannten Schlüsselqualifikationen bei HochschulabsolventInnen entgegenzutreten. Es wurde besonderer Wert darauf gelegt, eine interdisziplinäre Gruppe und vor allem auch Frauen zu gewinnen (Neef/Pelz 1997). Das Vermitteln von Informationskompetenz, das Kennenlernen und die Einübung von Teamarbeit sowie der Ausbau der kommunikativen Fähigkeiten standen im Vordergrund des Seminars.

Die mit ‚Berufsfähigkeit‘ umschriebenen Kompetenzen stellen für Männer wie für Frauen ein zu *erlernendes* und *einzuübendes* Wissen bzw. Verhalten dar. (Häufig wird für Frauen ein quasi natürliches Vorhandensein dieser Kompetenzen ausgemacht.) Technische Studiengänge sind aufgefordert, Angebote zur Gewinnung solcher Kompetenzen verpflichtend in den Studienordnungen zu verankern.

Praxisintegration in das Studium

Trotz unterschiedlicher Ausrichtung von Fachhochschule und Universität bieten Projekte als Lehr- und Lernform im Technikstudium den Raum, die in der Fachhochschulausbildung notwendige Praxisnähe zu betonen und den in der universitären Ausbildung notwendigen Spielraum für die Erlangung wissenschaftlicher Erkenntnisse zu bewahren, – wenn auch beide Ziele durch die sich verstärkende Abhängigkeit der Hochschulen von (industriellen) Drittmitteln in diverse Zwänge geraten können. Projektstudium bietet viele Möglichkeiten, frauengerechte Inhalte und Rahmenbedingungen zu schaffen. Allerdings ist dies nicht schon per se mit der Einführung von Projekten getan.

Daneben leisten Praxissemester oder Grund- bzw. Fachpraktika einen wesentlichen Beitrag, Vorstellungen über die Berufsfelder und Einblicke in das Berufsleben zu gewinnen. Dies wird beispielsweise auch durch Erfahrungen von Frauen mit Technikausbildungen in der DDR deutlich (Sändig/Ziebell 1997). An diese Erkenntnisse knüpft ein Modellversuch ‚Praxiskontakte‘ an, der gemeinsam von der TU Ilmenau mit der U/GH Paderborn durchgeführt wird.

Darüber hinaus sind Mentorinnennetzwerke zwischen Schule, Hochschule sowie betrieblicher Praxis etabliert worden. Damit kann in verschiedenen Ausbildungsphasen und vor allem beim Übergang in das Berufsleben eine konkrete Unterstützung erreicht und deutlich dem Abbruch einer Ausbildung oder eines Studiums entgegengewirkt werden.

Projekte zur Praxisintegration in das Studium (Auswahl)

- *BLK-Modellversuch ,Praxiskontakte von Studentinnen in ingenieurwissenschaft-lichen Studiengängen', U/GH Paderborn und TU Ilmenau*
  Grund- und Fachpraktika werden bundesweit vermittelt, Studentinnen werden bei allen Schritten beraten und während des Praxiseinsatzes begleitet (vgl. Schade in diesem Buch).

- *Modellverhaben ,Motivation von Frauen und Mädchen für ein Ingenieurstu-dium', FH Oldenburg, FH Osnabrück, FH Ostfriesland, FH Wilhelmshaven*
  Um den Übergang vom Studium in den Beruf zu erleichtern, wurden an allen beteiligten Hochschulstandorten Ingenieurinnennetzwerke gegründet. http://www.fh-oldenburg.de/modellvo/fh_model.htm

Monoedukative Lehre

Wie eingangs bereits erwähnt, werden in jüngster Zeit in Deutschland nach langem Zögern verschiedene Formen monoedukativer Ausbildung auch auf Hochschulebene eingeführt. Diese Experimente sind zur Entwicklung neuer Impulse in den Hochschulausbildungen vor allem in technisch-ingenieurwis-senschaftlichen Bereichen dringend erforderlich. Nachdem die Debatte um die Koedukation in Schulen und deren Folgen für die Teilhabe von Frauen am Technikunterricht viele Jahre bereits intensiv geführt worden ist (Faulstich-Wieland/Horstkemper 1996), haben verschiedene Initiativen für den Hochschulbereich Konzepte von Frauenstudiengängen entwickelt (vgl. die Zusammenstellung der Debatten in Metz-Göckel/Steck 1997). Sie erwarten von einer Frauenuniversität

„eine Geschlechterkultur zu entwickeln, in der Anerkennung und Wertschätzung von Frauen an ihre Leistungen und nicht an ihre Positionierung in der Geschlechterhierarchie gebunden sind und sich eine wissenschaftliche Kultur entfalten kann, die nicht mehr auf der Abwertung von Frauen beruht. Daß sich unter solchen Rahmenbedingungen breitere Potentiale von Frauen entwickeln können als in geschlechtshierarchischen Strukturen, bleibt eine offene Möglichkeit." (Metz-Göckel 1997, S. 35/36)

Einige Bundesländer haben neuerdings Studien zur Notwendigkeit und Akzeptanz von Frauenuniversitäten in Auftrag gegeben (Kahlert/Mischau 1997, Glöckner-Rist/Mischau 1998) und Pilotprojekte an Hochschulen einge-richtet, in denen neue Erkenntnisse über Frauenstudiengänge, Sommer-universitäten für Studentinnen sowie Frauenhochschulen gewonnen werden sollen. Ein erstes grundlegendes Konzept für einen Frauenstudiengang Infor-matik an der FH Darmstadt legten Ulrike Teubner und Olga Zitzelsberger vor (Teubner/Zitzelsberger 1995, Teubner 1997). Es konnte allerdings nicht rea-lisiert werden. Immerhin diente es als Ausgangsbasis für den Studiengang Wirtschaftsingenieurwesen an der FH Wilhelmshaven.

Projekte mit monoedukativen Studienmodellen (Auswahl)

- *Studienreformprojekt 'Befragung zur Situation von Frauen an technischen Fachbereichen', TU Berlin*
  Die Situation von Studentinnen und Tutorinnen in Frauentutorien technischer Fächer wurde untersucht (vgl. Schaare 1994).

- *Projekt 'Informatica Feminale – Sommeruniversität für Frauen in der Informatik', Universität Bremen*
  Im Projekt werden Ausbildung von Studentinnen, Definition von Curricula und Fortbildung von Wissenschaftlerinnen für das Fach Informatik verknüpft. Wesentliches Element ist ein zweiwöchiges fachspezifisches Sommerstudium für Studentinnen und interessierte Frauen. http://www.informatik.uni-bremen.de/grp/ informatica_feminale

- *Studiengang Wirtschaftsingenieurwesen, FH Wilhelmshaven*
  Neben einem gemischtgeschlechtlichen Studiengang Wirtschaftsingenieurwesen ist im WS 1997/98 parallel ein Studiengang nur für Frauen eingerichtet worden. Die Resonanz der Erstsemesterinnen war sehr positiv (vgl. Schneider u.a. 1997).

- *Studienrichtung Energieberatung und -marketing, Studiengang Elektrotechnik, FH Bielefeld*
  Ab WS 1998/99 wird eine neue Studienrichtung gezielt nur für Frauen eingerichtet. U.a. entfallen Fachpraktika als Einschreibekriterium, sie werden in die Studienzeit verlagert (vgl. FH Bielefeld 1998).

- *Studiengang Mikro- und Feinwerktechnik/Mechatronik, FH Aalen*
  Dieser neue Studiengang für Frauen soll im WS 1998/99 eröffnet werden. Es ist geplant, studienbegleitend die Inhalte und Formen der Veranstaltungen didaktisch zu überarbeiten.

An der Universität Bremen ist im Studiengang Informatik ein Weg gewählt worden, auf dem hochschulübergreifende Studienangebote für Frauen in der Informatik entwickeln werden. In Form eines zweiwöchigen Sommerstudiums bieten Hochschullehrerinnen und andere Fachdozentinnen ihre Lehre zu ausgewählten Themenschwerpunkten an (vgl. Oechtering u.a. in diesem Buch). Die Studentinnen sollen neue Formen des fachlichen Austauschs und des Lernens unter Frauen erfahren, sich vernetzen und zugleich Kontakte zu Teilnehmerinnen außerhalb der Hochschulen bekommen. Dies sind wichtige Schritte, die allein allerdings nicht ausreichen. Konkrete Maßnahmen für eine langfristige Umsetzung und Übertragung der Ergebnisse auf weitere Studiengänge sind gefordert. Der männlich dominierten Hochschule müssen weibliche Sichtweisen und Wertmaßstäbe für Lehre und Forschung entgegengesetzt werden. Notwendig sind beispielsweise neue Konzepte für Teilzeitstudiengänge – auch und gerade in technischen Fächern. Gesucht werden curriculare Veränderungen und strukturelle Reformmaßnahmen, die geeignet sind, der technikzentrierten Kultur und dem von Männern geprägten Stil im Hochschul- und Wissenschaftsbereich entgegenzutreten. Es gilt, die gewonnenen

Erfahrungen aus Frauenprojekten auch für gemeinsame Lernprozesse von Frauen und Männern umzusetzen.

Weiterbildungsangebote für Frauen

Frauen zahlen heute schon sehr viel mehr als Männer für Weiterbildung. Da technische Qualifikationen schnell veralten, ist Weiterbildung für Technikerinnen entscheidend für das berufliche Fortkommen. Die Hochschulen sind deshalb aufgefordert, hochqualifizierte Weiterbildungsangebote speziell auf die Adressatinnengruppe der Technikwissenschaftlerinnen zuzuschneiden. Beispielsweise müssen Angebote zeitlich so organisiert sein, daß sie auch von Frauen mit familiären Verpflichtungen genutzt werden können.

Weiterbildungsprojekte für Frauen in der Technik (Auswahl)

- *Weiterbildungsangebot ‚Fernstudienprojekt Informatik für Frauen', FH Braunschweig/Wolfenbüttel*
  Eine einjährige Fortbildung mit Präsenzphasen an der Hochschule. http://www.fh-wolfenbüttel.de/pr/frauen.html
- *EU-Projekt ‚EWA media (Education of Women Activities in multimedia)', TU Ilmenau*
  Arbeitslose Akademikerinnen werden im Bereich der Medientechnik und der neuen Medien weitergebildet (vgl. Schade in diesem Buch).

Aktuelle Erfahrungen aus dem ursprünglich nicht als Weiterbildungsangebot konzipierten Sommerstudium im Projekt *Informatica Feminale* zeigen, daß auch Frauen mit hohen Vorqualifikationen und mehrjähriger beruflicher Erfahrung sehr an spezieller Weiterbildung nur unter Frauen interessiert sind. Hier besteht derzeit in allen technischen Bereich ein großer Bedarf, den die Hochschulen füllen und für sich nutzen könnten.

2.3 Inhalte verändern

Es gilt, von Seiten der Frauen in die laufenden Diskurse über das Selbstverständnis, über den Kanon und über die methodischen Vorgehensweisen in den Technikwissenschaften Einfluß zu nehmen. Dazu bedarf es jedoch zugleich weiterer Freiräume für Frauen, in denen sie ihre Zielvorstellungen entwickeln und ihre Hochschulen mitgestalten können: Sie müssen die Chance erhalten, Veränderungsmaßnahmen selbst festzulegen und mit den notwendigen Mitteln zu erproben. Solche Projekte sind in der Lehre genauso wie in der Technikentwicklung vorstellbar (vgl. Erb in diesem Buch).

Die einseitige symbolische und strukturelle Verknüpfung von Technik mit Männlichkeit bildet auf gesellschaftlicher Ebene weiterhin das größte Hindernis, Frauen eine gleichberechtigte Teilhabe zu gewährleisten. Gerade die Hochschulen sind aufgefordert, an der Veränderung dieser Situation intensiv mitzuwirken. Über die verstärkte Kooperation von Technikstudiengängen und außeruniversitären Partnern könnten sie auch außerhalb der Hochschulen positiven Einfluß auf die Veränderung des Geschlechterverhältnisses nehmen. Bundes- und Landesministerien für Bildung und Wissenschaft müssen in Kooperation mit Frauenorganisationen, Arbeitgeberverbänden, Gewerkschaften und technischen Berufsverbänden curriculare Erneuerungen und Reformen fördern, die kooperative, ökologische und kommunikative Studienelemente in die technischen Ausbildungen einbeziehen. Damit wird sowohl den Erfordernissen des Berufslebens als auch den speziellen Wünschen und Fähigkeiten von Frauen Rechnung getragen.

Für die Zukunft wird es entscheidend sein, sinnvolle Anwendungen für die vorhandenen technischen Möglichkeiten zu entwickeln. Hierbei sind die innovativen Potentiale von Frauen zur Gestaltung von Lehrformen und Lerninhalten außerordentlich wichtig. Zudem sollten Projekte, die von Frauen für Frauen konzipiert werden, auch nur von Frauen durchgeführt werden.

3 Resümee

Alle hier beschriebenen Maßnahmen zur Gestaltung einer frauengerechten Hochschulausbildung zielen nicht nur auf die Vermittlung von anderen fachlichen Inhalten ab, sondern meinen veränderte Studienkultur im Sinne von geänderter Studienatmosphäre und veränderte Schwerpunkte in der Ausgestaltung des Hochschul- und Forschungsalltags. Die Aktivitäten gehen bisher überwiegend von Frauen aus. Immer wieder wird in den Abschlußberichten von Studienreformprojekten imFraueninteresse angemerkt, daß die Akzeptanzschaffung innerhalb der jeweiligen Hochschule (im Studiengang, in der Verwaltung wie z.B. der Pressestelle) erhebliche Anstrengungen erfordert und als eigenständige Aufgabe betrachtet werden sollte. Auch die männlichen Studierenden erklären einerseits ihre breiteste Unterstützung zur Durchsetzung der vollen Gleichstellung von Frauen in Beruf und Gesellschaft, andererseits stehen sie in den letzten Jahren der Förderung von Frauen im Hochschulbereich immer reservierter gegenüber (Ramm/Bargel 1995). Dies lassen sie auch offen ihre Kommilitoninnen wissen.

Obwohl für Hochschulen die Evaluation ihrer Studienangebote immer bedeutsamer wird, stellt sich für die in den Studienreformprojekten tätigen Wissenschaftlerinnen und Wissenschaftler weiterhin das Problem, ihr Engagement in der Studienreform nicht in ihrer wissenschaftlichen Karriere honoriert zu bekommen. Zum einen sind diese Fragestellungen meist in Technikwissenschaften nicht verankert und werden etwa als sozialwissenschaftliche Leistungen fachfremd angesiedelt, zum anderen werden sie als Themen der Frauengleichstellung betrachtet und höchstens als Teil akademischer Selbstverwaltungsaufgaben eingestuft. Beides führt letztlich zur Ausgrenzung der Beteiligten.

Studienreform kann allerdings noch weit mehr Handlungsfelder finden, in denen die Situation von Frauen und zugleich von allen Hochschulmitgliedern verbessert werden könnte, beispielsweise durch Veränderung der – Frauen ausgrenzenden – räumlichen und visuellen Gestaltung technischer Studiengänge. Erste Vorschläge für frauengerechte Ansätze entstanden im Modellversuch der FH Bielefeld (Schwarze 1998). Ebenso erfordert der Aufbau von Kooperationsbeziehungen nach außen (mit Schulen, Technikerinnennetzwerken, Arbeitsämtern usw.) mehrjährige Kontinuität. Aktuell müssen die hochschulpolitischen Debatten auch endlich die Vereinbarkeit von Erziehungsarbeit und Studium als zentrales Thema aufnehmen. Beispielsweise müssen einfache Möglichkeiten zum Zwischenausstieg und zum Wiedereinstieg ins Studium beschlossen werden, die vor allem studierenden Eltern Betreuungs- und Pflegephasen für Kinder oder andere Menschen erleichtern. Auch Initiativen zur Veränderung des männlichen Rollenverständnisses, beispielsweise von Lehrenden, fehlen auf Hochschulebene gänzlich.

„As its unique purpose, The Women's College provides quality higher education for adult, working women who return to school to study and pursue a degree in an environment conducive to their empowerment and achievement. (...) The staff and faculty of The Women's College share in and are inspired by the success of our students, by their mastery and achievement in spite of obstacles and interruptions, and by their renewal and changed lives. We enjoy a different relationship with our students, whom we seek to engage actively in a community of learning and achievement." (The Women´s College 1998)

Ein ähnlicher Wunsch von Lehrenden technischer Studiengänge konnte in Deutschland bisher nur selten vernommen werden.

Mit meinem Beitrag sollte deutlich gemacht werden, daß in den Hochschulen bereits zahlreiche Erfahrungen vorliegen, um den Interessen von Frauen im Technikstudium gerechter zu werden. Das Ziel ist die gleichberechtigte Teilhabe von Frauen in technischen Bildungsbereichen und bei der Gestaltung von Technologien. Weibliches Wissen und dessen eigenständige Wertsetzung unter Frauen muß gesellschaftlich akzeptiert und bewahrt werden, in alte und neue Bildungsgänge aufgenommen und bei zukünftigen Planungen berücksichtigt werden. Es bleibt abzuwarten, wie sich Frauenstudiengänge und ähnliche radikalere Schritte in Zukunft weiterentwickeln. Signale in Hinsicht auf dringend notwendige Veränderungen haben sie bereits gegeben. Frau darf gespannt sein, ob sich bald sogar eine der großen technischen Universitäten zu einem Frauenstudiengang ‚hinreißen' läßt.

Literatur

Diegelmann, Karin; Moser, Angelika; Baur, Angelika (Hrsg.): Projekte und Modellversuche zur Förderung von Frauen in ingenieur- und naturwissenschaftlichen Studiengängen an bundesdeutschen Hochschulen. Darmstadt: FiT-Frauen in der Technik e.v., April 1994

Engler, Steffanie; Faulstich-Wieland, Hannelore: „Um sich ein genaueres Bild von uns ‚Technik'-Studentinnen zu machen, sollten Sie vielleicht wissen, daß wir alle ganz ‚normal' sind und somit auch unsere ‚weiblichen' Eigenschaften haben". Wissenschaftliche Begleitforschung zum Modellversuch ‚Technik-entdecken' – zur Verbesserung der Zugangs- und Studienbedingungen von Frauen in den Ingenieurwissenschaften an der TU Hamburg-Harburg und der FH Hamburg. Universität Münster 1994

Faulstich-Wieland, Hannelore; Horstkemper, Marianne: 100 Jahre Koedukationsdebatte – und kein Ende. Dazu 27 kritische Stellungnahmen und eine Replik der Autorinnen. In: Ethik und Sozialwissenschaften. Streitforum für Erwägungskultur. Jg. 7, Heft 4, 1996, S.509-585

Fachhochschule Bielefeld: Informationen zum Modellprojekt ‚Frauenstudium' an der FH Bielefeld, Studienrichtung: Energieberatung und -marketing. Mai 1998

Glöckner-Rist, Angelika; Mischau, Anina: Besonderes Merkmal ‚Exotin'? Wahrnehmung, Bewertung und Umgang mit der Minderheitenrolle von Frauen in Naturwissenschaft und Technik. In: Frauenarbeit und Informatik, 17, Juni 1998 (Im Erscheinen)

Hammel, Martina: Lehrrelevante Aspekte des Geschlechterverhältnisses in der Informatik. Veröffentlichungen des Zentrum für Interdisziplinäre Technikforschung an der Technischen Hochschule Darmstadt, Nr. 11, 1995

Hering, Barbara; Schwarze, Barbara: Projektorientiertes Werkstoffkundepraktikum an der Fachhochschule Bielefeld. Eine Reformmaßnahme im Interesse von Frauen? In: Neef/Pelz 1997, S.240-246

Kahlert, Heike; Mischau, Anina: Zusätzliche Barrieren oder neue Perspektiven für Frauen? In: Frauenarbeit und Informatik, 16, Dezember 1997, S.47-52

Kreowski, Hans-Jörg; Oechtering, Veronika; Rügge, Ingrid: Das Informatikstudium ist anders! Abschlußbericht des Pilotprojekts zur Information und Motivation von Frauen und Mädchen für das Informatikstudium. Universität Bremen 1997

Metz-Göckel, Sigrid: Geschlecht in der Hochschulforschung und im Hochschulalltag. In: Metz-Göckel/Steck 1997, S.17-40

Metz-Göckel, Sigrid; Steck, Felicitas (Hrsg.): Frauenuniversitäten. Initativen und Reformprojekte im internationalen Vergleich. Opladen: Leske und Budrich 1997

Möckel, Julia: Einführung eines technischen Studiengangs für Frauen. Informationsschreiben der Frauenbeauftragten der Fachhochschule Aalen vom 27.3.1998

Möller, Martina; Erlemann, Christiane; Hädrich-Meyer, Sibylle: Abschlußbericht des BLK-Modellversuchs ‚Förderung von Studentinnen im Grundstudium in natur- und ingenieurwissenschaftlichen Fächern'. Universität-Gesamthochschule Paderborn 1995

Neef, Wolfgang; Pelz, Thomas (Hrsg.): Innovative Studienmodelle in der Ingenieurausbildung. TU Berlin, Zentraleinrichtung Kooperation 1997

Ramm, Michael; Bargel, Tino: Studium, Beruf und Arbeitsmarkt. Orientierungen von Studierenden in West- und Ostdeutschland. Institut für Arbeitsmarkt- und Berufsforschung der Bundesanstalt für Arbeit, Beiträge zur Arbeitsmarkt- und Berufsforschung 193, 1995

Sändig, Sabine; Ziebell, Lindy: Mehr Praxis für das Studium – Mehr Ingenieurinnen für die Praxis. In: Neef/Pelz 1997, S.263-265

Schaare, Franziska u.a.: „Ich will nicht gefördert, ich will nur nicht behindert werden." Zur Situation von Studentinnen an technischen Fachbereichen. Die Zentrale Frauenbeauftragte der TU Berlin (Hrsg.), 2. Aufl., 1994

Schinzel, Britta: Die Studiensituation von Informatikstudentinnen und -studenten im Vergleich. In: Frauenarbeit und Informatik, 16, 1997, S. 31-34.

Schneider, Jörg; Siegle, Manfred G.; Urban, Helga: Erstmalig in Deutschland: Frauenspezifisches Studium zur Diplom-Wirtschaftsingenieurin. In: Frauenarbeit und Informatik, 16, 1997, S.53-56

Schwarze, Barbara (Hrsg.): Fachhochschule Bielefeld BLK-Modellversuch Frauen im Ingenieurstudium an Fachhochschulen, Abschlußbericht. Bielefeld 1998

The Women´s College of the University of Denver: Our Mission. http://www.du.edu, 12. Juni 1998

Teubner, Ulrike: Ein Frauenfachbereich Informatik an der Fachhochschule Darmstadt als Beispiel einer paradoxen Intervention. In: Metz-Göckel/Steck 1997, S.113-135

Teubner, Ulrike; Zitzelsberger, Olga: Forschungsbericht ‚Frauenstudiengang im technisch-naturwissenschaftlichen Bereich an der FHD‘, FH Darmstadt 1995

VDE-Verband Deutscher Elektrotechniker: Auswirkungen des Strukturwandels der Elektroindustrie auf die Ingenieurausbildung. Frankfurt/Main, Dezember 1994

VDI-Verein Deutscher Ingenieure: Ingenieur-Ausbildung im Umbruch. Empfehlung des VDI für eine zukunftsorientierte Ingenieurqualifikation. Düsseldorf 1995

Wender, Ingeborg; Strohmeyer, Astrid; Quartmeier, Birgit (Hrsg.): Technik bewegt die Frauen, Frauen bewegen die Technik. Berufsorientierende Hilfen für Schülerinnen der Sekundarstufe II, in Zusammenarbeit von Schule, Hochschule und Betrieb. Aachen: Shaker-Verlag 1997

Martina Hammel, Susan Geideck

Frauen-Softwarehaus e.v. Frankfurt/M. – Zehn Jahre frauenpolitische Bildungsarbeit im Bereich Informations- und Kommunikationstechniken

Als eines der ersten Frauen-Computer-Projekte in der BRD gründeten wir[1] 1988 das Frauen-Softwarehaus e.v. (FSWH) als integriertes Schulungs-, Informations- und Beratungszentrum für Frauen und Mädchen im Bereich der Informations- und Kommunikationstechnologien (IuK-Technologien). Den Hintergrund bildete die Studie „Neue Berufe für Frauen" von Ulrike Teubner (Teubner 1989). Mit dem FSWH sollte eine Lücke im Gesamt der Weiterbildungsmöglichkeiten geschlossen werden. Unser Ziel war und ist, Frauen und Mädchen einen besseren Zugang zu Weiterbildung und Informationen im Bereich IuK-Technologien zu ermöglichen sowie in- und außerhalb unserer Kurse Foren zu schaffen, in denen Frauen sich kritisch mit IuK-Technologien auseinandersetzen können. Wir knüpften damit in einem neuen Feld an eine sehr alte Idee an: „ ... so muß das weibliche Geschlecht die Aufgabe seiner Bildung aus der Hand der Männer in seine eigene nehmen, um seine Bestimmung zu erreichen" (Rosette Niederer 1828).

In Auseinandersetzung mit den Analysen und Vorschlägen der Studie haben wir im Laufe der vergangenen 10 Jahre eine Position im Bermudadreieck ‚informationstechnische Bildung für Frauen' sowie ein didaktisches Konzept entwickelt, die im folgenden vorgestellt und aus heutiger Sicht kritisch gewürdigt werden.

1 Das Dreieck

IuK-Technologien und Rationalisierungsverliererinnen

Eine Fülle von Studien wies (und weist) nach, daß der Einsatz von Technik immer zur Dequalifizierung in von Frauen dominierten Arbeitsfeldern, v.a. am unteren Ende der betrieblichen Hierarchien führt (so z.B. Krebsbach-Gnath 1983, Frauenforschung 1987, Huber/Bußfeld 1985, Vogelheim 1984). Die besondere Betroffenheit von Frauen resultierte aus der Rationalisierbar-

---

133

keit der Frauenarbeit in Produktion und Verwaltung durch neue Technologien aufgrund ihres operativen Charakters. Der vorherrschende Tenor war hier die Gleichsetzung von Frauenarbeit mit minderqualifizierter Arbeit, für die tendenziell wenige Qualifikationen erforderlich sind, und die aufgrund ihres standardisierten und repetitiven Charakters technisch substituierbar ist. Die Rationalisierungsrichtung wird scheinbar automatisch von der eingesetzten Technik vorgegeben. Da technischer Wandel dazu tendiert, diejenigen zu bevorteilen, die bereits über anerkannte Fähigkeiten und ein bestimmtes Maß an Kontrolle über ihre Aufgaben verfügen (Wajcman 1994, S.50), kann demnach davon ausgegangen werden, daß alte Unterscheidungen und Segmentierungen fortwirken.

Was in den Blick gerät, ist das hohe Maß, in dem die geschlechtshierarchische Arbeitsteilung auf immer neuem technischen Niveau reproduziert wird – so Karin Gottschall u.a. (1989, S.201). Was aus dem Blick gerät, ist, daß es innerhalb der Genusgruppe nicht nur Verliererinnen, sondern auch Gewinnerinnen gibt, die vor allem gut qualifiziert und technisch auf dem neuesten Stand sind. Aus dem Blick gerät auch, daß Technik nicht einfach Sachzwängen folgt, sondern immer gestaltet wird – auch entlang der Geschlechterhierarchien – und damit gestaltbar ist. Wir haben an den Studienergebnissen zu Rationalisierungsverliererinnen angesetzt und diese positiv gewendet, um dieser Tendenz entgegenzuwirken.

Immer mehr Qualifikationen – immer mehr Gleichheit?

Ähnlich verheerende Ergebnisse wie die Studien zu den Auswirkungen von IuK-Technologien auf Frauenerwerbsarbeit brachten auch die Studien zu Frauen und Bildung im technischen Bereich. Frauen sind bei inner- wie überbetrieblicher Weiterbildung strukturell benachteiligt (vgl. Bolle/Schneider 1988, Jüngling 1988, Goldmann 1988). Die angebotenen Inhalte, die zeitliche und örtliche Organisation, die Formen der Präsentation sowie die Auswahlverfahren bzw. Zugänge setzen fort, was bereits in Schule und Berufsausbildung eingeleitet wird. Das ‚Korrektiv‘ Weiterbildung wird hier zum Instrument weiterer Diskriminierung und Selektion. Die Segmentation verschärft sich. Qualifikationen – so läßt sich unsere Position zusammenfassen – sind notwendig, aber nicht hinreichend für eine adäquate Verwertung dieser auf dem Arbeitsmarkt. Diese Überlegungen bilden die Grundlage für ein Bildungskonzept, das auf einer erwachsenengerechten und subjektorientierten Weiterbildung aufbaut. Mit einem veränderten Qualifikationsbegriff wird der Versuch unternommen, formale Qualifikationen aufgrund ihrer beschränkten Reichweite für Frauen mit den notwendigen Kompetenzen zur individuellen wie kollektiven ‚Interessenvertretung‘ zu verknüpfen. Das Weiterbildungskonzept des FSWHes hat somit eine gleichermaßen arbeitsmarkt- wie emanzipationsorientierte Ausrichtung. Um den Strukturen des Arbeitsmarktes entgegenzuwirken, wurden die Bildungsmodule präventiv, niveauübergreifend und an beruflichen Aufstiegslinien der jeweiligen Berufe ausgerichtet.

Zielgruppe ‚Frauen'

Zu Beginn der Diskussionen um die Spezifika der Zielgruppe ‚Frauen' wurde vor allem mit stereotypen Zuweisungen operiert. Basierend auf der geschlechtshierarchischen Arbeitsteilung wird Jungen und Männern in stärkerem Maß Technikkompetenz zugeschrieben als Mädchen und Frauen. Im Gegenzug dazu wird Mädchen und Frauen die Zuständigkeit für sozial-emotionale Bereiche zugewiesen. In diesem Zusammenhang stehen auch Ergebnisse der Untersuchungen zu „Mädchen/Frauen und Computer", die immer wieder nachweisen, daß Mädchen und Frauen weniger Interesse am Computer äußern, seltener einen Computer besitzen und weniger Zeit am Computer verbringen (Engler 1993). Das Etikett war schnell geklebt: Frauen seien technikfern, technikfeindlich und defizitär.

Innerhalb der letzten Jahre veränderte sich diese Einschätzung dahingehend, daß Frauen lediglich eine „relative Technikdistanz" und „frauenspezifische Zugangsweisen" zugeschrieben wurden. Positiv gewendet wurde der „andere" Technikzugang in der feministischen Diskussion mit dem Hinweis auf die Möglichkeit der Entwicklung einer anderen, humaneren Technik durch Frauen (Sørensen 1992). Dieser differenztheoretische Ansatz erschien uns eher kontraproduktiv, da nicht zu klären ist, „weshalb unterschiedliche Zugangsweisen zu ungleich verteilten Interessen und Kenntnissen führen sollten und wie Veränderungen vor diesem Hintergrund zu erklären sind" (Engler 1991, S. 65). Die damit verbundene Festschreibung und Reproduktion der Geschlechterhierarchie galt es aber gerade zu durchbrechen.

Das FSWH knüpft daher an einen Begriff von Geschlecht als zentralem gesellschaftlichen Sortierprinzip, als Strukturkategorie, als Trennlinie im Arbeitsmarkt, als Symbolfunktion für Zuweisungen, Annahmen und Ausblendungen an. Für unser Konzept heißt dies, nicht mit Vereigenschaftlichungen zu arbeiten, kein identitätslogisches Vorgehen bei der Beschreibung von Weiblichkeit und Männlichkeit zu nutzen, sondern die strukturelle Benachteiligung von Frauen in den Vordergrund zu stellen. Theoretisch wie praktisch sehen wir Frauen nicht als homogene Zielgruppe: Die Ausgangslagen, Interessen und Erwartungen sowie die Ziele der einzelnen Frauen sind vielfältig. Dennoch ergeben sich im Zusammenhang mit IuK-Technologien für Frauen Aspekte, die es ermöglichen, die Frage nach dem geeigneten Konzept noch einmal konkreter zu stellen.

2 Das FSWH – Praktische Näherung an eine Zielvorstellung

Die Umsetzung dieser theoretischen Vorüberlegungen in eine frauengerechte Weiterbildungspraxis ist ein kontinuierlicher Prozeß der Auseinandersetzung. Zusammengefaßt basieren unsere institutionellen und (fach-)didaktischen Überlegungen auf folgenden Voraussetzungen:

1. Aufgrund geschlechtshierarchischer Verhältnisse wird technisches Verständnis bei Mädchen weniger gefördert. Diese ‚Lasten' wirken auch in den Erwachsenenbildungsbereich.
2. Die geschlechtsstereotypen Zuweisungen werden in der Regel von Frauen und Männern gleichermaßen angenommen, wodurch Frauen anfangs eher mit geringem Selbstbewußtsein auf technischem Gebiet agieren.
3. Der Bereich ‚Computertechnik' ist emotional aufgeladen. Das Interesse an Computern und das Verstehen der Technik wird mit Männlichkeit gleichgesetzt, während die gleichen Verhaltensweisen und Einstellungen bei Frauen als unweiblich gelten.
4. Qualifikation bedeutet weder hinreichenden Schutz vor Rationalisierung und Dequalifizierung noch garantiert sie Chancen auf einen entsprechenden Arbeitsplatz mit angemessener Entlohnung.

Einerseits sind eventuell vorhandene geringere Vorerfahrungen und mangelndes Selbstvertrauen in Computerkursen für Frauen zu berücksichtigen. Sie dürfen jedoch nicht zur Fessel einer ‚frauenspezifischen' Didaktik verallgemeinert werden. Das würde bedeuten, in einem Defizitansatz verfangen zu bleiben, der mit einer speziellen Didaktik für ‚technikängstliche' und ‚technikferne Frauen' diese gesellschaftlichen Zuschreibungen weiter zementiert. Andererseits sind je nach Lerneinheit und Zielgruppe technikkritische Themen implizit oder explizit Teil der Konzepte. Frauen soll jedoch nicht aufgrund ihres Geschlechts eine kritische Haltung durch ein Curriculum oktroyiert werden.

Unser Hauptargument für ausschließlich weibliche Lerngruppen ist die männliche Dominanzstruktur in bezug auf die angebliche oder auch vorhandene Technikkompetenz von Männern. Erst durch geschlechtshomogene Lerngruppen wird für Frauen das gesamte Spielfeld eines Lernens zwischen Technikfaszination und kritischer Aneignungsweise eröffnet.

Aus dem Wissen über die begrenzte Reichweite formaler Qualifikationen werden handlungsorientierte Strategien in den Kursen aufgegriffen, um auf die Notwendigkeit hinzuweisen, eigene Interessen im Betrieb zu vertreten. Der ‚äußeren' Benachteiligung von Frauen bei Fortbildungsmaßnahmen durch eine zeitliche Organisation, die die Lebensverhältnisse von Frauen nicht berücksichtigt und vielen Frauen mit Kindern die Teilnahme erschwert oder unmöglich macht (Gottschall 1991, S.403), begegnen wir mit flexiblen zeitlichen Angeboten.

Unser Zugang zu didaktisch-methodischen Konzepten ergibt sich aus allgemeinen Überlegungen zu erwachsenengerechtem Unterricht mit dem Ziel, Handlungs- und Orientierungskompetenzen für Frauen zu erschließen, ohne dabei auf typisierende Zuschreibungen zurückzugreifen. Es kommt dabei nicht auf die Vermittlung von isolierten Kenntnissen und Fertigkeiten bezüglich Softwarebenutzung an, sondern auf ein umfassendes fachliches Verständnis. Lernziele sind

- die prinzipielle Funktionsweise der Computertechnik zu verstehen. Dieses Struktur- und Prinzipienwissen dient als Grundlage für die Aneignung von Spezialwissen (*Durchschaubarkeit / Struktur- und Prinzipienwissen*).
- eigene Interessen bezüglich des beruflichen und privaten Einsatzes der IuK-Technik zu formulieren (*Orientierungs- und Handlungskompetenz*).
- gesellschaftliche Aspekte der IuK-Technik wahrzunehmen und zu beurteilen. D.h. auch Fragen der gesellschaftlichen Veränderungen durch IuK-Technik, Auswirkungen auf Frauenarbeitspätze, Datenschutz, Ergonomie u.a. sind als Unterrichtsinhalte zu behandeln (*gesellschaftliche Dimension*).

Die Lernziele werden nicht in jedem Bildungsangebot in gleichem Umfang realisiert. Je nach Lehreinheiten werden sie mal zu expliziten, mal zu impliziten Inhalten. Implizit wird in jedem Fall die ‚Macht der Sprache' genutzt, durch den konsequenten Gebrauch der jeweils weiblichen Form durch die Dozentin[2].

Wir stellen folgende Anforderungen an den Unterricht:
- Transparenz des Unterrichtsgeschehens
- klare fachliche Erläuterungen
- Förderung von Struktur- und Prinzipienwissen
- problem- und handlungsorientiertes Lernen
- geeigneter, anschaulicher Medieneinsatz
- Schaffung einer angenehmen Lernatmosphäre
- Einbezug der Vorerfahrungen und Lernbedürfnisse der Teilnehmerinnen

Im FSWH arbeiten derzeit vier festangestellte Frauen, 15 freiberufliche Dozentinnen und 19 ehrenamtlich tätige Vereinsfrauen, die auf der Basis dieser Maßgaben wirken. Wir verfügen über zwei mit modernsten PC-Netzwerken ausgestattete Schulungsräume, in denen unsere Bildungsangebote stattfinden. Das sind zum einen die freien Kurse unseres Kursprogramms, die in der Regel zwei bis drei Tage umfassen und je einen Bereich der Anwendungssoftware zum Thema haben. Zum anderen führen wir längerfristige

---

2 Nichts ist merkwürdiger, als in einem Kreis von Frauen aufzufordern, jeder solle sich mit seinem Nachbarn abwechseln.

berufliche Fortbildungen und Qualifizierungen durch, z.B. zur DV-Dozentin und -Beraterin (auch im Rahmen des IRIS-Netzwerkes der Europäischen Union in Kooperation mit Griechenland und Großbritannien), oder für Berufsrückkehrerinnen aus kaufmännischen Berufen (gefördert durch das Arbeitsamt). Ebenfalls bieten wir Informationsveranstaltungen zu Themen an, die von praktischen Tips zum Einrichten von Computerarbeitsplätzen bis hin zu gesellschaftspolitischen Fragen reichen. Mit unserem Beratungsangebot sind wir eine offene Anlaufstelle für alle Frauen mit Fragen rund um den Computer und geben Orientierungshilfen im immer dichter werdenden DV-Dschungel. Seit 1993 betreiben wir die bundesweit erste Frauenmailbox FEMAIL. Unsere Kenntnisse über Technik, Arbeitsmarkt und sich wandelnde Qualifikationsanforderungen fließen in Kooperationen ein, so zum Beispiel im Rahmen des DGB-Projektes „Leitideen für Arbeiten und Wohnen in einer frauengerechten Stadt und Region (Frankfurt, Rhein-Main)". Darüber hinaus qualifizieren und beraten wir Gruppen von Frauen im Rahmen von beteiligungsorientierten Softwareeinführungs- oder -entwicklungsprojekten, damit sie ihre Anforderungen an die Software formulieren und einbringen können. Ziel dabei ist es, IuK-Systeme im Zusammenhang mit arbeitsorganisatorischen Veränderungen so zu gestalten, daß Fraueninteressen berücksichtigt sowie die zukünftigen Systeme benutzbar und arbeitsunterstützend werden.

Unsere Vielseitigkeit ist dem Spezifikum geschuldet, daß Wissen und berufliche Erfahrungen von Frauen aus den Bereichen Technik, Naturwissenschaft, Sozialwissenschaft, Lehramt und Büroberufe zusammenfließen und den Charakter des Projektes bestimmen.

3   Das Dreieck heute: Verschärft – vereinnahmt – geblieben

Neue Entwicklungen im Bereich IuK-Technologien und auf dem Arbeitsmarkt haben die Situation für Frauen verschärft. Mit unserem Bildungsansatz waren wir vor zehn Jahren eher avantgardistisch; heute werden diese Grundsätze mehr und mehr von ‚klassischen' Bildungsträgern vereinnahmt, jedoch nicht aus emanzipatorischen Motiven, sondern als erneute Anpassung an neue Organisations- und Technologiekonzepte, die heute mehr denn je selbständiges und selbstverantwortliches Handeln im Betrieb in den Mittelpunkt stellen und damit im obigen Sinn veränderte Weisen der Qualifikation notwendig macht. Noch immer stellt Geschlecht eine markantere Größe als Qualifikation für die Chancen im Erwerbsleben dar. So ist das Grundproblem geblieben, auch wenn Frauen längst in puncto Qualifikation aufgeholt haben.

Heute liegt die Zahl der Teilnehmerinnen im FSWH bei etwa 900 im Jahr. Für die positive Resonanz[3] von Seiten unserer Teilnehmerinnen ist vor allem die professionelle Qualität unserer Kurse verantwortlich, die sich herumgesprochen hat. Integraler Bestandteil ist dabei die Lernatmosphäre, die sich sowohl in der Konzeption der Räume als auch durch den kommunikativen Unterrichtsstil ausdrückt. Auch unser theoretisches und praktisches Eingebundensein in Frauenforschung und -politik ermöglicht den Teilnehmerinnen, so sie dies wollen, ein erweitertes Spektrum von Informationen aus frauenbezogener Sicht (Faltblätter, Plakate, Veranstaltungen in unseren Räumen etc.).

Die Tatsache, daß wir als gemeinnütziger Verein nicht mit dem Leitmotiv der Gewinnorientierung antreten, unterscheidet uns von den kommerziellen Anbietern. Bislang haben wir es geschafft, mit der rasanten technologischen Entwicklung Schritt zu halten. Dabei ist zu berücksichtigen, daß der Aufbau und auch die Weiterführung des FSWH von öffentlichen Geldern abhängig war und ist, da vor allem Einführungskurse unter Marktpreis angeboten werden und Angebote mit gesellschafts- und frauenpolitischer Thematik nicht kostendeckend durchgeführt werden können. Gerade dieser Sachverhalt bedeutet in der heutigen Förderungslandschaft einen zentralen Fallstrick für emanzipatorisch arbeitende Frauenprojekte. Denn obwohl sich die Grundvoraussetzungen für Frauen auf dem Arbeitsmarkt nicht verbessert haben, werden Gelder gekürzt oder fließen in Bereiche, die Frauenthemen als ‚Querschnittsfragen‘ (nicht) bearbeiten. Diese Situation wirkt sich aus, wenn es um neue Projektideen geht.

Um ein Beispiel für unsere Überlegungen zu zukünftigen Projekten zu geben: Vor allem durch Entwicklungen wie z.B. Telearbeit müssen wir unseren Blick erweitern. 1988 konnten wir uns schwerpunktmäßig auf den Arbeitsmarkt und die dort notwendigen und sich verändernden Qualifikationen für Frauen konzentrieren. Die Zuweisung von Frauen zum Reproduktionsbereich wurde implizit thematisiert und explizit lediglich in der zeitlichen Organisation unserer Kurse berücksichtigt. Gleichzeitig schien 1988 aus emanzipatorischer Sicht ein „Männerförderplan zur Integration der Männer in die Hausarbeit" (Teubner 1989, S.39) als komplementäre Maßnahme sinnvoll. Mit der entlang der Telearbeit thematisierten Konvergenz von ‚öffentlich und privat‘ hält der Arbeitsmarkt Einzug in die Hausarbeit und baut auf der geschlechtshierarchischen Arbeitsteilung auf (Geideck/Hammel 1997). Damit Frauen nicht wieder zu den Lastenträgerinnen dieser Rationalisierung werden, sind Weiterbildungskonzepte notwendig, die beide gesellschaftlichen Bereiche gleichermaßen in den Blick nehmen und die Frauen wie Männern jeweils komplementäre Qualifikationen vermitteln. Für einen derartigen Ansatz gibt es derzeit bestenfalls ein zustimmendes Nicken.

---

3   Mittels anonymer Fragebögen erheben wir Einschätzungen, Bewertungen und Veränderungswünsche der Teilnehmerinnen. So erhalten wir Anregungen und eine gewisse Erfolgskontrolle sowie nachhaltig positive Rückmeldungen.

Unsere Aufgabe sehen wir heute darin, den bisherigen Weg beizubehalten, aber auch für die bestehende Problematik in den veränderten Bedingungen von Technologie und Arbeitsmarkt neue, andere Antworten zu erarbeiten und auch Fragen anders zu stellen.

Literatur

Beck-Gernsheim, Elisabeth; Ostner, Ilona: Frauen verändern – Berufe nicht? Ein theoretischer Ansatz zur Problematik von „Frau und Beruf". In: Soziale Welt, Heft 3, 1978, S.257-287

Bolle, Martin; Schneider, Ellen-Ruth: Neue Technologien und neue Qualifikationsanforderungen für Frauen. München, 1988

Engler, Steffani: Frauenforschung und Technik. In: Zeitschrift für Frauenforschung, Heft 3, Bielefeld, 1993, S.59-70

Frauenforschung, 5. Jg., Heft 1+2, 1987

Geideck, Susan; Hammel, Martina: Wohin blickt der Januskopf der Technik? Zur Metamorphose des Normalarbeitsverhältnisses. In: Feministische Studien, 15. Jg., Heft 1, 1997

Gembe, Claudia; Hammel, Martina: Informatikqualifikation gleich Schlüsselqualifikation? Für Frauen ein Trugschluß. In: Troitzsch, Klaus G. (Hrsg.): Informatik als Schlüssel zur Qualifikation. Heidelberg, 1992

Goldmann, Monika: Betriebliche Qualifizierung von Frauen als Gegenstand betrieblicher Personalpolitik. In: Schiersmann, Christiane: Mehr Risiken als Chancen? Frauen und neue Technologien. Bielefeld, 1988

Gottschall, Karin: Chancengleichheit durch Bildung? Zum Stellenwert von Weiterbildung für die Erwerbschancen von Frauen. In: Mitteilungen aus der Arbeitsmarkt- und Berufsforschung, 24. Jg., 1991

Gottschall, Karin; Jacobsen, Heike; Schütte, Ilse: Weibliche Angestellte im Zentrum betrieblicher Innovation. Bonn, 1989

Huber, Michaela; Bussfeld, Barbara (Hrsg.): Blick nach vorn im Zorn. Die Zukunft der Frauenarbeit. Weinheim, 1985

Jüngling, Christiane: Barrieren und Ansatzpunkte innerbetrieblicher Weiterbildung von Frauen. In: Schiersmann, Christiane: Mehr Risiken als Chancen? Frauen und neue Technologien. Bielefeld, 1988

Krebsbach-Gnath, Camilla; Ballerstedt, Eike; Frenzel, Udo: Frauenbeschäftigung und neue Technologien. München, 1983

Sørensen, Knuth H.: Towards a Feminized Technology? Gender Values in the Construction of Technology. In: Social Studies of Science, 22. Jg., Heft 1, 1992

Teubner, Ulrike: Neue Berufe für Frauen – Modelle zur Überwindung der Geschlechterhierarchie im Erwerbsbereich. Frankfurt, 1989

Vogelheim, Elisabeth (Hrsg.): Frauen am Computer. Was die neuen Technologien den Frauen bringen. Reinbek, 1984

Wajcman, Judy: Technik und Geschlecht. Die feministische Technikdebatte. Frankfurt/M, 1994

Ellen Sessar-Karpp

Internationales Netzwerk Weiterbildung e.V. - Technologie- und Beratungszentrum für Frauen

Das Internationale Netzwerk Weiterbildung e.v. (INET) ist ein europäisches Modellprojekt, das von der Europäischen Kommission, dem Bundesministerium für Bildung, Wissenschaft, Forschung und Technologie, dem Sächsischen Staatsministerium für Wirtschaft und Arbeit und dem Arbeitsamt Leipzig von 1995 bis 1999 gefördert wird.

1 Von der Idee zum Projekt

Ein Blick auf bildungs- und arbeitsmarktpolitische Statistiken seit 1990 läßt erkennen, daß Frauen aus den neuen Bundesländern im bundesdeutschen Vergleich überdurchschnittlich häufig über technische Qualifikationen verfügen. Technische Ausbildungen und Berufe waren für Frauen und Mädchen aus der ehemaligen DDR nichts Ungewöhnliches; erst mit der Wende wurde sichtbar, in welch einzigartiger Weise technisches Potential und technische Kompetenzen von Frauen ausgebildet worden waren und zur Verfügung standen.

Im Zuge der gesellschaftlichen Umstrukturierungen, des Verdrängungswettbewerbes von Betrieben auf dem Markt und der nachfolgenden hohen Arbeitslosigkeit verloren auch viele Ingenieurinnen und Ingenieure ihre Stellen. Bereits 1993 wiesen empirische Erhebungen nach, daß die Arbeitslosenquote von Ingenieurinnen höher lag als die der männlichen Kollegen und sie größere Schwierigkeiten hatten, ausbildungsadäquate Arbeitsplätze und Zugang zu technischen Fortbildungsmaßnahmen zu bekommen. „Ingenieure sind demnach fast doppelt so häufig in ihrem Beruf hoch integriert wie ihre Kolleginnen, von denen nur noch jede vierte in eine relativ abgesicherte Ingenieurexistenz eingebunden ist. Auch in niveauadäquate und mehr oder weniger gesicherte Beschäftigungen konnten Männer häufiger einmünden als Frauen."[1]

---

1   Bundesministerium für Bildung und Wissenschaft (Hrsg.): AKTUELL Bildung und Wissenschaft, Berufliche Integration und Weiterbildung von Ingenieurinnen aus den neuen Ländern, Ergebnisse einer Befragung, Bonn 1993, S.22

141

Tabelle 1: Berufliche Integration von Ingenieurinnen und Ingenieuren nach Geschlecht und Fachrichtung (in Prozent)

	hoch integriert	integriert	mäßig	kaum integriert	des- integriert
Gesamt					
weiblich	27	16	13	16	28
männlich	50	23	12	10	5
Fachrichtungen					
Maschinenbau					
weiblich	22	13	13	22	30
männlich	46	20	16	11	7
Elektrotechnik					
weiblich	28	15	12	15	30
männlich	58	27	8	4	3
Verfahrens-/Verarbeitungstechnik					
weiblich	19	11	14	21	35
Bauwesen					
weiblich	40	27	12	4	17

Als beruflich ‚hoch integriert' wurde definiert, wer in einer mehr oder weniger gesicherten Vollzeittätigkeit beschäftigt ist und dessen bzw. deren Tätigkeit sowohl vom Niveau als auch von der fachlichen Seite als angemessen zu bewerten ist. Quelle: Bundesministerium für Bildung und Wissenschaft (Hrsg.): AKTUELL Bildung und Wissenschaft, Berufliche Integration und Weiterbildung von Ingenieurinnen aus den neuen Ländern, Ergebnisse einer Befragung, Bonn 1993, S.22

Auf diesem Hintergund entstand die Idee für das Projekt ‚Technologie- und Beratungszentrum für Frauen'. Dabei sollte es wesentlich darum gehen, die vorhandenen technischen Qualifikationen von Frauen zu nutzen und gezielt zu fördern. Gedacht wurde deshalb weniger an ein Qualifizierungsprojekt, statt dessen sollten die selbständigen Vorstellungen von Frauen mit technischer Fachkompetenz einen Raum für Weiterentwicklung und Realisierung erhalten.

2 Die Projektziele und -inhalte

Das Technologie- und Beratungszentrum für Frauen kann als ein Rahmenprojekt mit mehreren Zielbereichen angesehen werden. Unter seinem Dach stehen technisch oder techniknah ausgebildeten Frauen günstige Arbeitsbedingungen zur Verfügung, Frauen erhalten während der Projektlaufzeit befristete Stellen oder Teilzeitstellen, die sie aufgeben, sobald sie mit einer eigenen Existenzgründung auf dem Markt Fuß fassen oder sich andere

Erwerbsmöglichkeiten für sie ergeben. Darüber hinaus können interessierte Personen die technische und organisatorische Infrastruktur des Projektes nutzen.

Neben dieser individuellen Förderung gibt es den Zielbereich Regional-förderung. Mit dem Standort des Projektes in einer besonders benachteiligten ländlichen Region im Südraum von Leipzig, am Rande des ehemaligen Kohletagebaus, will das Projekt regionale Impulse geben und Arbeitsplätze, insbesondere für Frauen mit technischen Qualifikationen, initiieren. In dieser Region sind durch die Schließung des Tagebaus wie auch der landwirtschaft-lichen Betriebe ca. 50.000 Arbeitsplätze weggefallen, so daß die Arbeits-losigkeit gerade hier besonders hoch ist. Im einzelnen beinhaltet das Projekt folgende Ziele:

• technische Qualifikationen und Know-how von Frauen erhalten, erweitern und praktisch nutzen
• innovative Technikentwicklungen von Frauen unterstützen und neue Pro-jekte anregen
• Interesse von Mädchen an technischen Berufsrichtungen fördern
• als Koordinierungs-, Dokumentations- und Anlaufstelle für technikbezo-gene Informationen mit besonderer Berücksichtigung des ländlichen Raumes wirken
• als Modelleinrichtung im strukturschwachen Südraum Leipzigs Entwick-lungsimpulse geben

Die Ingenieurinnen arbeiten zur Zeit in den Bereichen Multimedia, Umwelt-technologie, Ökoagentur, Lebensmitteltechnologie; sie bereiten ihre Unter-nehmensgründungen bzw. ihre Rückkehr auf den ersten Arbeitsmarkt vor.

Die Erfahrungen aus den ersten Projektjahren zeigen die Schwierigkeiten auf, mit denen sich die Ingenieurinnen auseinanderzusetzen haben, um wieder im ersten Arbeitsmarkt Fuß zu fassen. Trotz hoher Fachkompetenz und aktueller arbeitsmarktbezogener Zusatzqualifikationen bietet die Region nach wie vor zu wenig Aufnahmekapazität für qualifizierte technisch ausgebildete Frauen. Der Versuch, sich mit eigenen Unternehmensgründungen selbständig zu machen, erscheint damit fast als einziger Weg, um nicht erneut arbeitslos zu werden. Allerdings ist auch dieser Weg steinig, da potentielle Auftrag-geber für die Ingenieurinnen in den meisten Fällen kleine und mittlere Unter-nehmen der Region sind, die ihrerseits in vielen Fällen ums Überleben zu kämpfen haben.

Bei Stellenausschreibungen des Technologie- und Beratungszentrums in der Region wurde mehrfach sichtbar, wie viele Ingenieurinnen nach wie vor arbeitslos sind. Auf dem Hintergrund offensichtlich weiter steigender Nach-frage von Betrieben in Deutschland und Europa nach ingenieurtechnisch ausgebildetem Personal ist zu überlegen, wie Potential und Know-how dieser

Frauen weiter erhalten und gefördert werden kann, um ihnen gegebenenfalls auch zu späterer Zeit noch eine Rückkehr auf den Arbeitsmarkt zu ermöglichen.

Das Technologie- und Beratungszentrum hat zum Ende des Jahres 1997 seinen längerfristigen Standort in Dreiskau-Muckern, im Süden von Leipzig bezogen. Damit stehen in ruhiger und verkehrsgünstiger Umgebung interessierten Personen Büros, Testwerkstätten sowie Veranstaltungsräume zur Verfügung. Weitere Informationen zum Technologie- und Beratungszentrum erhalten Sie unter der Anschrift: INET e.V., Dorfstr.1, 04579 Dreiskau-Muckern, Tel.: 034206/6060.

Ursula Lemmertz

Computerschulen für Frauen in Ost und West

Wie der Beginn einer neuen Ära erscheint die Verbreitung von Computerschulen für Frauen Ende der achtziger Jahre. Zunächst belächelt und mit Argwohn betrachtet, haben sie sich inzwischen in der Weiterbildungslandschaft etabliert und institutionalisiert.

Die Anfänge

Frauen haben sich organisiert und vor mehr als 10 Jahren Computerschulen von Frauen für Frauen gegründet. Was mit einzelnen Zentren seinen Anfang nahm, hat sich bis heute zu einem dichten Netz ausgeweitet.

In Hamburg wurde nach einem vom Deutschen Frauenring e.V. entwikkelten Konzept ‚Erweiterte Berufschancen für Frauen durch informationstechnische Bildung' (Sessar-Karpp/Ellebrecht 1991) das dortige Frauen TechnikZentrum aufgebaut. Die Arbeitsgruppe ‚Frau und Technik' im Deutschen Frauenring e. V., Ortsring Freiburg, übernahm als erste Einrichtung ihrer Art dieses Konzept, das EDV-Unterricht, Persönlichkeitsbildung und Stärkung der Problemlösungskompetenz verbindet. Frau und Technik arbeitet seit 1988 als erste Computerschule für Frauen in Freiburg und ist ein gemeinnütziger Verein.

Weitere FrauenTechnikZentren arbeiten u.a. in Berlin, Frankfurt und Reutlingen. Nach der Maueröffnung wurden neue Zentren zum Beispiel in Erfurt und Leipzig aufgebaut. Sie wurden durch Schulung von Multiplikatorinnen nach bewährtem Hamburger Konzept unterstützt. Meist als gemeinnützige Vereine organisiert, verbanden sich die Zentren im „Internationalen Netzwerk Weiterbildung e.V.", dem gemeinsamen Dachverband. Neben den FrauenTechnikZentren entstanden im Laufe der letzten zehn Jahre zahlreiche weitere FrauenComputerSchulen unterschiedlichster Ausrichtung, Größe und Unternehmensform.

Computerschulen für Frauen vernetzen sich

Auf jährlich stattfindenden Kongressen treffen sich seit 1993 Aktivistinnen aus etwa 60 der genannten Projekte regelmäßig zum fachlichen und persönlichen Erfahrungsaustausch. Gezielt zusammengestellte Workshops und Seminare dienen der Weiterbildung, Motivation und Reflexion derer, die sonst übers Jahr ihre Arbeitskraft zum Training anderer Frauen einsetzen. Die

Treffen dienen als Foren für pädagogische Reflexion, neue Ideen und Qualitätssicherung. Die gemeinsame Arbeit trägt auch dann Früchte, wenn Referentinnen für spezielle Seminare zwischen den verschiedenen Schulen ausgetauscht werden.

Dank des Engagements der Münchner Frauen-Computer-Schule werden die Aktivitäten seit 1993 auch journalistisch durch das Infoblatt „Gutt'ne" (bis Ende 1997 insgesamt 13 Ausgaben) begleitet. Die Adreßliste „Frauen schulen Frauen rund um den PC in Ost und West"[1] wird ständig aktualisiert und versandt. Eine gemeinsame Webseite präsentiert die Computerschulen für Frauen im Internet und zeigt auf einer Übersichtskarte das breite Netz, das entstanden ist[2]. Die Organisationsformen der einzelnen Einrichtungen sind vielfältig: Ein-Frau-Schulen, Internetcafés und mobile Computerschulen, deren Dozentinnen mit Notebooks zu den Teilnehmerinnen nach Hause oder in die Firma kommen, stehen neben Zentren mit bis zu 100 Mitarbeiterinnen.

Kooperation statt Konkurrenz ist ein Leitgedanke, der 1997 zur Gründung des neuen Dachverbandes Piona Point e.V. geführt hat. Er entstand aus dem Wunsch und der Planung, mit einem gemeinsamen Projekt an der Expo 2000 in Hannover teilzunehmen. Zum Ziel gesetzt hat sich der junge Verein, innovative Bildungskonzepte für Frauen auszuarbeiten und neue Berufsfelder für Frauen zu schaffen. Außerdem werden Seminare zu aktuellen Themen wie Sponsoring, Erstellung von Webseiten oder Telearbeit durchgeführt.

Einmalig ist die Entwicklung eines neuen Berufsbildes, der *Pointmanagerin*, die auf ihren bereits vorhandenen Qualifikationen aufbauend, modernste Kommunikationstechnologien für eine vernetzte, innovative Tätigkeit nutzt. Damit soll der negativ besetzte Begriff ‚Telearbeiterin' ersetzt werden durch die unbelastete Bezeichnung *Pointmanagerin*. Frauen, die über eine berufliche Erstausbildung oder entsprechende Berufserfahrung verfügen, wird nach dem Baukastenprinzip eine auf drei Säulen beruhende Zusatzausbildung angeboten: Informationsmanagement, Selbstmanagement und Pointmanagement. Das inhaltliche Konzept umfaßt somit die Vermittlung von Informations- und Medienkompetenz im ersten Baustein, die persönliche Weiterentwicklung im zweiten Baustein und die Vermittlung von Schlüsselqualifikationen wie Zeitmanagement, Umgang mit Geld und mit Konflikten als dritten Baustein. Im Unterschied zu vergleichbaren Ausbildungen steht nicht die reine Vermittlung technischer Aspekte im Vordergrund. Berücksichtigt wird insbesondere, daß durch die veränderten Arbeitsformen nicht nur technisches Wissen als ausschließlicher Faktor für das Gelingen verantwortlich ist, sondern persönliche Kompetenzen einen immer höher werdenden Stellenwert haben.

---

1 zusammengestellt von Angelika Huber und Elisabeth Seidel, Frauen-Computer-Schule, Volkartstr. 23, 80634 München
2 Die Adresse der gemeinsamen Webseite ist http://www.Frauen-Computer-Schulen.de

Damit schließt sich wieder der Kreis zu den Anfängen der FrauenComputer-Schulen und der Erfahrung, daß es vor allem auf das *Wie* der Vermittlung und die Einbindung des Wissens in das Umfeld ankommt. Das Beispiel des vom Dachverband Piona Point e.V. neu geschaffenen Berufsbildes der Pointmanagerin zeigt, wie ‚Kooperation statt Konkurrenz' auf nationaler Ebene zu einem tragfähigen Konzept führen kann.

Beispiele erfolgreicher Kooperationen

FrauenMachtNetze ist nicht nur Motto des internationalen Kongresses der FrauenComputerSchulen 1998, sondern bestimmt auch die tägliche Arbeit vieler FrauenComputerSchulen. Während in der ‚männlichen Arbeitswelt' die Vernetzung eine Selbstverständlichkeit ist – an den Schaltstellen des Wirtschaftslebens sitzen Männer in ausreichender Zahl –, müssen sich Frauen eine Infrastruktur erst systematisch aufbauen. Aufbauarbeit dieser Art mußte auch von einer Institution wie Frau und Technik e.V. geleistet werden, um als qualifizierte Kooperationspartnerin gefragt zu sein. Nur wenn diese Überzeugungsarbeit gelingt, ist es möglich, andere für die eigenen Ideen zu begeistern und für die notwendige Arbeit zu sensibilisieren. Wenn die Organisation anerkannt ist, profitieren auch die Absolventinnen, die sich nach diesem Konzept qualifiziert haben, und ihr Einstieg in den Arbeitsmarkt wird geebnet.

Die regionale Zusammenarbeit mit unterschiedlichen Institutionen auf inhaltlicher Ebene erlaubt schnelle Reaktionen auf veränderte Erfordernisse des Arbeitsmarkts und die Entwicklung zielgruppengerechter Maßnahmen. Die langjährige Erfahrung in der Bildungsarbeit für Frauen kommt der Entwicklung neuer innovativer Weiterbildungskonzepte zugute. Die folgenden aktuellen Beispiele zeigen den Wirkungsgrad regionaler Zusammenarbeit für zukunftsträchtige Bildungsangebote:

- Aus Kenntnis über den Mangel an effizienten und doch bezahlbaren Fortbildungen für Frauen, die sich für *Führungspositionen* qualifizieren wollen, wurde gemeinsam mit der Volkshochschule in Freiburg eine berufsbegleitende Seminarreihe „Kompetent für neue Aufgaben" angeboten. Die enorme Nachfrage bestätigte den Bedarf.
- ‚Konzeptentwicklung und Projektmanagement' war eine Maßnahme, die durch das Arbeitsamt gefördert und mit dem Hochschulteam entwickelt wurde. *Hochschulabsolventinnen*, die auf dem Sprung von der Universität ins Arbeitsleben bzw. die Selbständigkeit waren, konnten durch diese Qualifizierung eine Lücke in ihrer Ausbildung schließen.
- In der Beratungstätigkeit der Kontaktstelle ‚Frau und Beruf' der Stadt Freiburg zeigte sich, daß es wenig Möglichkeiten gibt, der in Freiburg großen Zahl *alleinerziehender Sozialhilfeempfängerinnen* eine paßgerechte Qualifikation anzubieten. Viele derer, die oft über gute Berufs- oder

Studienabschlüsse verfügen, haben wenig Aussichten, eine Fortbildung finanziert zu bekommen. Mit der Teilzeitausbildung „Neue Perspektiven" kann den Frauen jetzt eine Chance geboten werden. Enge Zusammenarbeit mit dem Sozialamt und Finanzierung im Rahmen des europäischen Frauenförderprogramms NOW (new opportunities for women) haben es möglich gemacht, bürokratische und finanzielle Hürden zu überwinden.

• *Computerkurse für Mädchen* durchzuführen, heißt für uns auch: wehret den Anfängen. Während viele Jungen den Computer als Spiele- und Surfcomputer nutzen, sind Mädchen hier sehr viel zurückhaltender. Fehlende Rollenvorbilder und eine andere Lernkultur sind Ursachen für dieses Verhalten. Hier beginnen meistens die Probleme des herkömmlichen EDV-Unterrichts. In Zusammenarbeit mit dem Jugendbildungswerk Freiburg e. V. konnte eine große Zahl von Mädchen erreicht und begeistert werden.

Mehrere FrauenComputerSchulen arbeiten im Rahmen von EU-Projekten in europäischen Partnerschaften. Erprobte Konzepte und die Idee des Technikunterrichts von Frauen für Frauen werden auf diesem Weg auch in Organisationen der europäischen Nachbarländern vorgestellt, diskutiert und später in Teilen erfolgreich übertragen.

Ist das Konzept überholt?

Sind FrauenTechnikZentren und FrauenComputerSchulen ein Widerspruch in sich oder auch kurz vor der Jahrtausendwende noch immer eine Notwendigkeit?

Ein Blick auf die heranwachsende Generation durch wissenschaftliche Untersuchungen verdeutlicht die Notwendigkeit zur gezielten Technikbildung für Frauen. Technikdistanz ist bei jungen Frauen nach den Ergebnissen dieser Untersuchungen kaum noch vorhanden. Ungleich sind allerdings die informationstechnischen Vorerfahrungen von Mädchen und Jungen, da Mädchen deutlich weniger über einen privaten Zugang zum Computer verfügen als Jungen.

Dozentinnen von Frau und Technik e.V. konzipierten auf der Basis dieses Wissens, das durch persönliche Erfahrung mit eigenen Kindern untermauert war, im Herbst 1996 Computerkurse für Mädchen verschiedener Altersstufen. Die Durchführung begann ein halbes Jahr später mit finanzieller Unterstützung aus öffentlichen und privaten Quellen. Der Bericht der Dozentin bestätigt die neueren wissenschaftlichen Erkenntnisse zu ‚Mädchen und Computer': „In den Osterferien starteten wir mit der ersten Gruppe der 14-18jährigen Mädchen, um ... gemeinsam die Grundlagen und Geheimnisse des PCs zu erforschen. Bei den meisten Mädchen existiert zu Hause ein Computer. Einige dürfen laut ihrer Aussage aber nur selten damit arbeiten oder spielen, weil Vater, Mutter oder der Bruder das Gerät mit Beschlag belegen und Angst haben, es könne ‚etwas kaputtgehen'" (Kottmeier 1997, S.6). Ein erfreuliches Fazit im gleichen Bericht: „Mädchen gehen ungleich entspannter an den PC heran als Erwachsene. Sie wissen meist sehr genau, was sie nutzen können und was nicht. Alles Neue scheint interessant; Angst etwas irreversibel kaputtzumachen, ist für sie in der Mehrzahl kein Thema." Beispielhaft war das Interesse der Mädchen an Hardware-Fragen, den geheimnisvollen Bits und Bytes, der Funktionsweise und dem Aussehen von Arbeitsspeicher, Festplatte, Prozessor oder Grafikkarte.

Die Erfahrung der Dozentinnen dieser Kurse wird durch Forschungsergebnisse von Britta Schinzel, Professorin am Institut für Informatik und Gesellschaft in Freiburg, bestätigt. Danach war „für Mädchen, die in Mädchenschulen unterrichtet wurden, Informatik das zweitinteressanteste Fach nach Englisch und das zweitleichteste nach Kunst (...), während Mädchen von koedukativen Schulen stark in rollentypische Interessenslagen gedrängt werden oder sich drängen lassen: Bei ihnen war Informatik das zweituninteressanteste und zweitschwerste Fach nach Physik." (Schinzel 1994, S.48f.)

Daß Handlungsbedarf besteht, den Informatikunterricht in der Schule zu überdenken, zeigen die sinkenden Anfängerinnenzahlen der Informatikstudentinnen. Britta Schinzel sieht die Ursache in folgendem: „Dominierende Männer schaffen ein kulturelles Umfeld, wie die agressiven Computerspiele oder die Computerclubs, das Frauen abstößt oder ausschließt." (ebd., S.52) Während vor 15 Jahren noch das Interesse an Informatik und Mathematik zum Einstieg ins Studium bewog, hat sich hier mit dem Einzug der PCs in die privaten Haushalte eine Wandlung vollzogen. „Seit Einführung des Informatik-Unterrichts an Schulen ordnen Schülerinnen und Schüler die Informatik jenen gleichlautenden Kursen zu, die Mädchen bereits nach kurzem Besuch demotiviert verlassen." (ebd.) Die wachsende Zahl von Frauen, die sich von männlichem Expertentum abschrecken läßt, ist auch deshalb so alarmierend, da es gerade die Frauen sind, die die gesellschaftlichen Folgen der Technikentwicklung zu diskutieren bereit sind.

FrauenTechnikZentren und FrauenComputerSchulen – ein Konzept der achtziger Jahre – hat die Phase der Pubertät durchlaufen und bewährt sich erneut in Zeiten, in denen sich die Arbeitswelt sowie der öffentliche und private Bereich durch den Einsatz von Informations- und Kommunikationstechniken rasant verändern.

Literatur

Kottmeier, Eva: Mädchenkurse. In: Newsletter von Frau und Technik e.V., 1997
Schinzel, Britta: Frauenforschung in Naturwissenschaft und Technik. Beispielhafte Ergebnisse in der Informatik. In: Philipps, Sigrid: Realitäten, Ergebnisse und

Perspektiven der Frauenforschung in Baden-Württemberg. Tübingen, Stuttgart: Silberburg-Verlag, 1994, S.31-61

Sessar-Karpp, Ellen; Ellebrecht, Ingrid: Erweiterte Berufschancen für Frauen durch informationstechnische Bildung. Bonn 1991

Ulrike Behrens

Projekt „Erfolgreich studieren – Eltern im Netz"

„Aber das Hin und Her mit den Kindern (Martin moechte unbedingt ‚allein' einen Kuchen backen, fuer die Schule muss er stricken lernen, wozu er ueberhaupt keine Lust hat, Matthias soll dringend sein Zimmer aufraeumen, wozu er natuerlich absolut keine Lust hat und dringendst motiviert werden muss und Linda moechte unbedingt eine Perlenkette aufziehen und sich schick machen fuer die Geburtstagsparty heute nachmittag! Solche Aktivitaeten enden normalerweise damit, dass die Kueche total unaufgeraeumt ist, Matthias am Boden zerstoert in seinem aufgeraeumten Zimmer spielt, Lindas Perlen unter dem Kuechentisch verstreut sind und die Mutter natuerlich nichts anderes zu tun hat, als alles wieder in Ordnung zu bringen!!!) Fuer sonstige PC-Aktivitaeten reicht es jetzt leider nicht mehr, da ich eigentlich noch wenigstens ein bisschen vor dem Mittagessen fuer die Klausur lernen wollte."

Plastischer läßt sich die Situation studierender Eltern – zumal, wenn sie ein Fernstudium zu Hause betreiben – wohl kaum schildern als in diesem Lerntagebuch, das von einer der Teilnehmerinnen am Projekt „Erfolgreich studieren – Eltern im Netz"[1] angefertigt wurde. Die in diesen Tagebüchern, dem ‚Datenmaterial' des Projekts, enthaltenen Reflektionen sowie die Erfahrungen aus der Projektlaufzeit bilden zunächst die Perspektive von fernstudierenden Müttern ab; die Projektergebnisse weisen jedoch über diese Zielgruppe hinaus. So zeigen sich erstens die Chancen, aber auch die Grenzen des Mediums Internet aus der Perspektive von durch Kinderbetreuung ortsgebundenen Eltern generell im privaten sowie beruflichen Kontext. Zweitens lassen sich darüber hinaus auch interessante Einblicke in den realen Umgang ‚normaler', d.h. laienhafter NutzerInnen mit dem Internet gewinnen. Außerdem sind drittens durch die besondere – und doch gar nicht überraschende – Zusammensetzung des Projektteams Aufschlüsse über spezifisch weibliche Zugänge zum Internet und seinen Kommunikationsformen möglich.

Inhalte und Verlauf des Projekts

Als im Wintersemester 1996/97 das Projekt „Erfolgreich s.E.i.N." ausgeschrieben wurde, war eine reine Frauengruppe als Team nicht intendiert. Gesucht waren Fernstudierende mit Kindern, die bereit waren, während der

---

1 Das Projekt „Erfolgreich studieren - Eltern im Netz" wurde 1997 vom Zentrum für Fernstudium und Weiterbildung der Universität Hildesheim durchgeführt. Die Dokumentation der Abschlußtagung im September 1997 ist beim InnoVatio Verlag, Bonn erschienen.

achtmonatigen Projektlaufzeit die verschiedenen Dienste des Internet im Rahmen ihres normalen Studien- und Familienalltags zu nutzen und in sogenannten Lerntagebüchern ihre Erfahrungen und Entdeckungen zu berichten und zu reflektieren. Darüber hinaus konnten und sollten sie sich beim Tun und mit Unterstützung durch das Zentrum für Fernstudium und Weiterbildung der Universität Hildesheim als Träger und Initiator auch die Kompetenz zum Umgang mit EDV und zu ihrer Nutzung für Studienzwecke aneignen. Außer einem schon vorhandenen Internetzugang gab es keine weiteren Voraussetzungen.

Es fanden sich vier Studentinnen mit zwei bzw. drei Kindern zwischen einem und zehn Jahren, die bereit waren, sich auf einen solch offenen Prozeß einzulassen. Sie wurden für das Projekt ausdrücklich als *Mitforscherinnen* betrachtet und angesprochen, die in einem eigenständigen und qualifizierten Forschungsprozeß in eigener Sache tätig waren. Diese Offenheit zählt sicherlich zu den Besonderheiten des Projekts innerhalb der vorliegenden Forschungen über die Internetnutzung: Es gab keine Vorgaben bezüglich der Art und Häufigkeit der Internetnutzung und der Auswahl der verschiedenen Dienste, ebensowenig wie Beschränkungen auf bestimmte, z.B. fachspezifische Angebote oder die Fachrichtung der Studentinnen. Vielmehr sollten die relevanten Themen und Kommunikationsstränge sich gerade aus dem Alltagsgeschehen heraus ergeben, um einen wirklichen Eindruck davon zu bekommen, inwiefern die Nutzung der verschiedenen Dienste des Internet für Studierende mit Kindern zu einer Verbesserung der Kommunikation, des Austausches und der Realisierung von Studienanforderungen führen kann.

Von einem solch offenen Projektprozeß fertige Antworten und abgeschlossene Analysen zu erhoffen und zu erwarten, wäre inkonsequent. Ergebnis war allerdings eine äußerst lebendige Laufzeit des Projekts mit intensivstem Austausch durch *und* über das Medium Internet, persönlichen Auseinandersetzungen und gegenseitigen Hilfestellungen, Prüfungsphasen und Urlaubszeit, privaten und beruflichen Veränderungen, für die das Team, oft genug als ,Netz' funktionieren konnte.

Den Startschuß bildete ein Treffen in Hildesheim, das der Einführung in die Grundlagen der Internetnutzung, vor allem aber dem gegenseitigen Kennenlernen diente. Von diesem Treffen an fand Kommunikation innerhalb des Projektteams *ausschließlich* via Internet statt. Verabredungsgemäß wurden hierbei die folgenden Dienste genutzt.

E-Mail

E-Mail war das bei weitem dominante Medium der Kommunikation. Es sollte eingesetzt werden zum Zwecke der ,point-to-point'-Kommunikation innerhalb des Projektes (hierfür wurde eine eigene Mailing Liste eingerichtet), mit

MentorInnen, der FernUniversität, KommilitonInnen, Freundinnen und Freunden. Im Gegensatz zu einer Reihe anderer Internetdienste ist E-Mail ausgesprochen kostengünstig, und wenn die private Internetnutzung auch nicht selten eine erhebliche finanzielle Belastung mit sich bringt, so ist dies eine Möglichkeit, tatsächlich billiger als per Brief oder per Telefon zu telekommunizieren.

Darüber hinaus konstatierten die Projektmitarbeiterinnen in ihren Reflexionen überrascht eine deutlich niedrigere Hemmschwelle, via E-Mail Kontakt auch zu Unbekannten aufzunehmen, als telefonisch oder per Brief. Die gegenüber der face-to-face-Situationen eher reduzierte Kommunikation wurde entgegen der eigenen Befürchtungen – die m.E. durchaus frauentypisch sind – nicht als Hemmnis wahrgenommen. Manchmal schien es, als sei auf diesem Wege auch einmal ein Mehr an Offenheit und persönlichem Austausch möglich. Auch die Betreuung durch eine Mentorin bis hin zur Klausurvorbereitung in Statistik machte überhaupt keine Probleme. Insofern gilt der Satz „E-Mail ist besser als gar kein Kontakt" – aber es gilt auch: E-Mail ist ein Medium mit ganz spezifischen Möglichkeiten, die bislang noch nicht existierten.

Newsgroups

Zum Start des Projekts wurde auf dem Newsserver der FernUniversität eine Newsgroup für Eltern im Fernstudium eingerichtet. Diese wurde allerdings wenig besucht und auch vom Projektteam selbst eher vernachlässigt. Scheinbar war und ist dieses Forum weniger ein ‚Ort' der gemeinsamen Diskussion und des Austausches, als vielmehr eine Möglichkeit, andere kennenzulernen, mit denen sich dann ein weiterer Kontakt via E-Mail anbahnte. Dies ist natürlich nur eine Vermutung, die sich allein über die Beobachtung des ‚Traffic' in dieser oder einer anderen Newsgroup nicht verifizieren läßt. Tatsächlich sind aber einige weiterführende bzw. weitergeführte studienbezogene wie private Kontakte der Projektpartnerinnen auf diese Weise entstanden.

Chat

Das 14tägliche Treffen zu einem virtuellen ‚Projekt-Stammtisch' im online-Chat war zunächst eher der Vollständigkeit der benutzen Internet-Dienste geschuldet. Tatsächlich entwickelte es sich zu einem, wenn nicht *dem* wesentlichen Bezugspunkt im Projektablauf. Durch den Umstand, daß die Wohnorte der Teamerinnen nicht, wie vor Projektbeginn erwartet, sämtlich im südniedersächsischen Raum lagen, sondern bis zu 500 km von Hildesheim entfernt waren, erwies sich die Forderung nach einem persönlichen Treffen alle zwei Monate schon aus Zeit- und Kostengründen als unzumutbar. Dies ist vielleicht einer der Gründe, weswegen die Treffen im Chat zu so großer Bedeutung gelangten, sicherlich aber nicht der einzige. Vor allem in der Anfangsphase ergaben sich erhebliche Probleme mit der technischen Einrichtung und eine ganze Reihe von zum Teil erfolglosen Versuchen, den gemeinsamen Chat-Termin wahrzunehmen. Erst nach dem Antesten verschiedener Programme und Oberflächen fanden wir eine Möglichkeit, stabil und schnell zu kommunizieren. Einige Oberflächen, u.a. Chat-Programme, die speziell für virtuelle Arbeitsgruppen gedacht sind, sowie diverse Chat-Räume im WWW wurden dabei als äußerst frustrierend erlebt, weil die Verbindung immer wieder abriß, gar nicht erst aufzubauen war oder nur extrem langsam funktionierte. Besonders Computer-Laien neigen dazu, die Ursachen technischer Probleme im eigenen Verhalten zu suchen. Nicht selten kam per E-Mail die Frage „Was mache ich falsch?" Dennoch arbeiteten die Projektpartnerinnen mit bemerkens- und bewundernswerter Vehemenz an der Lösung ihrer technischen Probleme, um an den Treffen teilnehmen zu können, und so wurden gerade diese zum Anlaß für umfangreiche Selbst-Qualifikationen.

Nachdem eine weitgehend verläßliche Chat-Möglichkeit durch gemeinsames Try-and-Error und diverse Test-Termine außerhalb der 14täglichen Treffen gefunden war, wurden die ‚Stammtische' von allen als besonders wichtig, schön, manchmal als der eigentliche ‚Kitt' der Gruppe erlebt. Demgegenüber waren die Erfahrungen in offenen Chaträumen eher enttäuschend. Übereinstimmend folgerten die Projektpartnerinnen, daß gegenseitige Bekanntschaft und ein gewisses Gruppengefühl notwendig sei, um von einem Chat-Treffen wirklich zu profitieren.

World Wide Web

Im World Wide Web (WWW) standen neben umfangreichen Seiten des Projekts selbst[2], die im Fernstudienzentrum erstellt, verändert und regelmäßig aktualisiert wurden, natürlich alle Seiten der Welt zur Verfügung. Eine Auswahl aus dem weltweiten Angebot an WWW-Seiten ergab sich nur insofern, als die Projektmitarbeiterinnen sich gegenseitig in ihren Lerntagebüchern oder per E-Mail auf interessante Angebote hinwiesen. Diese wurden auch auf den Projektseiten als Links zur Verfügung gestellt. Andererseits war gerade das WWW, obwohl alltagssprachlich nahezu mit dem Begriff des Internet gleichgesetzt, nicht der für das Projekt und die alltägliche Arbeit zentrale Dienst. Gründe hierfür lagen vordergründig wesentlich in der finanziellen Belastung. Hält man allerdings dagegen, daß diese Frage sich beim (ebenso teuren) Chat nur selten stellte und die Stammtisch-Teilnahme aus finanziellen Gründen nie entfiel, so muß man wohl genauer sagen: Die engen Grenzen, die der privaten Nutzung des WWW (derzeit noch) gesetzt sind, werden gezogen

---

2   vgl. http://www.uni-hildesheim.de/zfw/eltern.htm

durch einen persönlichen Prozeß des Abwägens von finanziellem Aufwand und (erwartetem) Nutzen. Das WWW wurde dabei allgemein eher als unübersichtlich, die Informationssuche als zeitraubend und ineffektiv erlebt.

Fazit

Trotz des durchaus beschränkten Umfangs und Zeitrahmens läßt sich auf eine lebendige und äußerst bewegte Projektzeit zurückblicken. Erschwert wird eine Auswertung vor allem durch die (gewollte) Offenheit des Prozesses. Dennoch sind gerade durch diese Konzeption Effekte sichtbar geworden, die bei einer strukturierteren Gestaltung sicherlich verdeckt geblieben wären:

- Die Kommunikation über studienbezogene Themen hört nicht an den Fächergrenzen auf. Gerade für studierende Eltern sind Fragen nach Zeitplanung, Selbstmotivation, Zukunftsperspektiven, Akzeptanz der Familie usw. zentrale Aspekte des erfolgreichen Studierens. Austausch über die Disziplinen hinweg öffnet nicht nur den Blick für andere Studienformen, sondern auch für die Wichtigkeit dieser Lebensfragen.

- Gruppen im Internet haben eine Chance, zu echten und stabilen Gemeinschaften zu werden (der Kontakt innerhalb des Projektteams ist auch jetzt, Monate nach Ende der Laufzeit, noch vorhanden – gegenseitige Besuche werden geplant). Dabei stellt die telematische Kommunikation keinen wirklichen Ersatz für persönliche Treffen dar. Vielmehr bietet sie die Möglichkeit, Kontakte lebendig aufrechtzuerhalten, wo die Umstände dies sonst erschweren oder verunmöglichen würden. Andererseits können aber via Internet auch neue Kontakte geknüpft werden. Hier werden persönliche Treffen mit Menschen, die man ohnedies nie kennengelernt hätte, früher oder später zum Bedürfnis.

- Traditionell wird der Komplex ‚Internet‘ gerade von Computer-Laien mit dem Bedeutungsraum ‚Technik‘ identifiziert. Dies bedingt besonders bei Frauen eine skeptische bis ablehnende Haltung. Die Erfahrungen im Projekt zeigen dagegen, daß Internet-Kompetenzen in erster Linie *kommunikative Fähigkeiten* sind und damit die klassische Stärke der Frauen. Es gehört einiges an sozialer Kompetenz und Perspektivenübernahme dazu, die durch das Medium abstrahierte Interaktion in ihrer Fülle und Lebendigkeit wahrzunehmen und zu erhalten. Wer die ‚Männerdomäne Internet‘ für Frauen öffnen will, muß diesen Zusammenhang verdeutlichen und die technische Komponente wieder vom Selbstzweck auf den Rang des Hilfsmittels verweisen.

- Für Familienfrauen zeichnet sich gerade Mailing durch sein besonderes Verhältnis von Gleich- und Ungleichzeitigkeit aus: Schneller in den Übermittlungszeiten als die Briefpost ermöglicht es annähernd unmittelbaren Austausch; gleichzeitig ist es aber bei aktuellen Störungen, die im Zusammenleben mit Kindern an der Tagesordnung sind, problemlos unterbrechbar und weit weniger störanfällig als ein Telefonat. Beide Qualitäten sind den Bedürfnissen der Zeitplanung und des ‚Engpaß-Managements‘ von Eltern besonders angemessen.

- Ein wesentliches Ziel des Projekts war es, daß sich die Teilnehmerinnen durch ihre Teilnahme quasi ‚nebenbei‘ für die Nutzung des Mediums Internet qualifizieren. Dabei ging es nicht um gezielte Schulungsmaßnahmen (eine solche gab es ausschließlich beim beschriebenen Treffen zum Projektstart), sondern um das Lernen an realen Problemstellungen. Es war besonders beeindruckend, mit welcher Phantasie und Vehemenz im Falle solcher ‚echter‘ Aufgaben vorhandene Ressourcen aktiviert, gegenseitige Unterstützung eingefordert und geboten und Probleme gelöst wurden. Wie sehr Qualifikation und ein äußerst lernförderlich gesteigertes Selbstbewußtsein zusammengehen können, mag abschließend der folgende Auszug aus der E-Mail einer Projektmitarbeiterin zeigen:

„Einen kleinen Zeitschriften-Tip habe ich noch fuer euch: Die Cosmopolitan Computer Spezial. Eine Computerzeitschrift fuer Frauen. Ganz interessant, manche Artikel brauchen wir ‚Kenner‘ der Szene aber nicht zu lesen.“

Gabriele Schade

Geschlechtsspezifische Medienkompetenz
Ein Erfahrungsbericht der TU Ilmenau

1 Medienkompetenz

In den letzten Jahren wird das Wort Medien nicht nur mit den uns so vertrauten klassischen Massenmedien assoziiert, sondern der Begriff der ‚neuen Medien' nimmt im Zusammenhang mit der Diskussion zur Informationsgesellschaft einen immer größeren Raum ein. Die ‚neuen' *digitalen Medien*, die durch die Verarbeitung der Informationen auf digitaler Basis (d. h. durch die integrative Verarbeitung von statischen und dynamischen Medien), durch die Interaktion (d. h. die Möglichkeit des aktiven Eingriffs der Nutzer in den Ablauf der Medienanwendung) und die enormen Möglichkeiten der Vernetzung (bei online-Medien) gekennzeichnet sind, verändern auch die Anforderungen an die Medienkompetenz.

Gehen wir von der Unterteilung der Kompetenz in die drei Schlüsselkompetenzen Fach-, Methoden-, Sozialkompetenz (vgl. Ute Tischer in diesem Band) aus, so heißt das für die Medienkompetenz in bezug auf die digitalen Medien folgendes:

Fachkompetenz beinhaltet das Sachwissen,
- um den Computer als integrierendes Medium handhaben zu können. Die Prinzipien seiner Anwendung und Nutzung sind bekannt. Es besteht die Fähigkeit, diese allgemeinen Prinzipien auf die konkrete und aktuelle Technikgeneration zu transformieren,
- um die Inhalte der Medien zu verstehen bzw. bearbeiten zu können,
- um selbst gestalterisch in den Medienprozeß einzugreifen und dieses Wissen konkret auf bestimmte Anwendungsfälle anzupassen.

Methodenkompetenz heißt,
- die Vorgehensweisen zur Nutzung des Sachwissens zu kennen und anwenden zu können. Da sich diese Vorgehensweisen unter dem Aspekt der digitalen Medien schnell verändern, bedeutet dies vor allem, (neue) Formen für ein (lebenslanges) Lernen zu nutzen. Diese lassen sich beschreiben mit der Zusammenfassung: ‚Das Lernen lernen'. Dazu gehört, sich mit den Methoden der Aneignung globalen Wissens vertraut zu machen, die Grenzen der klassischen getrennten Wissensdisziplinen aufzubrechen und Lernwege und -geschwindigkeit selbst zu bestimmen.

Sozialkompetenz erfordert die Fähigkeit,

- sich in der (vernetzten) Medienvielfalt zurechtzufinden, sich selbstbestimmt und verantwortungsvoll darin zu bewegen. Dazu reicht die Fachkompetenz, die technischen Voraussetzungen nutzen zu können, nicht aus; weitere Fähigkeiten sind notwendig, nämlich die Fähigkeit,
- sich mit den ethischen, sozialen und gesellschaftlichen Reflexionen der Mediennutzung auseinanderzusetzen. Dazu bedarf es auch der Fähigkeit,
- kooperativ mit anderen Menschen zusammenzuarbeiten und diese Fähigkeit als wichtiges Kriterium der Sozialkompetenz zu begreifen[1].

2 Technikstudium

Um sich den Anforderungen der Informationsgesellschaft stellen zu können, sind vor allem intensive Beschäftigungen zum Erwerb der Fähigkeiten der Medienkompetenz notwendig. ‚Frauen und Technik' – auch heute scheint dies immer noch ein sich häufig ausschließendes Paar zu sein, was sich in vielfältigen Untersuchungen (leider) manifestiert:

- Nachweislich weniger Mädchen als Jungen beschäftigen sich sowohl in der Schule als auch in der Freizeit mit dem Computer,
- nachweislich weniger Mädchen als Jungen belegen mathematisch-naturwissenschaftliche Leistungsfächer in den Schulen,
- nachweislich weniger Mädchen als Jungen wählen eine Lehre in einem technologieorientierten Beruf,
- nachweislich weniger junge Frauen als junge Männer entscheiden sich für ein Studium der Informatik oder der Informationstechnik.

Was kann getan werden, wenn Frauen ihre Chance zum Erwerb der Medienkompetenz dadurch verschlechtern, daß sie kaum technisch-naturwissenschaftliche Fächer studieren?

Der amtlichen Hochschulstatistik ist zu entnehmen, daß im Wintersemester 1995/1996 erstmals mehr Studienanfängerinnen als Studienanfänger ein Studium in Deutschland begonnen haben. Der Frauenanteil unter den Studienanfängern betrug 52%. Auf den ersten Blick ist das eine Erfolgsmeldung. Sieht man sich die verschiedenen Fächergruppen genauer an, gibt es allerdings gravierende geschlechtsbezogene Unterschiede. Die geschlechtsspezifische Aufschlüsselung der Immatrikulation nach den Fächergruppen 1994/95 an Thüringer Hochschulen zeigt das deutlich. Der Frauenanteil unter den Studienanfängern ist besonders hoch in den Sprach- und Kulturwissen-

---

1   vgl. Broschüre Forum Info 2000 / AG 4: Bildung und Medienkompetenz im Informationszeitalter, Februar 1998

schaften, den Rechts-, Wirtschafts- und Sozialwissenschaften, der Kunst und den Kunstwissenschaften sowie der Medizin. Niedrig ist der Frauenanteil in der Mathematik und in den Naturwissenschaften, sehr niedrig in den Ingenieurwissenschaften.

Tabelle 1: Studienanfängerinnen an Thüringer Hochschulen

Studienfach	Anteil der Studentinnen
Sprach- und Kulturwissenschaften	56,12 %
Rechts-, Wirtschafts- und Sozialwissenschaften	57,00 %
Mathematik, Naturwissenschaften	32,76 %
Medizin	53,58 %
Ingenieurwissenschaften	22,94 %
Kunst, Kunstwissenschaften	62,56 %

Quelle: Statistisches Jahrbuch Thüringen, Ausgabe 1995

Wenden wir uns der Technischen Universität Ilmenau zu. Hier können wir verzeichnen, daß nach der Wende der Anteil weiblicher Studierender in den naturwissenschaftlichen und technischen Studiengängen deutlich zurückging. Hatten wir zu DDR-Zeiten zwischen 16 und 25% Frauen im Studium, so zeigt die nachfolgende Tabelle den Rückgang in einzelnen Studiengängen.

Tabelle 2: Studienanfängerinnen an der Technischen Universität Ilmenau

Studienfach	vor 1989	1992/93	1994/95	1997/98
Maschinenbau	zwischen	10,87 %	4,20 %	·4,05 %
Elektrotechnik	16 und	5,93 %	7,60 %	7,50 %
Informatik	25 %	8,93 %	5,80 %	7,23 %
Mathematik		70,00 %	33,30 %	36,36 %

Der verhältnismäßig hohe Anteil an Studentinnen in der Zeit der DDR resultierte nicht nur aus dem Umstand, daß

- es in der DDR eine größere Technikakzeptanz sowohl unter jungen Frauen als auch unter jungen Männern gab, wesentlich beeinflußt durch den Technikunterricht in der Schule bereits ab der 7. Klasse. Dieser Unterricht und die praktische Beschäftigung mit Technik förderte eine Studienfachwahl für naturwissenschaftliche und ingenieurwissenschaftliche Fächer.
- die Ausbildung der DDR-Schulen in den naturwissenschaftlichen Fächern von vielen von uns befragten Absolventinnen und Absolventen als förderlicher für ein naturwissenschaftlich-technisches Studium angesehen wurde, als die heutige gymnasiale Ausbildung
- die besseren sozialen Rahmenbedingungen z. B. bei Schwangerschaft (Sonderstudienplan, Kindereinrichtungen) es fast allen Frauen ermöglichte, ihr Studium zu beenden. Die Abbruchquote war sehr gering.

159

sondern auch daraus, daß es in allen Studienfächern in der DDR eine Art Numerus Clausus gab. Es wurde nur eine bestimmte Anzahl von Studierenden zugelassen. Damit war auch ein Anteil von Umleitungen zu verzeichnen. Vor allem junge Frauen (aber auch Männer), die in sehr begehrten Studiengängen wie der Medizin nicht ankamen, studierten dann z. B. Medizintechnik. Sie verfälschten das Bild der ‚wahren Technikstudenten'.

3 Ursachenforschung

Die rückläufigen Zahlen von Studentinnen veranlaßten die TU Ilmenau zu vielfältigen Untersuchungen gemeinsam mit anderen ostdeutschen Hochschulen. Es zeigten sich eine Reihe von Feldern, die sich für den Erwerb der *Medienkompetenz* von Mädchen und Frauen als hinderlich erweisen. Bezüglich des Erwerbes der *Fachkompetenz* stellten wir fest:

- Stark ausgeprägte (und im Osten Deutschlands nach 1990 wieder auflebende) *Rollenbilder* in den Familien führen schon im Kindesalter zur Herausbildung von typisch weiblichen und typisch männlichen Kinderbeschäftigungen. Dazu gehört für Mädchen sehr viel seltener die Beschäftigung mit dem Computer und der Technik als für Jungen.
- Die *Schulausbildung* unterstützt den Erwerb der Fachkompetenz für Mädchen nicht in ausreichendem Maße. Sie verläuft heute in der Regel sehr stark nach den von den Jungen bevorzugten Schwerpunkten, deutlich mehr technik- als anwendungs- und nutzungsorientiert. Dies führt dazu, daß viele Mädchen ihre Vorstellungen zur Nutzung des Computers als defizitär empfinden, sich zurückziehen und kein Interesse für die Ausbildung entwickeln.
- *Mädchen* verstehen das formale System des Computers nicht nur als ein nach Regeln arbeitendes Konstrukt, sondern *akzeptieren es viel stärker als Kommunikationsmittel*. Durch die Nutzung und Anwendung des Computers als Werkzeug im Unterricht und für die Unterrichtsvorbereitung könnten sie viel besser das Sachwissen zur Handhabung des Mediums Computer erwerben. Nicht nur das Fach Informatik ist für Fachkompetenz verantwortlich, alle anderen Fächer sollten sich genauso der medialen Möglichkeiten bedienen. (Um einen Aufsatz zu schreiben, bieten sich Hintergrundrecherchen im Netz direkt an. Eine Moleküldarstellung in der Chemie ist dreidimensional-beweglich besser verständlich. Gut erschließt sich das Innere des menschlichen Körpers mittels einer Animation.)
- Die *Lehrerinnen und Lehrer* sind zu wenig mit geschlechtsspezifischen Sichtweisen und Problemfeldern vertraut und unterstützen bei der Vermittlung des Wissens stärker die Jungen als die Mädchen.

- Diese ‚Negativwirkung' im Erwerb der Fachkompetenz setzt sich nach der Schule im *Studium* fort. Wenige Studentinnen arbeiten mit wenigen *weiblichen Vorbildern* an Studieninhalten, die *ihnen zu wenig anwendungs- und praxisorientiert* und zu ‚technikeng' sind.

Frauen studieren technische und naturwissenschaftliche Fächer, wenn diese einen starken Anwendungsbezug haben und interdisziplinär ausgerichtet sind. Beispiele dafür lassen sich benennen mit Medizintechnik, Wirtschaftsingenieurwesen oder Wirtschaftsinformatik, die einen höheren Studentinnenanteil als die reinen Technikwissenschaften aufweisen. Lösungen für den besseren Erwerb der Fachkompetenz von Mädchen und Frauen heißen deshalb:

- informationstechnische Grundausbildung als fester Bestandteil der Schulbildung,
- Elterninformationen, damit auch die Elternhäuser auf dieses Problem aufmerksam werden,
- veränderte Lehrinhalte, die auf die Interessen und Bedürfnisse von Mädchen zugeschnitten sind, sowohl in der Schule als auch im Studium,
- eine geschlechtsspezifische Vermittlung des Wissens,
- Weiterbildung für Lehrerinnen und Lehrer, Professorinnen und Professoren und alle anderen an Hochschulen tätigen Mitarbeiter und Mitarbeiterinnen, um deren diesbezügliche Defizite abzubauen,
- Förderung von Frauen in der Wissenschaft,
- eine Erweiterung des Fächerspektrums zugunsten der digitalen Medien von der Schule über das Studium bis zur Erwachsenenbildung.

Auch für den Erwerb der *Methodenkompetenz* in bezug auf (digitale) Medien sind Veränderungen unter dem Aspekt der Geschlechtsspezifik notwendig. ‚Das Lernen lernen' ist heute in den wenigsten Bildungseinrichtungen methodisches Vorgehen. Immer noch sind Menge und Umfang des Sachwissens das Bestimmende, um Kompetenz nachzuweisen. Zukünftig wird aber aufgrund der Explosion des Wissens nicht das WAS (weiß ich) so wichtig sein können, sondern stärker das WIE (erarbeite ich mir das Wissen). Das Erlernen der methodischen Vorgehensweisen wird zukünftig wichtiger als das ‚Büffeln' des Sachwissens.

Hierfür ist ein Denken über klassische Disziplingrenzen hinweg sehr wesentlich. Untersuchungen ergaben, daß Frauen stärker an interdisziplinären Schnittstellen arbeiten, sich bevorzugter interdisziplinären Fragestellungen öffnen. Diesen Umstand in Verbindung mit der starken Anwendungsorientierung von Frauen nutzend, sollten *folgende Lösungen für den besseren Erwerb der Methodenkompetenz* von Frauen und Mädchen an Hochschulen angewandt werden:

- Arbeit in interdisziplinären Gruppen,
- hohe Anteile von Projektarbeiten,

- hohe Praxisanteile (z. B. in Form eines Praxissemesters, aber auch mit Praxiswerkstätten oder ähnlichen Veranstaltungen).

Natürlich bedarf die Schwerpunktsetzung auf die *Sozialkompetenz*, der mit ca. 50 Prozent bei den Schlüsselkompetenzen der wichtigste Anteil zukommt, eine verstärkte Orientierung auf eine Ausbildung in diesem Bereich. Gerade bei der Sozialkompetenz kann die Geschlechtsspezifik eine Rolle spielen. *Soziale Kompetenz* wird im allgemeinen *Frauen* zugeschrieben. Dabei verknüpft sich diese Zuschreibung in erster Linie mit der ‚Aufgabe der Frau‘, den privaten Alltag zu organisieren, d. h. Kinder zu erziehen, Verwandtschafts- und Freundesbeziehungen aufrecht zu erhalten, zu kommunizieren.

Vielfältige Studien zum Beispiel in der Informatik-Frauenforschung zeigen, daß Frauen bestimmte *stärkere Kompetenzausprägungen*, die der Sozialkompetenz zuzuordnen sind, aufweisen als Männer. So zeigten sich bei Informatikerinnen und Computerspezialistinnen im Vergleich zu ihren männlichen Kollegen:

- mehr Interesse für Anwendungsbezug in ihrer Tätigkeit,
- eine größere Bereitschaft, ihre Erfahrungen weiterzugeben,
- Tendenzen, den Computer stärker als Gebrauchsgegenstand und weniger als ein faszinierendes Spielzeug zu nutzen.

Hier ergaben unsere Untersuchungen, daß es im derzeitigen technik- bzw. naturwissenschaftlichem Studium kaum Vermittlungsinhalte und -formen gibt, die Sozialkompetenz fördern. Ziel muß es sein, Sozialkompetenz als ‚normale Qualifikation‘ im Studium zu erwerben. Wenn Frauen in diese Ausbildung mit Vorteilen hinein gingen, wäre dies motivierend für ein Studium. Deshalb sehen wir es *als Lösung für den besseren Erwerb der Sozialkompetenz* an, in den Studieninhalten und Vermittlungsformen besonderen Wert auf diese Kompetenz zu legen, z. B. mit der Förderung der

- Kooperationsfähigkeit (Projektgruppen),
- Kommunikations- und Interaktionsfähigkeit (seminaristische Veranstaltungen),
- Organisationsfähigkeit (Praxiswerkstätten),
- Konfliktlösungsfähigkeit und Verantwortungsbewußtsein (interdisziplinäre Projektarbeiten).

4 Projekte an der TU Ilmenau

Die Untersuchungen und Lösungsansätze zur Medienkompetenz wurden von der Technischen Universität Ilmenau zum Anlaß genommen, verschiedene Projekte und Vorhaben zu initiieren, um die Ausbildung sowohl bezüglich der

Fach-, Methoden- als auch der Sozialkompetenz zu verbessern und gleich-zeitig die Attraktivität für Studentinnen zu erhöhen. Die Projekte kann man verschiedenen Phasen – der voruniversitären Phase, dem Studium und der nachuniversitären Phase – zuordnen.

4.1 Voruniversitäre Phase

a) Thüringer Koordinierungsstelle

Für die *voruniversitäre Phase* wurde die *Thüringer Koordinierungsstelle* zur Förderung von Schülerinnen in naturwissenschaftlichen und technischen Fächern (Finanzierung über das Hochschulsonderprogramm III) gestartet. Das Ziel dieser Koordinierungsstelle ist es, einer geschlechtsspezifischen Studienwahl entgegenzuwirken und die Mädchen verstärkt wieder für ein Studium einer naturwissenschaftlich-technischen Richtung zu begeistern. Die einbezogenen Einrichtungen sind alle Thüringer Hochschulen, die entspre-chende naturwissenschaftlich-technische Studiengänge aufweisen.

Die Aktivitäten der Koordinierungsstelle setzen an der Schnittstelle zwischen Schule und Hochschule an und richten sich an Schülerinnen der gymnasialen Oberstufe und weibliche Auszubildende vor der Studien- bzw. Berufswahl. Das Projekt will Schülerinnen verstärkt informieren und zur Auseinandersetzung mit Problemstellungen in Naturwissenschaft und Technik motivieren sowie interessierte Schülerinnen zielgerichtet fördern. Den Schü-lerinnen werden Möglichkeiten geschaffen, sich ausführlich und praxisnah über eine Berufstätigkeit als Ingenieurin, Technikerin oder Wissenschaftlerin zu informieren. Aufgaben dieser Koordinierungsstelle sind:

• Zusammenarbeit mit Gymnasien, Berufsberatungsstellen, Arbeitsämtern,
• Angebotskataloge der Universitäten und Fachhochschulen für Schülerin-nen,
• Durchführung von Sommeruniversitäten,
• Informationsveranstaltungen für Eltern,
• Fortbildungsmöglichkeiten für Lehrer.

b) Weiterbildungsinitiative

Auf Initiative der TU Ilmenau und des Gleichstellungsausschusses des Thü-ringer Landtages wurde mit dem Thüringer Institut für Lehrerfortbildung eine Initiative zur Weiterbildung von Lehrerinnen und Lehrern in Gymnasien gestartet. Zuerst wurde eine Veranstaltung für Informatiklehrerinnen und -lehrer durchgeführt, die auf ein positives Echo bei den Lehrenden stieß. Sie wurden in einer ersten Weiterbildung über geschlechtsspezifische Vermitt-lungsformen und Aufbereitung des Wissens in der Informatik informiert. Weitere Veranstaltungen, auch für andere Fachlehrergruppen, sind geplant.

4.2 Studium

a) Einführung neuer Studiengänge

Die Lösungsansätze zur Förderung der Medienkompetenz finden vor allem in der Erarbeitung und Einführung neuer Studiengänge an der TU Ilmenau ihren Niederschlag. Aufgrund der Interdisziplinarität des Wissenschaftsgebietes sind die neuen digitalen Medien besonders für eine interdisziplinäre Ausbildung geeignet. Dies hat die TU Ilmenau sehr frühzeitig erkannt und in einem 1993 gestarteten Modellversuch „Elektronische Medientechnik" diese interdisziplinäre Ausbildung erprobt. Dabei stieß der Bund-Länder-Kommissions-Modellversuch auf große Resonanz sowohl bei den Studierenden (und hier auch bei Studentinnen) wie auch bei Unternehmen in der Praxis.

Nach der Auswertung der Ergebnisse des Modellversuchs und der Untersuchungen zur geschlechtsspezifischen Medienkompetenz entschied die Universität, drei Studiengänge zu entwickeln, die die positiven Ergebnisse des Modellversuchs integrierten und die Lösungsansätze für den Erwerb der Medienkompetenz beachteten. Mit den Diplom-Studiengängen

- Angewandte Medienwissenschaft,
- Medienwirtschaft und
- Medientechnologie

sollen in der Lehre auf dem Gebiet der Medien die Grenzen der traditionellen Wissenschaftsdisziplinen überwunden werden, ohne daß die solide Einbindung in die vorrangig tragende Wissenschaft aufgegeben wird.

Die jetzigen und zukünftigen Tätigkeitsfelder im Medienbereich sind durch eine immer enger werdende Verknüpfung technischer, sozio-kultureller und wirtschaftlicher Aspekte der Medienentstehung und Mediennutzung gekennzeichnet. Je nach Schwerpunktsetzung sind daraus unterschiedliche universitäre Studiengänge abzuleiten. Gemeinsames Kennzeichen der neuen medienbezogenen Studiengänge ist einerseits die interdisziplinäre Aus richtung auf den drei Säulen Technik/Informatik, Medien- und Kommunikationswissenschaften sowie Wirtschafts- und Rechtswissenschaften und andererseits die schwerpunktmäßige Verankerung in jeweils einem der drei Bereiche.

Der Zusammenhang der drei Studiengänge basiert vor allem auf einer engen inhaltlichen Verbindung. Eine fundierte und den Anwenderanforderungen entsprechende Ausbildung in den Studiengängen ist ohne die Querverbindung zu den anderen Wissenschaftsdisziplinen (und hier vor allem der Technik als ‚ursächliche' Disziplin) sowie die Einbeziehung der sie charakterisierenden Lehrgebiete nicht möglich. Alle drei Studiengänge sind als deutschlandweit einmaliges universitäres Ausbildungsprofil auf so starkes Interesse bei den Studierenden gestoßen, daß in zwei von drei Studiengängen ein hochschulinterner Numerus clausus eingeführt werden mußte.

Die starke interdisziplinäre Ausrichtung auf Technik, Medienwissenschaft, Wirtschafts- und Rechtswissenschaften ist die *eine Kennzeichnung* der Studiengänge (Förderung der *Fachkompetenz*). Die Vermittlungsformen im Studium werden im Interesse des Erwerbs der *Methoden- und Sozialkompetenz* sehr stark auf eigenständige Projekte in Gruppen, denen Studierende aller drei Studiengänge angehören, orientiert. Ein Semester ist im Hauptstudium in der Praxis mit der Durchführung einer umfassenden Praxisaufgabe zu absolvieren. Auch in den seminaristisch orientierten Veranstaltungen werden anwendungsorientierte Gruppenarbeiten durchgeführt.

Die Einführung dieser drei Studiengänge stellt die *wesentliche Innovation* bezüglich der dargestellten Lösungsansätze zum Erwerb der Medienkompetenz und zu diesbezüglichen geschlechtsspezifischen Problemstellungen an der TU Ilmenau dar.

b) Projektlabor Computeranwendungen für Studentinnen

Das *Projektlabor Computeranwendungen* richtet sich speziell an Studentinnen aller Fachsemester und Studienrichtungen, die nach Möglichkeiten zur Weiterbildung im Bereich der Computeranwendungen für Studium und Beruf suchen. Für ein erfolgreiches Studium und einen guten Einstieg in die Berufstätigkeit wird der Umgang mit der Computertechnik in den unterschiedlichsten Bereichen vorausgesetzt. Die Aneignung dieser Kenntnisse ist dabei individuell verschieden, da ein Großteil der Erfahrungen nur durch den praktischen Umgang und die Lösung von Detailproblemen erworben werden kann.

So erfolgt die zielgerichtete praxisnahe Förderung von interessierten Studentinnen in interdisziplinären Gruppen zu Aspekten der Anwendung von PCs in aufeinander aufbauenden Kursen. Die Studentinnen können in einem für sie reservierten Laborraum lernen und arbeiten.

c) Unterstützung der Praxisorientierung durch einen Modellversuch

Der *Modellversuch* „Praxiskontakte von Studentinnen in ingenieurwissenschaftlichen Studiengängen" (gemeinsam mit der Universität/GH Paderborn) richtet sich an Studentinnen ingenieurwissenschaftlicher Fachrichtungen im Hauptstudium. Ziel ist die Verbesserung der beruflichen Integration und zugleich Festigung der Studienmotivation von Frauen in technischen Studiengängen. Praxiserfahrungen während des Studiums werden um so wichtiger, je weniger Studierende das Studium mit praktischen Vorkenntnissen beginnen. Erfolgreich verlaufende Praxiskontakte können die Berufsperspektive wesentlich verbessern. Deshalb besteht in der Unterstützung der Studentinnen bei der Sammlung von Praxiserfahrungen die wesentlichste Aufgabe des Projektes. So werden Grund- und Fachpraktika bundesweit vermittelt. Es erfolgt eine organisatorische Unterstützung bei der Suche nach Unternehmen für Praktika oder Diplomarbeiten und bei der Bewerbung. Wesentlich sind dabei die Erschließung und der Ausbau von Industriekontakten. Die Studentinnen werden umfangreich informiert und beraten und während des Praxiseinsatzes wissenschaftlich begleitet. Dazu werden praktikumsbegleitende Veranstaltungen organisiert und angeboten. Fächerübergreifende Lehrangebote unterstützen die Praxisvorbereitungen.

4.3 Die nachuniversitäre Phase

Für die *nachuniversitäre Phase* hat die TU Ilmenau ein *Weiterbildungsprojekt* gestartet. Medienkompetenz sollte nicht nur in der Erstausbildung sondern auch in der Weiterbildung vermittelt werden. 1997 wurde das von der EU geförderte Projekt EWAmedia (*Education of Woman Activities in Multimedia*) begonnen, in dem arbeitslose Akademikerinnen auf dem Gebiet der digitalen Medien mittels universitärer Lehrveranstaltungen weitergebildet werden und einen anerkannten Abschluß der TU Ilmenau auf dem Gebiet der Medientechnik erhalten. Ziel des Versuches ist es, Frauen in zukunftsträchtigen Berufen weiterzubilden und damit ihre Chancen auf dem Arbeitsmarkt zu erhöhen.

5 Erfolge

Obwohl die Projekte mit unterschiedlichen Startzeitpunkten erst verhältnismäßig kurze Zeit Wirkung zeigen können, ist bereits ein unmittelbarer Erfolg sichtbar: Die Zahl der Studentinnen nahm wieder zu. Während der Studentinnenanteil an der Technischen Universität Ilmenau im Wintersemester 1992/93 11,1% betrug und im Wintersemester 1995/96 sogar noch auf 9,2% fiel, erhöhte sich Prozentsatz der Studentinnen im Wintersemester 1997/98 auf 16,7%.

Technik interdisziplinär und praxisorientiert vermittelt, mit Schwerpunktsetzung auf die Lösungsansätze bezüglich der Fach-, Methoden- und Sozialkompetenz, scheint Barrieren für Frauen in einem Technikstudium zu verringern. Diese – noch nicht umfassend bewiesene – These scheint sich an der TU Ilmenau zu bewahrheiten. Eines ist aber auf jeden Fall schon heute deutlich geworden: Der Erwerb der Medienkompetenz bedarf in Zukunft einer *starken Orientierung auf Geschlechtsspezifik*, wenn Mädchen und Frauen an der Informationsgesellschaft gleichberechtigt teilhaben sollen.

Veronika Oechtering, Ingrid Rügge, Karin Vosseberg

Informatica Feminale – Sommeruniversität für Frauen in der Informatik

Erste Projektarbeiten im Überblick

Obwohl die Prognosen für Möglichkeiten von Frauen in einem Informatik-studium und einer anschließenden Berufstätigkeit gut sind, sind die Zahlen der Informatikstudentinnen an Universitäten dramatisch gesunken. Dies kann nicht nur an dem vermeintlichen Problem einer schlechten Vereinbarkeit der Berufs- und Lebensplanung von Informatikerinnen liegen. Daß Frauen in der Informatik in der Minderheit sind, hat verschiedene Ursachen. Bisherige Maßnahmen zur Frauengleichstellung, die vor allem beim Zugang von Mädchen und Frauen zum Computer ansetzen, scheinen jedoch nicht zu greifen. Mit der Initiierung des Projekts *Informatica Feminale* soll daher das kontinuierliche Verbleiben von Frauen auf allen Stufen der Hochschulausbildung gefördert werden.

Die Informatikausbildung an Hochschulen ist wie die vieler anderer Studiengänge derzeit im Umbruch. Von den verschiedensten Seiten werden Fragen an die Ziele eines Studiums und die konkrete Umsetzung eines Curriculums gestellt. Gerade auch aus dem Blickwinkel der Frauengleichstellung in der Informatik ist hier dringender Handlungsbedarf erkennbar. Veränderungen werden nach allen Erfahrungen viel Geduld benötigen, dennoch erwarten wir in den aktuellen Hochschulreformdiskussionen einige Gelegenheiten, um neue Konzepte, insbesondere auch von Seiten der Frauen, einzubringen. Seit 1993 haben deshalb einige Informatikerinnen im Umfeld des Bremer Studiengangs die Idee verfolgt, eine Sommeruniversität für Frauen in der Informatik einzurichten.

Im Mai 1997 konnte endlich das Projekt ‚*Informatica Feminale* – Sommeruniversität für Frauen in der Informatik' unter der Leitung von Prof. Dr. Hans-Jörg Kreowski am Studiengang Informatik begonnen werden. Es wird von der Universität Bremen im Rahmen des Hochschulsonderprogramms (HSP) III gefördert mit einer Laufzeit von drei Jahren. Das Konzept enthält im wesentlichen drei Teile:

• *Das Sommerstudium.* Kern der *Informatica Feminale* ist ein zweiwöchiges Informatik-spezifisches Studienangebot für Informatikstudentinnen von Universitäten und Fachhochschulen aus dem gesamten Bundesgebiet, das erstmals vom 21. September bis 2. Oktober 1998 an der Universität Bremen stattfindet. Die von Wissenschaftlerinnen, Praktikerinnen und

Didaktikerinnen durchgeführte Lehre orientiert sich zunächst an den allgemeinen Curricula-Empfehlungen, aber experimentiert auch mit neuen Studienkonzeptionen. Ziel ist es, die Studentinnen aus ihrer Isolation zu holen und der Dominanz männlicher Lehrender in diesem Bereich entgegenzuwirken. Die durch die Teilnehmerinnen und Dozentinnen zu erwartende Vielfalt von beruflichen und privaten Lebenswegen soll dabei vor allem zur Thematisierung und Nutzung eigener Gestaltungsspielräume anregen. Andererseits sollen mit dem Sommerstudium Entwürfe für andere Inhalte und Formen entwickelt und erprobt werden, die den allgemeinen Curricula-Diskussionen neue Impulse geben. Ein weiteres Sommerstudium soll im Jahre 1999 durchgeführt werden, wobei entsprechend den Erfahrungen aus dem Vorjahr Variationen geplant sind.

- *Curriculare Diskussionen.* Um veränderte Konzepte für das Informatikstudium in Diskursen unter Frauen zu entwickeln, werden Foren geschaffen und deren Ergebnisse ansatzweise im Sommerstudium erprobt. Zur Vorbereitung des ersten Sommerstudiums 1998 hat im Dezember 1997 ein zweitägiger Curriculum-Workshop zum Thema „Das Informatikstudium: Zwischen wissenschaftlicher Erkenntnis und Erwerb von Berufsfähigkeit?" stattgefunden. Folgende Fragen standen im Mittelpunkt der Diskussionen von Dozentinnen, Wissenschaftlerinnen und Frauen aus der Praxis: Zeigt eine themenorientierte Herangehensweise einen anderen Weg zur Gestaltung eines Informatikstudiums auf? Wie wäre es, ein Studium anhand von Themen wie Vernetzung, Grenzen der Informatik, Medien, Virtuelle Realitäten oder ähnliches zu strukturieren? Kann eine Orientierung an übergeordneten Themen die Mauern zwischen den herkömmlichen Fachgebieten wie Theoretische, Technische, Praktische und Angewandte Informatik einreißen? Hilft das Erlernen von Informatikwissen in kleinen Projekten entlang aktueller Themen, eine Brücke zu bauen zwischen wissenschaftlicher Erkenntnis und einer Berufsausbildung? Die Diskussionen des Workshops bezogen sich dabei unter anderem auf aktuelle Arbeitspapiere der Gesellschaft für Informatik zur Veränderung der Hochschullehre in der Informatik. Nicht zuletzt wurde ein Konzept für das Sommerstudium 1998 erarbeitet und bereits erste konkrete Vorschläge für das Veranstaltungsprogramm gesammelt[1]. Weitere Workshops sind im Laufe des Projekts vorgesehen.
- *Fortbildung für Wissenschaftlerinnen.* Immer wieder werden hochschulstrukturelle Bedingungen und die informelle Wissenschaftskultur als zentrale Barrieren für Frauen benannt. Im Rahmen der *Informatica Feminale* werden aus diesem Grund parallel zum zweiwöchigen Studienange-

---

1   Stellungnahmen zu unserem Workshop sind zu finden unter http://www.informatik.uni-bremen.de/grp/informatica_feminale/Curricula-Pos.html.

bot wie auch zeitlich unabhängig davon Veranstaltungen durchgeführt, die derartige Barrieren offenlegen und spezielle Angebote für Nachwuchswissenschaftlerinnen aus der Informatik enthalten. Beispielsweise sollen hochschuldidaktische Kenntnisse oder Strukturwissen über den Wissenschaftsbereich vermittelt werden, aber auch Themen wie Personalführung, Aufbau hochschulexterner Kooperationen und ähnliche werden thematisiert. Den Anfang dazu bildete im Mai 1998 eine eintägige Dozentinnenkonferenz, die sich auf Methoden zur Selbst- und Fremdevaluation von Lehrveranstaltungen konzentrierte.

Weitere Informationen über das Projekt sowie alle Einladungen und Programmübersichten zu durchgeführten Veranstaltungen befinden sich im Web: http://www.informatik.uni-bremen.de/grp/informatica_feminale.

Konzeptuelle Ziele

Mit den drei beschriebenen Elementen des Projekts sollen Frauen auf verschiedenen universitären oder wissenschaftlichen Handlungsebenen verstärkt Einflußmöglichkeiten erhalten. Neuartige Maßnahmen zur Frauengleichstellung im Wissenschaftsbereich dürfen nicht bei der Frage nach Vermittlung der fachlichen Inhalte stehen bleiben, sondern müssen eine veränderte Studienkultur im Sinne von geänderter Studienatmosphäre und veränderten Schwerpunkten in der Ausgestaltung des Hochschul- und Forschungsalltags hervorbringen.

Die drei im Projekt angesprochenen konzeptionellen Aspekte einer universitären Bildung – Definition von curricularen Grundlagen, Ausbildung von Studierenden und Förderung von wissenschaftlichem und lehrendem Personal – sind eng miteinander verbunden. Sie verzahnen Studieren, institutionelle Strukturen und die Kultur an einer Hochschule. Gerade in technischen Fächern haben verschiedene Untersuchungen der letzten Jahre gezeigt, daß dieser Prozeß sehr von männlichen Interessen geprägt ist.

Im Unterschied zu den meisten anderen Technikwissenschaften gibt es in der Informatik ein Potential von Frauen auf allen Qualifikationsstufen. Viele von ihnen haben sich bereits aktiv an Frauengleichstellungsprojekten beteiligt oder mit der Minderheitensituation von Frauen in der Informatik auseinandergesetzt. Es bildeten sich im Laufe der letzten Jahre zahlreiche Netzwerke von Informatikerinnen, die darüber hinaus die informationstechnische Ausstattung ihrer Arbeitsplätze für die soziale Vernetzung intensiv nutzen. Diese Strukturen stellen eine ausgezeichnete Basis für die überregionalen Handlungsebenen des Projekts *Informatica Feminale* dar. Bereits in den ersten Vorhaben wurde deutlich, daß auch international – vor allem in Österreich und in der deutschsprachigen Schweiz – ein großes Interesse am Projekt besteht und sich zahlreiche Informatikerinnen aus anderen europäischen Ländern aktiv beteiligen.

Im Vordergrund des gesamten Projekts steht, Lehr- und Lernsituationen ausschließlich unter Frauen zu schaffen. Die hierin liegenden motivierenden und stärkenden Potentiale für alle Beteiligten gilt es für weitere Ziele zu nutzen. Aufgrund der massiv gesunkenen Studentinnenanteile unter den Informatikstudierenden hat sich ihre Minderheitensituation häufig in eine ‚Einzelkämpferinnen‘-Rolle gewandelt. Während vor 15 Jahren bei 15-20% weiblichen Studierenden die Minderheit ‚Frauen‘ als solche wahrgenommen wurde, treten die 5-7% Studentinnen heutzutage deutlich seltener als Gruppe im Studienalltag auf. Je höher die ersten Generationen der Informatikerinnen allerdings im Berufsleben gekommen sind, desto vereinzelter ist ebenso ihre Situation als Frau geworden. Gleichzeitig sind zahlreiche Frauen über Weiterbildungen oder berufliche Umorientierungen in das Berufsfeld Informatik gelangt. Sie alle artikulieren für sich ein deutliches Interesse an hochqualifizierten fachbezogenen Weiterbildungs- und Austauschangeboten. Diesbezügliche Anfragen übertreffen bei weitem die jetzigen Kapazitäten des Projekts *Informatica Feminale* und verweisen auf eine Lücke bei Weiterbildungsangeboten, die von Seiten der Hochschulen wenigstens teilweise gefüllt werden könnte.

Die in früheren Jahren wesentlich einfachere und üblichere Vernetzung der Studentinnen am Studienort soll sich mittels des Sommerstudiums auf überregionaler Ebene neu ergeben. Wie die Modellversuche über spezielle Lehrangebote für Frauen verdeutlichen, nehmen Studentinnen monoedukative Angebote allerdings nur an, wenn sie einen besonderen fachlichen Anreiz bieten. Im Projekt *Informatica Feminale* sollen hier sowohl von der Wahl der Themen und ebenso von der Form der Lehrveranstaltungen her Anreize geschaffen werden. Keinesfalls soll das Sommerstudium von den Studentinnen mit einer Lückenbüßerfunktion für am Heimatstudienort überbelegte oder aus anderen Gründen gerade nicht angebotene Lehrveranstaltungen betrachtet werden. Erste Reaktionen im angelaufenen Anmeldeverfahren für das Sommerstudium 1998 zeigen ein reges Interesse von Studentinnen der Informatik und verwandter Fächer. Große Nachfrage besteht auch bei berufstätigen Informatikerinnen, die qualifizierte Weiterbildungsangebote suchen.

Die ersten Projektaktivitäten haben ebenfalls das große Interesse von Wissenschaftlerinnen auf den verschiedenen Qualifikationsebenen bestätigt, ihre Lehrangebote in den eher unüblichen Rahmen eines Block- und zugleich Fernstudiums zu stellen. Das Risiko, zahlreiche unbekannte und nach ihren fachlichen Vorkenntnissen möglicherweise schwierig einzuschätzende Studentinnen zu unterrichten, wird als Herausforderung und als Bereicherung für die Einschätzung des eigenen Studiengangs betrachtet. Für das erste Sommerstudium ist eine nach Themenschwerpunkten strukturierte Gliederung des

Ringvorlesung ‚Informatik – genauer betrachtet'

• Technology for the Futures of Women • Trends in digitalen Netzen • Paradigmenwechsel in der Softwaretechnik • Computers as materials and artifacts in design and use • Telearbeit • Virtuelle Unordnung im Geschlechterverhältnis • Computer Engineering: Engineering What? • Vom Algorithmus zur Interaktion? Von der Maschine zum Medium? • Feministische Naturwissenschaftsforschung und Technoscience • Recht im Internet • Informationssicherheit – Sicherheitsmodelle und Sicherheitspolitiken • Arbeitsschutz •

Themenschwerpunkt ‚Informationsnetze'	Themenschwerpunkt ‚Softwareentwicklung als Prozeß'	Themenschwerpunkt ‚Interaktion und Medien'
• Hypertext und Hypermedia • Elektronisches Publizieren im WWW • Dokumente, Computer und Typographie • Agenten rund ums Web • Frauenpolitische Nutzung des Internets • Feministische Angebote im Netz • Frauen-Politik-Internet • Internetunterstützung für Kooperation und Mediation • Radio Bremen – Online Projekt •	• Software Engineering – Historische Entwicklung • Rechnerunterstützte Kooperation und Kommunikation • Interaktion zwischen objektorientiertem Denken und feministischer Kritik • Petri-Netze und ihre Anwendung im Systementwurf • Qualitätsmanagement • User-Partizipation • Software Engineering + WWW = Web Engineering •	• Von ‚Virtual Reality' bis ‚Graspable User Interfaces' • Graphtransformation und Bilderzeugung • Mensch-Maschine-Interaktion • Künstliche Intelligenz • Neue Lebensformen im Netz • The Visible Human Project • Bewegung bei Feldenkrais • Artificial Life Ansatz • Kulturelle Wunschmaschine • Natur- oder Maschine-Menschen? •

Basisveranstaltungen

• Programmierkurs Java • Informationsrecherche zur Informatik • Schreibwerkstatt • Informationen aufbereiten für den interaktiven Zugang • Publizieren im Netz mit HTML • ADMINA-IN-BREMEN • Schöner arbeiten im Cyberspace? • Objectivism and Interactionism in Computing • Informatische Bildung in der Schule • Frauenpower im Studium • Berufsfeld Wissenschaft • Promotion – ein langer Leidensweg • Erfahrungen mit dem Sommerstudium •

Abbildung 1: Angebotsübersicht des Sommerstudiums 1998

gesamten Studienprogramms positiv aufgenommen worden. Die Möglichkeit, sowohl interdisziplinäre wie auch feministische Fragestellungen und Lehrveranstaltungen auf diese Weise zu integrieren, hat gleichzeitig eine breite Zustimmung gefunden. Begleitet werden die Themenschwerpunkte dabei durch eine Ringvorlesung und diverse Basisveranstaltungen. Kompetente Fachfrauen greifen in Vorträgen dieser Ringvorlesung allgemeine Aspekte der Themenschwerpunkte auf. Die Basisveranstaltungen vermitteln grundlegende Fertigkeiten, diskutieren aber auch allgemeinere Erfahrungen und Perspektiven in der Informatik. Bei der Ausrichtung der Lehrangebote wird der Erwerb wissenschaftlicher Erkenntnisse, insbesondere bei einer universitären Ausbildung als Ziel eindeutig in den Vordergrund gestellt. Diese Ausgangsposition ist durch die curricularen Diskussionen unter den Dozentinnen und anderen Fachfrauen nachdrücklich bestätigt worden. Eine wissenschaftliche Begleitforschung wird dazu beitragen, das Lehrangebot der Sommeruniversität gezielt zu variieren, an aktuelle Entwicklungen anzupassen und aufgrund entsprechender Erfahrungen und Evaluationen zu verbessern.

Einen Teil des Projektfokus stellt die Veränderung des in der breiten Öffentlichkeit herrschenden Bildes der Informatik dar. Aus diesem Grund werden während des Sommerstudiums Veranstaltungen für Schülerinnen in einem kleinen Begleitprogramm angeboten. Darin stellen Fachfrauen ihre verschiedenen Lebenswege und beruflichen Werdegänge vor, gleichzeitig werden Spezialthemen in allgemein verständlicher Weise vorgestellt. Weiterhin wird eine intensive Pressearbeit betrieben, um die Präsenz von Frauen im Fach und auch die enorme Vernetzung der Fachfrauen zu verdeutlichen.

Zugleich soll aber auch die fachinterne Öffentlichkeit direkter angesprochen werden:

• Die Resonanz der Projektelemente soll in die Informatikstudiengänge an Universitäten und Fachhochschulen weitervermittelt werden. An zahlreichen Hochschulen laufen immer wieder kleinere Vorhaben an, die sich speziell an Mädchen oder Frauen wenden. Viele sind jedoch von ausgesprochen kurzfristiger Perspektive, beispielsweise um neue Studentinnen bei Unterauslastungen zu gewinnen. Selten sind dabei genügend Fachfrauen vor Ort vorhanden, die derartige Aktionen unterstützen können. Erfahrungen aus dem im Laufe des Jahres 1996 an der Universität Bremen durchgeführten Pilotprojekts zur Information und Motivation von Frauen und Mädchen für das Informatikstudium haben gezeigt, daß von einem Informatikstudiengang vorbereitete diesbezügliche Angebote (wie z.B. Broschüren für Schülerinnen) überregional von vielen Studiengängen gern angenommen und unterstützt werden. Zahlreiche Informatikstudiengänge motivieren ihre Studentinnen zur Teilnahme am Sommerstudium und gewähren Reisekostenzuschüsse. Für das Sommerstudienangebot wird die Anerkennung der erbrachten Leistungen in den Diplomstudiengängen Informatik des gesamten Bundesgebiets angestrebt; mehrere Studiengänge haben sich inzwischen hierzu bereit erklärt. Studentinnen könnten damit einige Studienleistungen in Form eines Fernstudiums erbringen. Im Rahmen der Begleitforschung wird zu untersuchen sein, inwieweit derartige Angebote die Studiensituationen verbessern oder dem Lebenszusammenhang von Frauen angepaßt sind.

• Eine große Bedeutung hat nicht zuletzt die Resonanz des Vorhabens in der Informationstechnikindustrie. Hier sind in den vergangenen Jahren einzelne Initiativen entstanden, die Bewerberinnen gezielt ansprechen oder Frauen in Karrierewegen unterstützen wollen. Ziel des Projekts *Informatica Feminale* ist, Firmen zu motivieren, ihre Angebote den Informatikstudentinnen bekannt zu machen und sich während des Sommerstudiums mit Fachbeiträgen oder Sponsoring für die Studentinnen zu engagieren.

Perspektiven

Teilnehmerinnen und BeobachterInnen der verschiedenen Projektelemente miteinander ins Gespräch zu bringen, dies läßt sich als Kern aller Aktivitäten im Projekt *Informatica Feminale* festhalten. Lehrende und Lernende sollen ihre Ausbildungs- und Fachverständnisse in inhaltlicher und methodischer Sicht diskutieren und ihre Motivationen ergründen. Aus vielen Reflektionen kann so ein ‚Paket' von Themen und Erfahrungen entstehen, die einen neuen Weg in der Frauengleichstellung in technischen Fächern aufzeigen und eine Übertragung in andere Studienfächer ermöglichen.

Barbara Becker, Christiane Funken

Elektronische Kommunikation: Eine Chance für Frauen?

1 Einleitung

Betrachtet man die gegenwärtige Debatte über Chancen und Risiken des Internet, so begegnet man an unterschiedlichster Stelle Vorstellungen und Visionen, denenzufolge elektronische Kommunikation zu einer Demokratisierung von Gesellschaft führen könne. Die interaktive Struktur der Netze ermögliche neue Formen partizipativer Entscheidungsfindung, die zu veränderten Formen von Öffentlichkeit führen könnten. Doch stellt sich zunehmend die Frage, wer an diesem ‚öffentlichen Raum im Cyberspace‘ überhaupt partizipiert. Frauen zumindest treten hier selten in Erscheinung. Ernüchternde Schätzungen verweisen darauf, daß lediglich 5 bis max. 20 Prozent der Internet-NutzerInnen weiblich sind (Lehmann 1996). ‚Elektronische Demokratie‘ also ohne die Beteiligung von Frauen?

Gegeninitiativen unterschiedlichster Art, die zu einem höheren Frauenanteil unter den NetznutzerInnen führen sollen, lassen sich allerorts finden: Mailboxen, die nur für Frauen zugänglich sind, werden eingerichtet, Newsgroups mit frauenspezifischen Themenstellungen werden ins Leben gerufen, in Politikerreden wird die Notwendigkeit weiblicher Partizipation beschworen, in speziellen Workshops und Kursen werden Frauen grundlegende Kenntnisse des Umgangs mit den Netzen vermittelt. Doch alle Versuche, Frauen zur Nutzung der neuen Medien zu bewegen, scheitern immer wieder an verschiedenen Hürden. Eine offensichtliche Barriere besteht in den begrenzten Zugangsbedingungen für Frauen ans Netz: Gängigen Analysen zufolge wird der primäre Zugang zum Internet vornehmlich über professionelle Ein- und Anbindungen erleichtert. Berufsfelder, die einen solchen Einstieg ermöglichen, sind jedoch genau jene, in denen Frauen traditionell weniger vertreten sind. Darüber hinaus verfügen Frauen seltener als Männer über die notwendigen Ressourcen wie Zeit, Geld etc., um sich private Internet-Anschlüsse leisten zu können bzw. diese zu nutzen (Rakow 1991) – sie besitzen häufig nicht einmal einen Computer (Funken 1996, 1997). Es sind jedoch nicht nur derartige ‚materielle‘ Bedingungen, die mitverantwortlich für die geringe Präsenz von Frauen im Netz sind, sondern es lassen sich auch netzimmanente Faktoren nennen, die als Barrieren fungieren und mit ausschlaggebend für den geringen Frauenanteil unter den Netznutzern sind.

In unserem Beitrag möchten wir zunächst auf die Kommunikationsbedingungen und -strukturen im Netz eingehen, die unseres Erachtens mit dafür verantwortlich sind, daß Frauen in den Netzen seltener in Erscheinung treten. Anschließend wird zu zeigen sein, in welcher Weise Frauen mit ihrer je spezifischen Sicht- und Umgangsweise produktiv auf die Netzkultur wirken können.

2 Kommunikationsbedingungen in den Netzen

2.1 Differenzen im Kommunikationsstil

Angesichts der Tatsache, daß die neuen Medien sich auffächern in unterschiedlichste Angebote, möchten wir vorab eine Differenzierung vornehmen: So muß beispielsweise unterschieden werden zwischen der Nutzung des WWWs (World Wide Web), wo Informationen unterschiedlichster Art in Form von Homepages sowohl selbst präsentiert als auch abgerufen werden können, und der Nutzung des Netzes als Kommunikationsnetzwerk, wo beispielsweise in Usenet News, Mailinglisten, Chatting Boards, MUDs/MOOs (virtuelle Spielwelten) und über Teleconferencing-Systeme auf elektronischem Wege miteinander in Kontakt getreten werden kann. Die folgenden Beobachtungen beziehen sich vorwiegend auf die letztgenannten Angebote, zumal sich hier sowohl die gegenwärtigen Problemzonen als auch die Möglichkeiten weiblicher Partizipation sehr gut veranschaulichen lassen.

Bereits in den vergangenen Jahren wurden einige Untersuchungen veröffentlicht, in denen die Kommunikationsformen in den Netzen unter geschlechtsspezifischer Perspektive analysiert wurden. So unterscheiden sich beispielsweise in einer Studie von Herring (1994) Männer und Frauen hinsichtlich ihrer Kommunikationsstile in Mailinglisten sehr deutlich: Männer zeigen ein eher auf Widerspruch zielendes, zur Darstellung der eigenen Person neigendes Verhalten, sie grenzen sich ab, pflegen in ihrer Wortwahl und Argumentationsweise einen eher offensiven Stil und haben deutlich längere Beiträge als Frauen. Frauen sind dadurch offensichtlich eingeschüchtert: Sofern sie überhaupt noch an den Diskussionen partizipieren, stellen sie eher Fragen, äußern sich vorsichtiger, zielen auf Verständigung. Mit diesem Kommunikationsverhalten riskieren Frauen, daß nur selten auf ihre Beiträge reagiert wird, ihnen so implizit die Legitimation einer Diskussionsbeteiligung aberkannt wird und sie aufgrund der fehlenden Resonanz in diesen Kontexten kaum noch in Erscheinung treten.

2.2 Unterschiedliche Kommunikations‚ethik‘

Befragt nach den Gründen für ein solch unterschiedliches Kommunikationsverhalten treten divergente Haltungen zutage. So äußern Männer ihre grundsätzliche Freude an kontrahierenden Diskussionen, in denen unterschiedliche
Positionen zum Tragen kommen, die Widersprüche offen zutage treten und
die Gegensätze nicht verwischt werden. Die von Männern gewählte Begriff-
lichkeit zur Beschreibung dieses Kommunikationsverhaltens erinnert an
Kampf: Man(n) schärft die Argumentation, schießt den Gegner ab, behauptet
sich, stellt Positionen klar, verteidigt diese, geht in die Offensive. Frauen
neigen laut Befragung im Gegensatz dazu, den jeweiligen Kommunikationspartner ernst zu nehmen, seine Position abzuwägen, die eigenen Standpunkte
durchaus auch in Frage zu stellen und sich ganz allgemein in freundlichem
Umgangston zu artikulieren. Sie bemühen sich, dem oder der jeweils Anderen
einen eigenen Raum zu belassen und rücksichtsvoll miteinander umzugehen.

Diese Ergebnisse sind nicht erstaunlich, spiegeln sie doch die bereits
bekannten Unterschiede im Kommunikationsverhalten von Männern und
Frauen wieder. Insofern entspricht die Art der Mailinglisten- und Newsgroup-
Kommunikation dem Verhalten, wie wir es seit langem kennen und wie es für
die machtorientierten hierarchischen Strukturen unserer Kultur insgesamt
typisch ist. Doch kommt in der elektronischen Kommunikation ein erschwe-
render Faktor hinzu. Während auf den klassischen Konferenzen und in
traditionellen Diskussionszusammenhängen die körperliche Präsenz der
Beteiligten Garant dafür war, daß Frauen – wenn auch seltener an Diskussionen beteiligt – zumindest ‚physisch‘ präsent waren, löst sich diese Präsenz im
Netz auf, wenn Frauen nicht beachtet werden, auf ihre Diskussionsbeiträge
nicht reagiert wird und sie sich als Konsequenz eines solchen Verhaltens
zurückziehen. Sie sind aus den Diskursen dann vollständig eliminiert, mit
langfristigen Folgen für ihre Beteiligung an professionellen, gesellschaftspolitischen und kulturellen Diskussionszusammenhängen.

2.3 Kommunikation ‚im leeren Raum‘: Das Problem des mangelnden Feedback

Betrachtet man die Kommunikationsprozesse im Netz von einer anderen
Perspektive und befragt Netznutzerinnen nach ihrer vorrangigen Form von
Netzanwendungen, so fällt auf, daß Frauen sehr häufig bilaterale E-Mail-
Kontakte gegenüber öffentlichen Diskussionen in Newsgroups und Mailing-
listen bevorzugen (Lehmann 1996). Dabei zeigten empirische Studien
(Pohl/Michaelson 1997), daß die Anonymität der Kommunikation in Mai-
linglisten und Newsgroups für Frauen offensichtlich eher eine Barriere dar-
stellt als für Männer. Diese Anonymität äußert sich darin, daß man nie genau

weiß, wer das jeweilige Gegenüber ist und wer die eigenen Botschaften liest. Nachrichten in diesen öffentlichen Diskussionsforen werden somit einem unidentifizierbaren Publikum präsentiert, dessen Rückmeldungen nach Belieben erfolgen oder ausbleiben. Frauen, die mehr an Auseinandersetzung und Interaktion denn an Selbstdarstellung interessiert sind, empfinden die Tatsache, daß ihre Nachrichten in Mailinglisten immer wieder unbeantwortet bleiben, als belastend. Ihnen fehlt das Feedback, die direkte Reaktion auf ihre jeweilige Botschaft, der unmittelbare Austausch mit Anderen. Verstärkt wird dieses Unbehagen in Kommunikationszusammenhängen, wie etwa den MUDs und MOOs, in denen das Spiel mit Masken und Täuschungen, mit Rollen- und Geschlechtswechsel dieses Moment der Anonymität und Unvorhersagbarkeit verstärkt und die jeweilige Form des Feedback, sofern sie denn überhaupt erfolgt, uneinschätzbar und kontingent bleibt (Becker 1997). Intensiviert wird dieses Moment der Anonymität und Unabwägbarkeit durch die Absenz leiblicher Aspekte von Kommunikation. Das Fehlen der Nanciertheit mimischer, gestischer und sinnlicher Wahrnehmung des jeweiligen Gegenüber erschwert die Deutung der jeweiligen Botschaft bzw. erweckt den Eindruck, als hinterlasse die eigene Nachricht keine Resonanz bei den unbekannten Anderen.

Männer scheinen unter diesem Umstand offensichtlich weniger zu leiden als Frauen, die eher auf Spiegelungen durch Andere angewiesen sind, Bestärkung und Feedback erwarten, um mit Anderen in einen intensiveren und fruchtbaren Austausch treten zu können. Anonymität, Ungewißheit und mangelndes Feedback – Merkmale der elektronischen Kommunikation – lassen sich somit als netzimmanente Hinderungsfaktoren einer weiblichen Netzpartizipation identifizieren, aber auch als Chance.

2.4 Chancen neuer Kommunikationsstile

Grundsätzlich ist es für die Kommunizierenden im Internet nicht feststellbar, ob sie tatsächlich mit der Person verbunden sind, für die ihr Gegenüber sich ausgibt, da die äußerlichen Referenzen wie z.B. Statussymbole, nonverbale Kommunikation, Körperhaltung, Stimme, Mimik oder generalisierte Symbolisierungen als ‚Kontrollinstanz‘ fehlen. Gerade weil Kommunikationscodes interkulturell variieren, funktioniert ihre Interpretation nur auf der Basis vereinbarter Symbole. Erst die Bezugnahme auf gemeinsame Regeln macht Prognosen für zukünftiges Handeln und Handlungskombinationen möglich, erlaubt die Reduktion kommunikativer Unsicherheit und gestattet Handlungskalküle.

Solch symbolische Vereinbarungen werden insbesondere zur Markierung der Geschlechterdifferenzen eingesetzt und z.B. durch Kleiderordnungen, Bewegungsabläufe, Körper(-haltungen), Sprachkonventionen oder Interaktionsrituale ,in Szene gesetzt'. Obwohl das Geschlecht keine vorgegebene, quasi statische Kategorie darstellt, sondern als Produkt sozialer Klassifikations- und Zuordnungsprozesse anerkannt wird[1], beruhen geschlechtstypisierende Unterscheidungen in der sozialen Interaktion zunächst überwiegend auf körperlichen Erscheinungs*bildern* und habituellen Unterscheidungsmerkmalen. Die Vergewisserung der Richtigkeit der Zuschreibung als Mann oder Frau erfolgt in und durch die Interaktion selbst, die üblicherweise in sozial anerkannte Kontexte eingebettet ist und als Garant sozialer Ordnung gilt. „Der größte Teil unseres Alltagswissens (und dazu gehört auch das Wissen über die Zuordnung der Geschlechter, Anm. Ch. F.) ist uns so zur Gewohnheit geworden, daß wir es normalerweise gar nicht mehr bemerken, zumindest solange nicht, wie es ,wie gewohnt' funktioniert." (Hitzler 1993, S.225) Elektronisch vermittelte Kommunikation funktioniert nicht wie gewohnt!

Im Zuge der Mediatisierung gesellschaftlicher Kommunikation erfolgt vielmehr eine Entkopplung der unmittelbaren interaktiven Sozialbeziehungen, so daß körperliche Präsenz und kontextuelle Symbolisierung, bzw. ,gewohnte' Zuschreibungsmodi und -referenzen entzogen und durch neue schriftliche und virtuelle Inszenierung ersetzt werden. Auch und gerade die ritualisierten Darstellungen und Zuschreibungen der Geschlechter, die in sozialen Interaktionen (face to face) gültig sind, verlieren für die mediale Kommunikation weitgehend ihren Geltungsbereich (,Rahmen', Goffmann 1977), da sie üblicherweise über Geschlechtsinsignien (Genitalien), Geschlechtsindizien (,typische' Darstellungselemente) und die identifizierbaren Träger der Geschlechtsgeltung (Personen) codiert werden (Hirschauer 1989). Geschlechtsunterschiede werden als ,offensichtliche' Markierungen innerhalb einer ,sichtbaren Ordnung' gehandelt, die die Grenzziehung zwischen den Geschlechtern zu rechtfertigen scheint[2].

Im Gegensatz zur ,realen' Kommunikation, bei der das Geschlecht ,scheinbar' sichtbar ist, d.h. die körperliche Präsenz unvermeidbar soziale Zuschreibungen provoziert, hängt bei der computerunterstützten Kommunikation die Geschlechtsgeltung ausschließlich von der *Zuschreibung* der Interaktionspartner – als Reaktion auf eine glaubwürdige *Darstellung* – ab (vgl. auch Funken 1989). Eine solch *demonstrierte* Geschlechtlichkeit relativiert in hohem Maße die ,Selbstverständlichkeit' der alltäglichen Geschlechterkonstruktion, die ja gerade erst dann glaubwürdig ist, wenn sie nicht expliziert werden muß. Eine, dem ritualisierten Selbstverständnis entzogene Geschlechtlichkeit hingegen scheint per se fragwürdig, wie zahlreiche Studien zur Transsexualität beispielhaft nachweisen (vgl. u.a. Hirschauer 1989, West/

---

1   Dieser soziale Klassifikations- und Zuordnungsprozeß kann - zumindest theoretisch - stets einer Neubestimmung zugeführt werden.

2   „Ebenso gut könnten wir sagen, daß es so etwas wie eine Geschlechts-Identität nicht gibt. Es gibt nur einen Plan für das Porträtieren der Geschlechtszugehörigkeit." (Goffman 1977, S.37)

Zimmerman 1991). Aber auch engagierte Rollenspieler diverser elektronischer Dienste (von MOOs, MUDs etc.) behaupten etwa, daß künstlich bzw. ,unnatürlich' ausgeführte Kommunikationsstile und -rituale oder gar elektronische Interaktionspartner relativ schnell erkannt werden könnten. Auch wenn im Netz typischerweise die Authentizität des kommunikativen Gegenübers nicht kontrolliert werden kann, so ist offensichtlich doch „ein Gespür (Augenmaß, Fingerspitzengefühl)" (Willems 1997) für den Anderen bzw. zur richtigen Einschätzung sozialer Situationen notwendig.

Im Netz ist die Irritation der alltagspraktischen ,Selbstverständlichkeiten' und damit der gängigen Kommunikationsstile obligatorisch. Dies bedeutet nicht, daß der Ersatz traditioneller durch technisch vermittelte Kommunikation kategorisch eine hohe kommunikative Störanfälligkeit zur Folge hat[3]. Vielmehr muß die kommunikative und situative Bedeutung nonverbaler Kommunikation in Abhängigkeit von den jeweiligen Kommunikationserfordernissen betrachtet werden (Höflich 1996). Die Geschlechterdifferenzierung erweist sich hier als besonders sensibles Feld, da durch Stereotypisierungen „hypothetische Annahmen über geschlechtsspezifische Verhaltensmuster zu ,naturhaften' Geschlechterzuständen transformiert werden" (Hammerich 1996, S.5). In den vorgenommenen Attribuierungen der Kommunikationspartner, d.h. der Charakterisierung bestimmter Kommunikationsstile als männlich oder weiblich, lassen sich geschlechtsspezifische Konstruktionen erkennen, die jeweils als Muster gängiger, modifizierter oder neuer (Rollen)Stereotype identifizierbar sind.

Gefordert ist entsprechend die Entwicklung neuer Strategien zur Bewältigung verschiedenster Kommunikationssituationen, in denen das Geschlecht zur Disposition steht. Dies ist für Frauen eine Chance. Je nach elektronischem Dienst (Mailinglisten, Newsgroups, MUDs etc.) ließen sich im Prinzip neue Symbolisierungen[4] der Geschlechtszuschreibung entwickeln und einer *revidierten* ,Mustererkennung' von Geschlechtern zuführen. Zumindest aber könnten neue Kommunikationsstile zwischen den Geschlechtern erprobt werden, die die oben aufgeführten, eingespielten Regeln durchbrechen helfen. Nutzer und Nutzerinnen der elektronischen Mail wissen zu berichten, wie sehr sich dort die sprachlichen Umgangsformen im Vergleich zur mündlichen oder klassischen schriftlichen Kommunikation geändert haben: Informationen werden ohne einführende Preliminarien oder gar ohne Anrede mitgeteilt, Unterschriften werden durch Kürzel ersetzt und selbst persönliche Mitteilungen haben den Charakter von Aktennotizen. Offenbar hat sich hier weitgehend ein neuer Kommunikationsstil durchsetzen können, der ausschließlich

---

3 Die sogenannte Restriktionshypothese, nach der durch die Abwesenheit nonverbaler Ausdrucksmittel Kommunikationsstörungen auftreten, konnte nicht generell bestätigt werden (Höflich 1996).

4 als ,generalisierter Code'

funktionellen Zwecken dient und traditionelle Regeln beruflicher oder privater Korrespondenz unterläuft. Diese und andere Änderungen aber vermögen unter Umständen auch ungewollte Geschlechteretikettierungen zu verhindern und gegebenfalls eine neue Geschlechtercodierung[5] herbeizuführen. Angesprochen sind hier solche Indizien der Glaubwürdigkeit von Geschlechtsattribuierung, wie sie sich z.b. in Höflichkeitsformen, Anredetypen, Selbstbeschreibungen, Signaturen, Dialograstern, Sprachmitteln, Schreibweisen, Metaphernverwendungen und vor allem Kommunikationsritualen niederschlagen können. Noch ist allerdings nicht erfaßt, ob – realen Kommunikationsprozessen vergleichbar – auch mediale Kommunikation die Teilnehmer zwingt, ihre Interaktionspartner als Männer oder Frauen zu ‚sehen' oder ob die Zweigeschlechtlichkeit zugunsten inhaltlicher oder strategischer Bedeutung in den Hintergrund treten kann. Zu überprüfen wäre deshalb, ob auch die scheinbar anonymisierte bzw. referenzlose Kommunikation im Internet gängigen Attribuierungen unterliegt, diese wohlmöglich übersteigert oder aber neue Zuschreibungsregeln entwirft, d.h. es ist danach zu fragen,

1. ob überhaupt Geschlechtszugehörigkeit attribuiert wird oder ob die Anonymität der Kommunikation ‚Geschlechtlichkeit' erübrigt,
2. ob bzw. inwieweit sich der ‚Attributionsprozeß' der Geschlechtszugehörigkeit am Alltagswissen und der Alltagswirklichkeit orientiert (z.b. von der Zweigeschlechtlichkeit gesteuert wird),
3. ob bzw. inwieweit sich eine neue ‚Kultur' der Geschlechter etabliert oder aber traditionelle Umgangsformen und Attribuierungen gepflegt werden,
4. ob und inwieweit die Anonymität des Kommunikationsmediums neue (geschlechtsspezifische) Kommunikationsstile erlaubt bzw. herausfordert, die sich klassischen Zuschreibungsmodi entziehen.

Entsprechend muß zunächst danach gefragt werden, nach welchen Kriterien die Interaktionspartner die medial vermittelte Geschlechtsattribution vornehmen und wie sie selber ihre Geschlechtszugehörigkeit im Zuge der computerunterstützten Kommunikation inszenieren[6].

3 Handlungsstrategien für Frauen

Genau an diesem Punkt läßt sich abschließend eine globale Handlungsstrategie für Frauen im Umgang mit den Netzen skizzieren. Neben der naheliegen-

---

5 Wo schließlich läßt sich besser die Auflösung kategorialer Geschlechterzuordnung erproben als im Virtuellen?
6 Eine Untersuchung zu dieser Fragestellung ist in Vorbereitung.

den Nutzung der Netze für frauenspezifische Interessen (Frauen-Newsgroups und -Mailinglisten, Kontakt- und Stellenbörse, Info-Dienste, feministische Diskussionsgruppen) besteht die Chance weiblicher Netznutzung vor allem darin, zu einer kommunikativen und (geschlechts-)kategorialen Neuorientierung in den Netzen beizutragen. Die oben zunächst skizzierte Kommunikations- und Kontaktbereitschaft von Frauen, ihre soziale Kompetenz und ihre Sensibilität gegenüber mangelnder Resonanz könnten zu einem veränderten Klima in der Netzkultur führen, wenn es gelänge, die mit der Anonymität einhergehenden, oftmals unverbindlichen, auch harschen Kommunikationsstile in einen eher kooperativen und neuen Stil umzuwandeln. Frauen könnten hier Entscheidendes leisten, indem sie ihren eigenen Stil konsequent zur Geltung bringen und sich gegenüber den selbstdarstellerischen Attitüden männlicher Netzteilnehmer ab- und zur Wehr setzen. Der weibliche Netzzugang, der nicht blind Informationen präsentiert oder sich unbedingt zu diesem und jenem äußern muß, nur um Präsenz zu dokumentieren – ein Umstand, den man immer wieder bei männlichen Teilnehmern von Mailinglisten beobachten kann –, würde zu einer Form der Internetnutzung führen können, die eher an thematischen und kooperativen Gesichtspunkten interessiert ist denn an bloßer Selbstdarstellung. Damit aber änderte sich das Klima der Netzkultur und die bereits beobachtbare Ermüdung ließe sich produktiv wenden.

Gleichsam ließe sich die – gerade von Frauen – ungewollte Anonymität des Netzes nutzen, um durch die Relativierung selbstverständlicher Attribuierungen als Mann oder Frau neue, geschlechtsneutralere Zuschreibungen zu entwickeln. Dies impliziert jedoch Partizipation am Netz, nicht nur in privaten Kommunikationsräumen, sondern insbesondere in öffentlichen Diskussionsforen. Frauen sollten hier mehr als bisher in Erscheinung treten, um ihren Kommunikationsstil und eine Form geschlechtsneutralerer Orientierung ins Spiel zu bringen.

Literatur

Becker, Barbara: Virtuelle Identitäten: Die Technik, das Subjekt und das Imaginäre. In: Becker, Barbara; Paetau, Michael (Hrsg.): Die Virtualisierung des Sozialen. Frankfurt, New York: Campus, 1997, S.163-184

Funken, Christiane: Frau – Frauen – Kriminelle. Opladen, 1989

Funken Christiane, Hammerich Kurt, Schinzel Britta: Geschlecht, Informatik und Schule. Oder: Wie Ungleichheit der Geschlechter durch Koedukation neu organisiert wird. St. Augustin, 1996

Funken, Christiane: Fachliche Gleichheit – Soziale Differenz. In: Hartmann, Corina; Sanner, Ute (Hrsg.): Ingenieurinnen: Ein unverzichtbares Potential für die Gesellschaft. Berlin, 1997, S.203-216

Goffman, Erving: Rahmen-Analyse. Frankfurt, 1977

Hammerich, Kurt: Einleitung. In: Funken, Christiane et al.: Geschlecht, Informatik und Schule. Oder: Wie Ungleichheit der Geschlechter durch Koedukation neu organisiert wird. St. Augustin, 1996, S.1-7

Herring, Susan: Gender Differences in Computer-Mediated Communication: Bringing Familiar Baggage to the New Frontier. University of Texas. Austin, 1994

Hirschauer, Stefan: Die interaktive Konstruktion von Geschlechtszugehörigkeit. In: Zeitschrift für Soziologie. Jg.18, H.2, 1989, S.100-118

Hitzler, Ronald: Verstehen: Alltagspraxis und wissenschaftliches Programm. In: Jung, Thomas; Müller-Doohm, Stefan (Hrsg.): „Wirklichkeit" im Deutungsprozeß. Frankfurt, 1993, S.223-241

Höflich, Joachim R.: Technisch vermittelte interpersonale Kommunikation. Opladen, 1996

Lehmann, Bettina: Internet – (r)eine Männersache? oder: Warum Frauen das Internet entdecken sollen. In: Bollmann, Stefan; Heibach, Christiane (Hrsg.): Kursbuch Internet. Mannheim, 1996

Pohl, Margit; Michaelson, Greg: „I don´t think that´s an interesting dialogue" – Computer-Mediated Communication and Gender. In: Grundy, A. Frances et al. (eds.): Women, Work and Computerization: Spinning a Web from Past to Future. Proceedings of the 6th International IFIP-Conference. Berlin, Heidelberg, New York, 1997, S.87-97

Rakow, Lana: Impact of New Technologies on Women as Producers/Consumers of Communication in the US and Canada. Paris, 1991

Tangens, Rena: Ist das Internet männlich? Über Androzentrismus im Netz. In: Bollmann Stefan; Heibach, Christiane (Hrsg.): Kursbuch Internet. Mannheim, 1996

West, Candace; Zimmerman, Don H.: Doing Gender. In: Lorber, Judith; Farrell, Susan A. (eds.): The Social Construction of Gender. Newbury Park, London, New Delhi, 1991, S.13-37

Willems, Herbert: Rahmen und Habitus. Frankfurt, 1997

Ulrike Erb

Technikgestaltung aus Frauenperspektive

Die Informationsgesellschaft – so vermitteln es politische Programme und Berichte – ist eine Gesellschaft, in der Informationen zur bedeutenden Ressource und Informationstechnologien zu Schlüsseltechnologien werden: „Die Informations- und Kommunikationstechniken haben auf der ganzen Welt bereits eine neue industrielle Revolution eingeleitet, die in ihrer Bedeutung und Reichweite denen der Vergangenheit nicht nachsteht. Es ist eine Revolution, die sich auf Information stützt, worin wiederum das menschliche Wissen zum Ausdruck kommt. Der technische Fortschritt versetzt uns in die Lage, Informationen jeglicher Art – mündliche, schriftliche oder visuelle – unabhängig von Entfernung, Zeit und Menge zu verarbeiten, zu speichern, wieder aufzufinden und weiterzuleiten." (Europäischer Rat 1994, S.4)

Telekommunikationsnetze werden als ‚Datenautobahnen‘ bezeichnet. Immer mehr Verrichtungen des täglichen und geschäftlichen Lebens werden über diese Netze abgewickelt: vom Telebanking zum Teleshopping, von der Telearbeit zur Telekonferenz, von der Internet-Recherche zum Telebuchen, vom Telespielen zum Telekommunizieren per Fax oder E-Mail. Informations- und Kommunikationstechniken „machen es möglich, Raum- und Zeitbindungen der Information zu überwinden und dezentrale Organisationsformen von Staat, Wirtschaft und Gesellschaft zu finden", stellt das Bundesministerium für Wirtschaft (1997, S.4) fest.

‚Schneller, mehr, vernetzter!‘ Nach diesen Prinzipien wird das Unternehmen Informationsgesellschaft konzipiert. Die Beschleunigung des Datenaustausches, die globale Erreichbarkeit von Personen und Informationen, Spitzengeschwindigkeiten bei der Informationsrecherche, das sind offensichtlich die Errungenschaften der Informationsgesellschaft. Allerdings profitieren nur wenige Privilegierte von diesen Errungenschaften.

Die Informationsgesellschaft, ein männliches Unternehmen

Bislang werden die Errungenschaften der Informationsgesellschaft vornehmlich für ökonomische und wissenschaftliche Zwecke genutzt. Vor allem solche Informationen, die ökonomische Vorteile versprechen, werden in die Netze gestellt und beschleunigt. Die Geschwindigkeit von Informationen wird zum Wettbewerbsfaktor. Was nützt die Informationsgeschwindigkeit jedoch denjenigen, die keinen Zugang zu online-Informationen haben? Als Informationsgewinner erweisen sich vor allem diejenigen, denen es gelingt, die Datennetze zum Ausbau ihrer wirtschaftlichen und politischen Macht zu nutzen. Sie profitieren davon, wenn technischer Fortschritt als gesellschaftlicher

Fortschritt gilt und mit öffentlichen Geldern gefördert wird. Solche Machtpositionen werden aufgrund der vorherrschenden Geschlechterhierarchien immer noch von Männern dominiert. Hier wird die Assoziation von Technik, Macht und Männlichkeit, auf die Judy Wajcman (1991) hingewiesen hat, erneut deutlich.

Nicht nur weil Frauen in einflußreichen gesellschaftlichen und wirtschaftlichen Positionen selten vertreten sind, gehören sie eher nicht zu den Gewinnern der Informationsgesellschaft, sondern auch weil sie bisher weitgehend aus *technischen* Bereichen ausgeschlossen sind. Ein in gesellschaftlichen Klischees und Strukturen tief verankerter Technikmythos läßt auch unter veränderten technologischen Bedingungen Technik als ‚nicht-weiblich‘ gelten. Obwohl beispielsweise für die Konstruktion und Bedienung von Computern nicht mehr – wie bei früheren Technologien – (männliche) Körperkraft benötigt wird, ist der Umgang mit Computern in hohem Maße mit Männlichkeit assoziiert. Dieser Mythos wird aufgrund von Rollenerwartungen und Geschlechterhierarchien immer wieder reproduziert. Dazu tragen auch Frauen, sogar Frauen in Technikberufen bei (siehe auch Erb 1996).

Solange technischer Fortschritt als Potential für Machtzuwachs gilt und solange Technik(kompetenz) mit Männlichkeit verknüpft ist, wird die Informationsgesellschaft ein männliches Unternehmen bleiben. Eine Chance für Frauen, sich in diesem ‚männlichen Unternehmen‘ zu behaupten, besteht vor allem in einem Aufbrechen dieser Assoziation von Technik, Macht und Männlichkeit, d.h.

- in dem *Auflösen der Formel ‚Technik = Fortschritt = Macht‘*, nach der – trotz aller technologischer Sackgassen, Entsorgungsprobleme und enormen Technikfolgekosten – technischer Fortschritt unhinterfragt als positiver gesellschaftlicher Entwicklungsfaktor angesehen wird;
- in der *Dekonstruktion des Mythos von der ‚männlichen Technikkompetenz‘*, nach dem technisches Expertenwissen Männern zugewiesen wird, während Frauen als ‚technikfern‘ eingestuft werden; und schließlich
- im *Abbau von Geschlechterhierarchien*, die Macht mit Männlichkeit verknüpfen und Frauen stets auf die untergeordneten gesellschaftlichen Positionen verweisen.

Im folgenden werfe ich zunächst einen Blick auf die technischen Neuerungen der Informationsgesellschaft. Die Differenzierung der technischen Grundlagen und darauf basierender Anwendungen ermöglicht sodann die Betrachtung verschiedener Ebenen, auf denen Frauen ansetzen können oder bereits ansetzen, um die Informationsgesellschaft auch zu einem weiblichen Unternehmen werden zu lassen.

1 Das qualitativ Neue der Informationsgesellschaft

Technisch gesehen besteht das qualitativ Neue der Informationsgesellschaft in der Beschleunigung und Globalisierung des Datenaustausches. Weltweite Telekommunikations-Infrastrukturen wie ISDN, Glasfasernetze und Satellitenverbindungen stellen die hardware-technische Grundlage der globalen Computervernetzung dar und sind quasi die ,Datenautobahnen' für den Hochgeschwindigkeits-Transfer von Daten. Als Voraussetzung dafür, daß sich verschiedene Computer ,verstehen', auch wenn sie von unterschiedlichen Herstellern und mit unterschiedlichsten Betriebssystemen ausgestattet sind, wurden die *Abläufe beim Datenaustausch* durch sogenannte Protokolle[1] (z.B. durch das Internet-Protokoll TCP/IP) standardisiert. Diese ,Verständigungsmöglichkeit' zwischen Computersystemen ist wiederum notwendig, um Computer miteinander zu vernetzen.[2] Auf diesen hard- und software-technischen Voraussetzungen basieren weltumspannende Datennetze wie das Internet, die – neben Multimedia- und Cyberspace-Anwendungen – als wesentliches Kennzeichen der Informationsgesellschaft gelten.

Das Internet ist aus dem in den USA für militärische Zwecke entwickelten ARPANET hervorgegangen. Anfangs etablierte es sich aufgrund öffentlicher Förderung als Wissenschaftsnetz in vielen Staaten vor allem an Universitäten. Seit 1990 wird es in den hochtechnisierten Ländern auch von zahlreichen Firmen und Privatleuten genutzt. Immer mehr Organisationen, Firmen und Privatleute richten eine Homepage im Internet ein und bieten Informationsdienstleistungen an.

Das WWW und mit ihm die Möglichkeit, mittels graphischer Benutzungsoberflächen sowohl eigene Informationen als WWW-Seiten ,ins Netz zu stellen' als auch weltweit auf entsprechende WWW-Seiten zuzugreifen, das sogenannte ,Surfen im Internet', haben dem Internet schließlich zu seinem unvorhergesehenen Wachstum und seiner Popularität verholfen. Über das Internet können verschiedene Dienste angeboten werden wie Electronic Mail, Übertragung von Dateien mittels file transfer protocol (ftp), Newsgroups bis hin zum World Wide Web (WWW) mit seinen als Hypertext zur Verfügung gestellten WWW-Seiten. Es lassen sich über dieses Netz zum Beispiel auch Telekooperationsdienste und unternehmensinterne Vernetzungsstrukturen (Intranet) organisieren. Immer häufiger wird im öffentlichen und privaten Leben neben der Telefon- und Faxnummer auch auf die Internetadresse verwiesen, unter der Informationen abgerufen oder gar Software ,heruntergeladen', d.h. aus dem Internet auf den eigenen Rechner kopiert

---

1   Protokolle im nachrichtentechnischen Sinne sind Vereinbarungen für die Formatierung und Steuerung des Signalaustausches (Aufbau, Überwachung und Abbau einer Verbindung).
2   Zu den technischen Aspekten des Internet siehe den sehr informativen Beitrag von Barbara Schelkle (1997).

werden kann. Aufgrund der multimedialen Gestaltungsmöglichkeiten werden WWW-Seiten zunehmend durch Bilder, bewegte Bilder (Video) und Ton untermalt. Um diese multimedialen Möglichkeiten nutzen zu können, ist allerdings eine entsprechende technische Ausstattung erforderlich: „Will frau die schöne bunte Bilderwelt des WWW erleben, müssen die Kapazitäten von Plattenplatz, Rechnergeschwindigkeit und Übertragungsgeschwindigkeit des Modems aufgestockt werden." (Zinßmeister 1995, S.17)

2 Gestaltungspotentiale aus der Sicht von Frauen

Frauen stellen keine homogene Interessengruppe dar, wenn es um die Gestaltung der Informationsgesellschaft geht. Technikkritikerinnen verfolgen andere Ziele als Gestaltungswillige, Technikerinnen andere als Betroffene, Frauen in hochtechnisierten Gesellschaften andere als in weniger industrialisierten Ländern. Gestaltungsansätze der einen Gruppe können auch durchaus in Widerspruch geraten zu den Interessen anderer.

Die im folgenden skizzierten Beispiele zeigen, daß sich auf verschiedenen Ebenen Gestaltungspotentiale ergeben, die im Interesse von Frauen zu nutzen wären und zum Teil schon genutzt werden:

• auf der Ebene der Technikgenese und -bewertung, wo es um die Abwägung alternativer Gestaltungspfade unter feministischer Perspektive geht,
• auf der Ebene der Aneignung und Gestaltung von Telekommunikationsdiensten im Interesse von Frauen
• sowie auf der Ebene der Gestaltung von Frauenarbeitsplätzen unter den Bedingungen vernetzter Arbeitsstrukturen.

Gemeinsam ist den verschiedenen von Frauen diskutierten bzw. praktizierten Ansätzen, daß sie in unterschiedlicher Weise die Zuordnung von Technik, Macht und Männlichkeit infragestellen. Gerade in der Vielfalt der vorhandenen Ansätze besteht meiner Meinung nach ein Potential für den Abbau der bestehenden Geschlechterstereotypisierungen.

2.1 Alternative Gestaltungspfade und Folgekosten abschätzen

Die auf dem Weg in die Informationsgesellschaft getroffenen Entscheidungen – wie die weltweite Vernetzung von Datenautobahnen, die Beschleunigung des Datenaustausches auf Höchstgeschwindigkeit und der hohe Bedeutungszuwachs der Ressource Information – werden von Vertreterinnen der (feministischen) Technikkritik hinterfragt. Sie kritisieren bereits die eingeschlagene Richtung, den Weg in die Informationsgesellschaft, der unsere

Gesellschaft mit weiteren Großtechnologien überzieht. Feministische Technikkritik wendet sich schon seit langem gegen Großtechnologien wie Atom-, Gen-, Informations- und Kommunikationstechnologien, die als männergemachte Herrschaftsinstrumente grundsätzlich kritisiert werden (siehe z.B. Keller 1986). Diese Technologien basieren auf eindimensionalen mechanistischen Prinzipien und reduzieren natürliche und soziale Phänomene auf kleinste Bausteine wie Atome, Moleküle, Gene und Bits mit dem Ziel, sie zu beherrschen und manipulieren zu können. Die Eindimensionalität des rationalistischen Denkens läßt die vielfältigen Wechselwirkungen und die möglicherweise an anderer Stelle auftretenden Folgekosten außer acht.

Diese Kritik, die nicht nur in feministischen sondern auch in ökologischen Diskussionen geäußert wird, bedeutet bezogen auf die Technologien der Informationsgesellschaft konkret: Statt Forschungs- und Entwicklungsgelder in Technologien zur unentwegten Beschleunigung unserer Gesellschaft zu stecken, wäre zunächst zu untersuchen, was mit den ‚Langsamen‘ geschieht, die nicht in den (fragwürdigen) Genuß von Hochgeschwindigkeit kommen. Wie wird außerdem garantiert, daß jede/r ihre/seine eigene informationelle Geschwindigkeit wählen kann? Wenn der Preis der Hochgeschwindigkeit nur bezahlt werden kann, indem langsame Informations- und Kommunikationsformen (z.b. Briefpost, Bibliotheken) verteuert werden oder verschwinden, so steht der gesamtgesellschaftliche Nutzen solcher Technologien infrage.

Wenig untersucht sind bisher die kulturellen Folgekosten der Informatisierung von Information und Kommunikation. Was geschieht, wenn Informationen nur noch als reduzierte Daten durch die Netze rasen, ohne daß ihr Entstehungskontext und -zweck mitgeliefert werden? Wie kann der Wahrheitsgehalt von Informationen eingeschätzt werden, wenn UrheberInnen und Kontext unbekannt sind? Welches Vertrauen kann man in die Kommunikationswege des Internet setzen? Was geschieht mit sozialen Zusammenhängen, wenn lokale Kommunikation durch globale Kommunikation mit unbekannten und nicht vertrauten Menschen ersetzt wird? Welches sind die Auswirkungen von Informationsüberflutung? Wird gar durch zunehmende technische Eingriffe in zwischenmenschliche und gesellschaftliche Kommunikationsbeziehungen das kommunikationsökologische Gleichgewicht[3] gestört? Wer schließlich trägt die ökologischen Folgekosten, die durch Elektrosmog und Elektronikschrott entstehen? Einige Untersuchungen weisen auf die potentiellen gesundheitlichen Risiken durch Elektrosmog hin (vgl. Wissenschaftsladen Hannover 1995; Pöppelmann 1998).

Um alternative Gestaltungsoptionen zu eröffnen, die die potentiellen Wechselbezüge und Folgekosten der Technologien der Informationsgesellschaft berücksichtigen, wären diese Folgekosten zunächst abzuschätzen und

---

3   Zum Begriff des kommunikationsökologischen Gleichgewichts siehe (Mettler-v.Meibom 1994) sowie (IKÖ 1990).

mit dem erwarteten Nutzen zu verrechnen, *bevor* weitere Weichen für die Informationsgesellschaft gestellt werden. Konzepte zu einer solchen Art von Technikfolgenabschätzung – wie sie zum Beispiel in den 80er Jahren im Zusammenhang mit dem Ausbau der telekommunikationstechnischen Infrastruktur entwickelt wurden – beinhalten die Entwicklung alternativer Gestaltungspfade und -szenarien. Die jeweiligen Folgen verschiedener Gestaltungspfade werden abgeschätzt und verglichen. In der Studie „Optionen der Telekommunikation" (optek) sind beispielsweise alternative Szenarien für die Entwicklung der Telekommunikation untersucht worden. Zu den Gestaltungsalternativen gehörte in dieser Studie auch die sogenannte Nulloption, die von der Nutzung der vorhandenen Informations- und Kommunikationsmöglichkeiten ausgeht, ohne weiteren Ausbau der telekommunikationstechnischen Infrastruktur (vgl. Berger u.a. 1988). Die Einbeziehung derartiger Nulloptionen ist unabdingbar, will man sich nicht der technologischen Fortschrittslogik unterwerfen und von einer unhinterfragten Positivbewertung technologischer Entwicklung ausgehen. Die Forderungen nach Technikfolgenforschung bzw. nach Konzepten, die bereits in der Technikgenesephase alternative Gestaltungspfade untersuchen, haben gerade angesichts der Entwicklungen zur Informationsgesellschaft nicht an Aktualität eingebüßt.

Unter feministischer Perspektive wären solche Konzepte zu erweitern um Fragen nach den Folgen, die für Frauen und bezüglich Gleichberechtigungschancen relevant sind. Untersucht werden müßte zum Beispiel, wie sich die Zugangschancen von Frauen zu Informationen und Kommunikationsmöglichkeiten in den verschiedenen Gestaltungsszenarien entwickeln. Welche Veränderungen im Geschlechterverhältnis sind zu erwarten durch eine veränderte Kommunikationskultur, welche Veränderungen zeichnen sich aufgrund veränderter Arbeitsstrukturen ab (siehe Winker in diesem Buch)? Welche Gestaltungsbedingungen müssen erfüllt sein, damit Frauen nicht erneut benachteiligt und Geschlechterhierarchien nicht weiter verfestigt werden? Eine stärkere Beteiligung von Frauen in wissenschaftlichen und politischen Bereichen, die mit Technikgenese und -bewertung befaßt sind, wäre eine der Voraussetzungen, um solche Fragestellungen dort einzubringen.

Damit die Ergebnisse derartiger Technikfolgenforschungen tatsächlichen Einfluß auf Gestaltungsentscheidungen nehmen können, ist allerdings eine entsprechende Verlangsamung der technologischen Entwicklung und technologiepolitischer Entscheidungen erforderlich. Nicht nur *vor* der Weichenstellung für den weiteren Ausbau der telekommunikationstechnischen Infrastruktur sind die gesellschaftlichen Chancen und Risiken abzuschätzen. Auch während der laufenden Entwicklung und Anwendung neuer Netztechnologien ist Zeit einzuplanen zur Reflektion der Auswirkungen und gesellschaftlichen Wechselbezüge dieser Entwicklungen. Nur so besteht eine Chance, Wirkungen auf das Geschlechterverhältnis rechtzeitig zu erkennen und gegebenenfalls gegenzusteuern.

Es ist unpopulär, Entschleunigung zu fordern, wenn Politik, Wirtschaft und Gesellschaft dem Beschleunigungsmythos huldigen. TechnikkritikerInnen werden oft (und auch von Frauen) geringschätzig als BremserInnen des Fortschritts betrachtet. Damit wird man solchen Positionen meiner Meinung nach nicht gerecht. Technikkritische Argumente verdienen eine differenzierte und ernsthafte Auseinandersetzung. Gerade Diskussionen um Frauenperspektiven in der Informationsgesellschaft bieten Chancen, die Verheißungen der Informationsgesellschaft zu hinterfragen, da in solchen Diskussionsforen gewisse Freiräume bestehen für ein Umdenken, für die Thematisierung verdrängter Aspekte und für die Entwicklung kreativer Alternativen.

2.2 Aneignung und Gestaltung von Telekommunikationsdiensten durch Frauen

Vor allem auf der Ebene der Telekommunikationsdienste gibt es bereits verschiedenste Ansätze von Frauen, diese in ihrem Sinne zu nutzen und zu gestalten. So läßt sich der vermeintliche Widerspruch von Technik und Weiblichkeit möglicherweise auflösen, indem viele Frauen in ihrer täglichen Praxis vielfältige Gegenbeispiele entwickeln.

Mailboxvernetzung

Ein Beispiel aus der linken Frauenszene zeigt, daß einige Frauengruppen schon lange vor dem Boom des Internet begonnen haben, Datennetze für ihre Zwecke zu nutzen und zu gestalten. Im Zusammenhang mit den Mitte der 80er Jahre entwickelten Mailboxnetzen wurden die Frauen-Mailboxnetze FemNet und WOMAN gegründet, die Diskussionsbereiche und Newsgroups ausschließlich für Frauen anbieten. Wie die anderen zu dieser Zeit entstandenen Mailboxen, die von politischen Gruppen aller Art genutzt werden, dienen auch die Frauen-Mailboxen der Öffentlichkeitsarbeit, dem Informationsaustausch und der unzensierten, basisdemokratischen, gleichberechtigten Diskussion (Bugdoll 1997, S.37f.). Diese alternativen Netze arbeiten dezentral und sind demokratisch strukturiert.

Dieses schon fast historische Beispiel macht deutlich, für welche Interessen von Frauen die existierenden Datennetze genutzt werden können: Ein Ziel der Frauen-Mailboxen ist es, „Frauenorganisationen die neue Technologie näher zu bringen und einen Raum zu schaffen, in dem diese bestmöglich genutzt werden kann: Als Kontaktraum zu anderen Projekten, Diskussionsraum für Inhalte, Theorien und Technikprobleme und zur Öffentlichkeitsarbeit. In den Frauen-Mailboxnetzen findet frau Informationen über das Österreichische (Frauen-)Volksbegehren, die Feministische Partei und lokale und bundesweite Veranstaltungen und vieles mehr. In den angegliederten Mailinglisten, die die Mailboxnetz-Frauen mit den Schwestern aus dem Internet verbinden, finden viele ihre virtuelle Heimat: Es entsteht schnell eine angenehme, private Atmosphäre, in der auch persönliche Dinge zur Sprache kommen und Freundschaften geknüpft werden." (Bugdoll 1997, S.38)

Auch wenn in diesem Beispiel die Entscheidung für die Nutzung von Mailboxnetzen zu einem Zeitpunkt getroffen wurde, als das Internet als Alternative noch gar nicht zur Verfügung stand, heben einige Frauen die Vorteile der Mailboxnetze gegenüber dem Internet auch unter feministischen Gesichtspunkten hervor: Neben dem Kriterium des kostengünstigen Zugangs nennt Paulitz als weitere Anforderungen an feministische Medien die „Erreichbarkeit für alle" und die Möglichkeit, daß Frauen autonom über die technischen und infrastrukturellen Ressourcen des Internet verfügen. Zudem sollten „feministische Medien überschaubar gestaltet und demokratisch sein." (Paulitz 1997, S.66f.) Diesen Anforderungen werden Mailboxnetze im Vergleich zum Internet zwar besser gerecht; auf der anderen Seite führen die Ansprüche an Überschaubarkeit und demokratische Gestaltung jedoch dazu, daß das Informations- und Diensteangebot in diesen Netzen vergleichsweise begrenzt bleibt. Für viele Frauen erweist sich das Internet daher inzwischen als attraktivere Alternative.

E-Mail-Netzwerke

Vielfältige Vernetzungsstrukturen von Frauengruppen werden mittlerweile über E-Mail-Verteiler organisiert. Diese elektronischen Netzwerke ermöglichen schnellen und gezielten Informationsaustausch zwischen Teilnehmerinnen mit bestimmten Interessen. Ein Beispiel für die E-Mail-Vernetzung von Frauen ist das Projekt „Electronic Witches", das 1994 im Raum Ex-Jugoslawiens gestartet wurde. Mit diesem Projekt wurden gezielt Frauen für E-Mail-Kurse gewonnen. Diese Kurse und die notwendige Ausrüstung wurden finanziert und eine Mailing-Liste über einen Knotenrechner in Bielefeld organisiert. Während des Balkankrieges konnten Frauen unterschiedlicher Nationalitäten lebenswichtige Informationen austauschen und familiäre Kontakte aufrechterhalten. Zudem dienten die Netze „als Transportmittel für die Kriegsberichterstattung. Durch geschlechtsspezifische Trainings wurden Barrieren abgebaut und zwischen die Berichte über Frauen, Kinder und Alte mischten sich auch solche von Frauen." (Paulitz 1997, S.71) Aufgrund der Nutzung internationaler Telefonnetze und der Möglichkeit, auch auf dem Umweg über entfernte Netzknoten zu kommunizieren, war der Nachrichtenaustausch gewährleistet, auch wenn die direkten lokalen Telefonverbindungen gekappt waren.

1993 wurde das E-Mail-Netzwerk „Frauen in Informatik und Mathematik" gegründet, das von der Hamburger Informatik-Professorin Leonie Dreschler-Fischer betrieben wird. Dieses Netzwerk stellt ein Forum dar für Frauenforschung und -förderung in Informatik und Mathematik. Sehr viele Stellenausschreibungen und Stipendienangebote werden über dieses Netz verteilt. Diskussionsbeiträge zur Frauenforschung sind seltener. Allerdings gibt es viele Hinweise auf Veranstaltungen mit frauenrelevanten Themen.

Ein weiteres Beispiel ist das E-Mail-Netzwerk „Spiderwoman" für Frauen, die gewerblich an der Nutzung des Internet interessiert sind. Hier werden alle Fragen rund ums WWW diskutiert, allerdings nach der ‚Netikette' keine Frauenthemen. Den Erfolg dieses Netzwerkes führt Leonie Dreschler-Fischer auf „die Art des Umgangs miteinander, die Offenheit der Kommunikation, die Rücksichtnahme auf Neulinge, kurz gesagt die ganze Atmosphäre" zurück (Dreschler-Fischer 1995, S.22f.). Diese ‚Netikette', die in Frauen-Netzwerken häufig von alleine entsteht, ist offensichtlich ein wesentliches Gestaltungselement für Netzwerke im Interesse von Frauen[4].

In diesen Beispielen beziehen sich Gestaltungsaspekte – ebenso wie bei ihrem historischen Vorläufer der Mailbox-Netzwerke – vor allem auf die Einrichtung bestimmter Dienste (Maillisten oder Newsgroups), die auf vorhandenen Datennetzen aufsetzen, sowie auf die Regelung der Zugangsmöglichkeiten (z.B. Zugang ausschließlich für Frauen oder Zugang mit geringem technischem bzw. finanziellem Aufwand). Gestaltungspotentiale bieten sich zudem für die NutzerInnen dieser Dienste, die die Inhalte der ausgetauschten Nachrichten bzw. der Internetseiten gestalten. Auch die Kommunikationskultur in einem Diskussionsbereich, die ‚Netikette', wird von den NutzerInnen und ggf. ModeratorInnen von Maillisten oder Newsgroups gestaltet.

Neben den Maildiensten werden auch die Gestaltungsmöglichkeiten des WWW, wie zum Beispiel das Einrichten von Homepages und die Gestaltung von WWW-Seiten, inzwischen von vielen Frauen und Frauenorganisationen genutzt. Über das WWW können frauenrelevante Aktivitäten, Veranstaltungen und Informationen schnell für einen breiten LeserInnen-Kreis veröffentlicht und nach Bedarf aktualisiert werden. Hierfür steht die ganze Palette multimedialer Gestaltungsmöglichkeiten (Graphiken, bewegte Bilder, Ton usw.) zur Verfügung.

Suchmaschinen

Je mehr frauenrelevante Themen im Internet angeboten und genutzt werden, um so mehr wächst der Bedarf nach guten Suchmaschinen, mit denen solche Internetseiten gezielt aufgespürt werden können. Bisher bietet sich im WWW ein noch sehr unstrukturiertes Informationsangebot. Der Bedarf, hier einen systematischen Zugang zu erhalten, ist sehr groß, unabhängig davon, nach welchen Themen gesucht wird. Ansätze für die Gestaltung von Suchmaschinen, die nicht nur auf Volltextrecherche basieren, bestehen beispiels-

---

4   Weitere Hinweise auf einige dieser meist voneinander unabhängigen Frauennetzwerke finden sich in dem Schwerpunktheft Dezember 1995 „Netze - ‘mal technisch" der Zeitschrift Frauenarbeit und Informatik.

weise darin, die vielfältigen Internetangebote zu sichten, zu verschlagworten und zu kategorisieren. Dies kann bei der rapide wachsenden Anzahl von WWW-Seiten nie vollständig gelingen. Zudem wird bei einer derartigen redaktionellen Aufbereitung des Informationsangebotes bereits eine Vorauswahl getroffen: Welche Seiten werden verschlagwortet, welche Schlagworte und Kategorien stehen zur Auswahl, und wer sichtet die Seiten unter welchem Blickwinkel bzw. mit welchem Erfahrungshintergrund?

Im Interesse von Frauen wären Suchmaschinen so zu gestalten, daß durch die Art der Suche und die redaktionelle Aufbereitung des Informationsangebotes frauenrelevante Themen und Perspektiven besonders berücksichtigt werden (vgl. Kleinen 1997). Beispiele solcher Suchmaschinen speziell für Frauen sind ‚WWWomen' (http://www.wwwomen.com) und ‚Femina' (http://www.femina.com):

- „WWWomen is a privately held company that exclusively focuses on building and maintaining the best women's search directory on the Internet." schreiben die WWWomen-Betreiberinnen auf ihren Internet-Seiten. Ein Team von Online-Surferinnen überprüft Internetseiten sowohl auf ihre Aktualität als auch auf ihre Relevanz für Frauen. Die Validität von Querverweisen (Links) zu anderen Internetseiten wird überprüft, und es werden Kurzzusammenfassungen von Internet-Seiten zur Verfügung gestellt, so daß NutzerInnen selbst entscheiden können, ob eine Fundstelle für sie relevant ist.
- Die andere Suchmaschine für frauenrelevante Themen „Femina" wurde 1995 gegründet. „Femina debuted online to provide women with a comprehensive, searchable directory of links to female friendly sites and information on the World Wide Web", heißt es auf der WWW-Seite dieser Suchmaschine. Gesucht werden kann zum Beispiel auch unter verschiedenen Kategorien wie ‚Arts and Humanities', ‚Business and Finance', ‚Computers and Science', ‚Entertainment', ‚Education'.

Auf den in diesen Beispielen aufgezeigten Gestaltungsebenen sehe ich Chancen für Frauen vor allem darin, sich die Netze und darauf basierende Dienste anzueignen und für ihre – durchaus unterschiedlichen – Zwecke zu nutzen. Neben dem praktischen Nutzen für diese Frauen bestehen in solchen Aneignungsformen Potentiale, die enge Verknüpfung von Technik und Männlichkeit aufzubrechen. Eine Gefahr besteht auf der anderen Seite darin, daß wiederum nur einige privilegierte Frauen von den Vorteilen dieser Technologien profitieren. Die Informationsschere zwischen Frauen mit und ohne Netzzugang droht dadurch größer zu werden. Dies zeigt sich etwa an Informationsverteilern, die von der Versendung per Briefpost umgestellt werden auf die Verteilung per E-Mail. Frauen ohne E-Mail-Anschluß erhalten die im Verteiler versandten Informationen entweder später oder gar nicht mehr, weil sie vergessen werden. Manchmal wird die Versendung per Brief auch ganz eingestellt, weil der Aufwand ‚nicht lohnt'. Auch die immer häufiger werden-den Hinweise auf Internetseiten, von denen man Informationen abrufen kann, nützen Frauen ohne Netzanschluß wenig.

Diese Widersprüche zwischen Technikaneignung und dem Ausschluß von der Techniknutzung könnten erst gelöst werden, wenn die Zugangschan-cen zum Netz für alle gleich wären, etwa durch ein flächendeckendes Netz kostengünstiger öffentlicher Zugangsmöglichkeiten und durch öffentlich finanzierte Beratungsangebote. Je mehr Frauen das Internet nutzen, um so interessanter wird es wiederum, weitere Internet-Dienste speziell für die Ziel-gruppe Frauen anzubieten.

2.3 Gestaltungspotentiale im Hinblick auf telekommunikative (Frauen-)Arbeitsplätze

Gestaltungspotentiale, die für Frauen besonders relevant sind, ergeben sich, wenn es um die Gestaltung von Arbeit und um den Anwendungskontext der Netztechnologien geht. Gerade mit der Einrichtung betrieblicher Vernet-zungsstrukturen und dem Einsatz von Groupware-Technologien werden arbeitsorganisatorische Zusammenhänge und Kooperationsstrukturen gestal-tet, die auch über die Arbeitsbedingungen von Frauen entscheiden.

Datenautobahnen und Vernetzungstechnologien ermöglichen neue For-men der Arbeitsgestaltung: Telearbeit, mobiles Büro, virtuelle Unternehmen, computergestützte Gruppenarbeit (CSCW) sind nur einige der Schlagworte, die die neu entstehenden Arbeitsformen umreißen. Zu gestalten sind nicht nur die Rahmenbedingungen für diese Arbeitsformen (Dauer, Bezahlung, Vertei-lung, Flexibilisierung der Arbeit, siehe Winker in diesem Buch). Vielmehr ist auch zu gestalten, wie räumlich verteilte Arbeits- und Kooperationsstrukturen informations- und kommunikationstechnisch unterstützt werden und wie die Arbeitsplätze ausgestattet sind.

Je nach Interessenlage kann die Gestaltung von Gruppenarbeits- und Netztechnologien mehr oder weniger zum Nutzen der telekommunikativ Arbeitenden ausfallen. Ob eine Telearbeiterin zum Beispiel lediglich Daten bzw. Dateien an die Unternehmenszentrale abliefert oder auch Zugriff auf relevante Unternehmensinformationen wie Auftragseingänge und Kunden-datenbanken erhält, ist eine Frage der Zugriffsverteilung. Ebenso hängt es vom Gestaltungsinteresse ab, ob der telekommunikative Arbeitsplatz so gestaltet wird, daß Arbeits- und Kommunikationsdauer bzw. Art und Häufig-keit des Zugriffs auf bestimmte Datenbestände protokolliert und (von Vorgesetzten) überprüft werden, oder ob zum Beispiel Aktionen aller Koope-rationspartnerInnen für alle sichtbar gemacht und nachvollziehbar aufge-zeichnet werden, um ein kooperatives Arbeiten zu ermöglichen. In vernetzten, räumlich und zeitlich entkoppelten Gruppenarbeitsstrukturen ist zudem zu entscheiden, ob Arbeitsabläufe zentral gesteuert werden oder sich in der Gruppe dezentral und selbstorganisierend regulieren. Zu klären ist auch, ob es Hierarchien gibt, nach denen die Aktionen anderer verhindert oder verzögert werden können, und wie zum Beispiel bei Zugriffskonflikten verfahren wird. Wie schon bei unvernetzten Arbeitsplätzen sind auch hier die Berücksichtigung datenschutz-rechtlicher Anforderungen und die Arbeitsplatzgestaltung nach neuesten ergonomischen Erkenntnissen eine Frage der Interessenaushandlung.

Aus feministischer Perspektive geht es bei solchen Gestaltungsentscheidungen wieder einmal darum, ob bestehende Geschlechterhierarchien festgeschrieben werden oder nicht: Wird die Arbeit von Frauen gering bewertet und der Arbeit von Männern hierarchisch untergeordnet, oder werden Frauen in telekommunikativen Arbeitsstrukturen als gleichberechtigte Kooperationspartnerinnen behandelt? Besteht vielleicht sogar die Chance, die Arbeit von Frauen, deren Qualität häufig unerkannt und unsichtbar bleibt („invisible work", „tacit skills", vgl. Star 1991) als Vorgang sichtbar zu machen?

Für telekooperative Arbeitsplätze treffen feministische Forderungen nach partizipativer Arbeits- und Technikgestaltung in besonderem Maße zu, da hier wesentlich komplexere Gestaltungsoptionen bestehen als an unvernetzten Arbeitsplätzen. Die Prozesse der Anforderungsermittlung und Systemspezifikation in komplexen und vernetzten Systemen können nur gemeinsam mit den künftigen NutzerInnen gelingen. Diese sind daher frühzeitig am Gestaltungsprozeß zu beteiligen. Nur durch die Partizipation aller KooperationspartnerInnen an der Gestaltung vernetzter Arbeitsstrukturen können ihre unterschiedlichen Anforderungen und Interessen erkannt und abgestimmt werden. Da technische Systeme noch fast ausschließlich von Männern entwickelt werden, sind partizipative Vorgehensweisen um so wichtiger, um die Perspektiven der in telekooperativen Strukturen arbeitenden Frauen angemessen zu berücksichtigen.

Hier kann auf viele Ergebnisse der Frauenforschung zurückgegriffen werden und auf die in zahlreichen Konferenzen zum Thema „Women, Work and Computerization" bzw. „Frauenarbeit und Informatik" präsentierten Projekte, in denen Arbeitsplätze von Frauen beispielsweise in Krankenhäusern oder Bibliotheken mit partizipativen Systemgestaltungsmethoden im Interesse der Frauen gestaltet werden konnten.

Angesichts vernetzter Arbeitsstrukturen sind die Methoden partizipativer Systemgestaltung allerdings weiterzuentwickeln und den veränderten Rahmenbedingungen anzupassen. Es stellt sich zum Beispiel die Frage, wie die künftigen SystembenutzerInnen ausfindig gemacht werden und wie die räumliche Entfernung der Telekooperierenden überwunden werden kann, um sie *gemeinsam* an der Systementwicklung zu beteiligen. Hier sind vor allem Techniker*innen* gefragt, partizipative Methoden im Interesse von Frauen anzuwenden und weiterzuentwickeln.

3 Fazit

Aus diesen Beispielen wird ersichtlich, daß Frauen sich in den verschiedensten Rollen und für die verschiedensten Zwecke Telekommunikationsdienste und -netze aneignen bzw. diese mitgestalten: Frauen nutzen Telekommunikationstechniken u.a. als Kommunikations- und Arbeitsmittel, zum Recherchieren und Publizieren. Sie gestalten Frauen-Netzwerke und Diskussionsforen für Frauen. Gestaltungsmöglichkeiten im Interesse von Frauen ergeben sich zudem bei der Gestaltung telekommunikativer Arbeitsplätze, bei der Gestaltung von Internet- oder auch Mailboxdiensten, die in besonderem Maße frauenrelevante Themen berücksichtigen bzw. die Vernetzung von Frauen unterstützen. Um alternative Gestaltungspfade im Interesse von Frauen auszuloten, wird zum Teil eine Verlangsamung der Technologieentwicklung bis hin zur Erwägung sogenannter Nulloptionen befürwortet.

Technikkritische Ansätze geraten zuweilen auch in Widerspruch zu Forderungen nach weiblicher Technikaneignung oder nach Beteiligung von Frauen an der Gestaltung der Informationsgesellschaft. Trotz zum Teil unterschiedlicher Ziele können diese Ansätze als Beiträge zum Abbau der Verknüpfung von Technik, Macht und Männlichkeit nebeneinander bestehen bleiben. Dieses gemeinsame Ziel ist allerdings noch weit entfernt; die kritische Masse von Projekten, die erforderlich wäre, um entscheidende Veränderungen zu bewirken, ist noch lange nicht in Sicht.

Eine vermehrte Beteiligung von Frauen führt jedoch nicht, wie häufig erwartet wird, per se zu sozialverträglicher Technikgestaltung. Diese Hoffnung halte ich für voreilig. Von Frauen wird dann nämlich erwartet, daß sie trotz aller Schwierigkeiten und Barrieren, denen sie in (informations)technischen Bereichen aufgrund ihrer Frauenrolle begegnen, zu entscheidenden Veränderungen bei der Gestaltung der Informationsgesellschaft beitragen. Mit dieser Erwartung werden Frauen, die den Zugang zu solchen Bereichen trotz gesellschaftlicher Klischees von weiblicher Technikdistanz und trotz Benachteiligung von Frauen aufgrund geschlechtshierarchischer Arbeits- und Rollenverteilung gefunden haben, wieder einmal auf bestimmte, als frauenspezifisch geltende Kompetenzen festgelegt. Vor allem aber werden damit die strukturellen und kulturellen Bedingungen, die zum weitgehenden Ausschluß von Frauen aus der Gestaltung der Informationsgesellschaft führen, außer acht gelassen. Für bedeutsam halte ich es daher, gerade auch diese Bedingungen zu verändern, um mehr Frauen für eine Beteiligung an der Informationsgesellschaft zu gewinnen.

Insbesondere könnte die Integration von Aspekten wie Nutzen-, Sozial- und Qualitätsorientierung in Bereichen, wo Technik gestaltet wird, eine Chance darstellen, Entfaltungsmöglichkeiten für Frauen zu bieten und gleichzeitig die Leitbilder der Technikentwicklung in eine sozialorientierte

Richtung zu lenken. In der Konsequenz könnte dies auch für die Gestaltung unserer Gesellschaft eine Umorientierung bedeuten. Sicher wird es keinen totalen Kurswechsel von der Hochgeschwindigkeits- in die entschleunigte Gesellschaft geben. Aber vielleicht werden einige Weichenstellungen vermehrt an ökologischen und sozialen Zielen orientiert.

Literatur

Bath, Corinna; Barbara Kleinen (Hrsg.): Frauen in der Informationsgesellschaft: Fliegen oder Spinnen im Netz? Mössingen-Talheim 1997

Berger, Peter u.a.: Optionen der Telekommunikation, Materialien für einen technologiepolitischen Bürgerdialog, Endbericht, Bände I, II, III. Düsseldorf 1988

Bugdoll, Nora: Dörfer am Rande der Datenautobahn: Mailboxnetze. In: Bath/Kleinen 1997, S.35-41

Bundesministerium für Wirtschaft: Zusammenfassung des Berichts der Bundesregierung zur Initiative Informationsgesellschaft, 1997. Aus: http://www.bmwi-info 2000.de

Dreschler-Fischer, Leonie: „Frauen in Informatik und Mathematik" und andere email-Netzwerke von und für Frauen. In: Frauenarbeit und Informatik Nr. 12/1995, S.22-23

Erb, Ulrike: Frauenperspektiven auf die Informatik. Informatikerinnen im Spannungsfeld zwischen Distanz und Nähe zur Technik. Münster 1996

Europäischer Rat: Europa und die globale Informationsgesellschaft. Empfehlungen für den Europäischen Rat. 26. Mai 1994. Brüssel

IKÖ: Bausteine eines kommunikationsökologischen Konzepts. Dokumentation eines Symposiums am 21./22.9.1990 in Bonn. Materialien des Instituts für Informations- und Kommunikationsökologie (IKÖ). Dortmund 1990

Keller, Evelyn Fox: Liebe, Macht, Erkenntnis. Männliche oder weibliche Wissenschaft. München/Wien 1986

Kleinen, Barbara: Frauenwelt Internet. In: Bath/Kleinen 1997, S.12-20

Mettler-v.Meibom, Barbara: Kommunikation in der Mediengesellschaft. Tendenzen – Gefährdungen – Orientierungen. Berlin 1994

Paulitz, Tanja: Aneignung oder Ablehnung? Zum feministischen Internetdiskurs. In: Bath/Kleinen 1997, S.64-74

Pöppelmann, Christa: Macht Elektrosmog krank? In: Kraut & Rüben 4/1998, S.83-87

Schelkle, Barbara: Hinter den Kulissen des Internet. Eine kurze technische Einführung. In: Bath/Kleinen 1997, S.21-34

Star, Susan Leigh: Invisible Work and Silenced Dialogues in Knowledge Representation. In: Inger V. Eriksson; Barbara A. Kitchenham; Kea G. Tijdens (Hrsg.): Understanding and Overcoming Bias in Work and Education. Proceedings of the IFIP-Conference on Women, Work and Computerization 1991 in Helsinki, Finland. Amsterdam 1991, S.81-92

Wajcman, Judy: Feminism Confronts Technology. Cambridge (UK) 1991

Wissenschaftsladen Hannover (Hrsg.): Elektrosmog im Kopf. Frankfurt/Main 1995

Zinßmeister, Gaby: Wie komm' ich von zu Hause ans Internet? In: Frauenarbeit und Informatik, 12/1995, S.16-21

Barbara Schwarze

Die Initiative „Frauen geben Technik neue Impulse"

1 Ziele und Aufgabenspektrum

1.1 Initiative

Die Initiative *Frauen geben Technik neue Impulse* wurde 1994 durch das Bundesministerium für Bildung, Wissenschaft, Forschung und Technologie (BMBF), die Bundesanstalt für Arbeit (BA) und die Deutsche Telekom AG ins Leben gerufen und im Mai 1994 im Rahmen einer Eröffnungsveranstaltung im Wissenschaftszentrum in Bonn erstmals der Öffentlichkeit vorgestellt. Verantwortlich sind:

- *Helga Ebeling,* Leiterin des Referats Frauen in Bildung und Forschung im Bundesministerium für Bildung, Wissenschaft, Forschung und Technologie,
- *Heli Ihlefeld-Bolesch,* Leiterin des Fachbereichs Gleichstellungsbeauftragte der Deutschen Telekom AG,
- *Ulrike Wenner,* Leiterin des Referats für Frauenbelange der Bundesanstalt für Arbeit.

Die Initiative hat das Ziel, den Anteil von Frauen in technischen Berufen in Wirtschaft, Hochschule und Forschung zu erhöhen. Sie setzt dabei einen besonderen Schwerpunkt in die Zusammenführung und Vernetzung der Erfahrungen von Projekten und Initiativen aus Schule, Berufsausbildung, Wirtschaft, Wissenschaft und Forschung. Darüber hinaus gibt sie Impulse für eine verstärkte öffentliche Information über die Leistungen und Potentiale von Frauen in der Entwicklung und Gestaltung von Technik und engagiert sich in der Erschließung neuer Zukunftsberufe für Frauen.

Von Januar 1994 bis zum Oktober 1996 unterhielt die Initiative eine Koordinierungsstelle am Bundesinstitut für Berufsbildung (BiBB) in Bonn, die vorrangig durch Mittel des Bundesministeriums für Bildung, Wissenschaft, Forschung und Technologie und des Europäischen Sozialfonds finanziert wurde. Highlights dieser ersten Phase waren die Auftaktveranstaltung in Bonn, der Frauen-Technik-Tag in Köln 1994, die erste internationale Folgetagung der 4. Weltfrauenkonferenz in Leipzig 1996 sowie zahlreiche Netzwerk- und Expertinnentreffen. Zusätzliche Dynamik erhielt die Initiative auf der CeBIT Home 1996 durch die Präsenz von 19 Projekten und Institutionen auf dem Gemeinschaftsstand des Forums Chancen 2000.

1.2 Koordinierungsstelle

Seit Ende des Jahres 1996 hat die Koordinierungsstelle (KST) der Initiative *Frauen geben Technik neue Impulse* ihren Sitz an der Fachhochschule Bielefeld. Die Förderung erfolgt für die Projektlaufzeit bis Ende 1999 vorrangig aus Mitteln des Bundesministeriums für Bildung, Wisssenschaft, Forschung und Technologie.

Die neue Koordinierungsstelle hat die Aufgabe, die Ziele der Initiative auf aktuellem technischen Niveau umzusetzen. Der Einsatz neuer informationstechnischer Wege und multimedialer Anwendungen soll eine von Grund auf professionelle Nutzung aktueller Medien für die Zielgruppe Frauen in technikorientierten Berufen auf allen Ausbildungsebenen ermöglichen.

- Sie informiert über beispielhafte technische Entwicklungen von und für Frauen in Wirtschaft und Gesellschaft und wirkt durch einen intensiven Austausch zwischen Frauen/Technik-Projekten, Bildungseinrichtungen und Unternehmen auf eine frauengerechte Nutzung und Entwicklung neuer Informations- und Kommunikationstechnologien hin.
- Frauen in Bildung und Forschung sollen durch schnelle, aktuelle Berichterstattung über neue Forschungsergebnisse und Förderschwerpunkte, Netzwerkinformationen und beispielhafte Karrieren im Hochschulbereich ermutigt werden, sich selbst stärker in der Nutzung und Gestaltung der neuen Technologien zu engagieren und diese für ihre eigene Fortbildung und Weiterqualifizierung zu nutzen. Dazu gehören auch Informationen über die Beschäftigungssituation von Frauen in technikorientierten Berufen sowie Hinweise auf Strukturveränderungen unter europäischen und internationalen Gesichtspunkten und auf Trends und Perspektiven für Frauen in diesen Berufen.
- Die Koordinierungsstelle soll in Umsetzung der Ziele der Initiative für eine Einbindung der Interessen ihrer Klientel in die Informationsgesellschaft Sorge tragen. Sie muß daher langfristig bewirken, daß Frauen als die Nutzerinnen von Technik, als Expertinnen und Wissenschaftlerinnen aktiv an der technischen und sozialen Gestaltung unserer Gesellschaft teilhaben, so daß ihr Anteil und Einfluß auf die Strukturierung dieses Prozesses deutlich ansteigt. Sie soll durch gezielte eigene Aktivitäten und Mediationstätigkeit in der Unterstützung bereits bestehender Initiativen dazu beitragen, daß Frauen die neuen Informationswege zur Verbesserung ihrer Wettbewerbssituation nutzen.

Die Initiative entwickelt und erprobt für die Dauer der Projektlaufzeit der KST ein Strukturkonzept, das die Privatwirtschaft, Arbeitgeber- und ArbeitnehmerInnenvertretungen und europäische Gremien stärker in die gesellschaftliche Verantwortung für eine Erhöhung des Frauenanteils in zukunftsorientierten, technischen und techniknahen Berufen einbindet.

1.3 Mittel zur Umsetzung der Ziele

In der *Koordinierungsstelle* der Initiative *Frauen geben Technik neue Impulse* laufen die Informationen aus dem bundesweiten Netzwerk von Verbänden, Projekten, Initiativen, institutionellen und ehrenamtlichen AnsprechpartnerInnen im Bereich ‚Frauen und Technik' zusammen. Das KST-Team gibt regelmäßig ein *impulseINFO* heraus, das u.a. Vorankündigungen für Veranstaltungstermine, weiterbildende Seminare und Veröffentlichungen enthält und auf Kongresse und Messen hinweist. Die jeweils aktuellen Informationen sind telefonisch abrufbar. Sie sind auch auf der Homepage der Initiative[1] sichtbar und können jederzeit für den persönlichen Bedarf ausgedruckt werden.

Von der Homepage aus finden Interessentinnen und Interessenten u.a. die aktuellsten Termine und Hinweise des *impulseINFOS*, wie auch wichtige ‚Links' zu anderen Netzwerken bzw. wichtigen Adressen für Praktika, Jobs und Karrierechancen im Umfeld von Technik und Multimedia. Broschüren, Veröffentlichungen von Ministerien, Verbänden und Vereinen, Plakate, Faltblätter und andere Informationsmaterialien können per Telefon, Fax oder E-Mail bestellt werden. Bei Bedarf ist eine persönliche Information vor Ort möglich, so beispielsweise für Gespräche über Vernetzungsinteressen und weitere Kontakte. Die KST unterstützt im Rahmen ihrer Möglichkeiten regionale und bundesweite Aktivitäten innerhalb des Netzwerks u.a. durch die Stellung von Expertinnen, von Materialien, Prospekten und Broschüren, durch Beratung zu Fördermöglichkeiten und Antragstellung und durch eigene Informationsstände. Dazu gehört auch die Übernahme von Versandaktionen oder anderer Aufgaben, die aufgrund des kurzfristigen Ausfalls von Mitteln und/oder Personal in einem Projekt oder einem Verband zu einem Scheitern bundesweiter Aktivitäten oder Ereignisse führen würden.

Ein wichtiger Arbeitsschwerpunkt ist die Entwicklung und der Einsatz einer nutzerinnengerechten Datenbank im Netz, die u.a. Angaben über AdressatInnen, AnsprechpartnerInnen, Institutionen, Verbände, Projekte und Initiativen enthält. Ziel ist es, damit den im Bereich ‚Frauen und Technik' tätigen Netzwerkerinnen eine eigenständige Suche nach Expertinnen, Kooperationspartnerinnen, Projektthemen und Unterstützerinnen zu ermöglichen. Die eingebauten ‚Links' zu den jeweiligen Homepages der Verbände, Institutionen oder Personen ermöglichen einen schnellen Kontakt via Internet bzw. weitere Informationen direkt vor Ort.

Breiten Raum nimmt für Initiative und Koordinierungsstelle die Anregung und Durchführung von Expertinnengesprächen, Veranstaltungen und Tagungen ein, in denen neue Standortbestimmungen, Zielsetzungen und Umsetzungsstrategien erarbeitet, diskutiert und veröffentlicht werden.

---

1   http://lovelace.fh-bielefeld.de

Schwerpunktthemen sind hier bisher die Erschließung neuer Zukunftsberufe für Frauen im Multimediabereich, die Verbesserung ihrer beruflichen Ein- und Aufstiegsmöglichkeiten in der technischen Forschung und Entwicklung, die Perspektiven für Frauen durch neue Formen der Arbeit, der Weiterbildung und Gründung selbständiger Existenzen in der Informationsgesellschaft.

2 Situationsanalyse

Zu einem der dauerhaftesten strukturellen Merkmale der modernen industriellen Gesellschaft zählt die geschlechtshierarchische Teilung des Arbeitsmarktes in Frauen- und Männerberufe. In diesem Kontext spielen der Umgang mit Technik, die Nutzung von Technik und die Teilhabe an der Technikentwicklung eine besondere Rolle. Technisches Know-how fungiert als scharfe Trennungslinie zwischen den Geschlechtern. In einem großen Teil der industriell weit entwickelten Länder ist der Anteil von Frauen in technischen Studiengängen und qualifizierten technischen Berufen gering, entsprechend gering ist ihr Einfluß auf die Entwicklung und Gestaltung von Technik.

2.1 Arbeitsmarktperspektiven von Frauen

Die Arbeitsmarktperspektiven für Frauen werden in Abhängigkeit davon zu sehen sein, wie sich die Arbeitskräftenachfrage insgesamt entwickelt, über welche Qualifikationen Frauen zukünftig verfügen und welche gesellschaftlichen Rahmenbedingungen weibliche Erwerbstätige zukünftig in ihren jeweiligen Heimatländern vorfinden werden.

In allen Beschäftigungsfeldern ist nach den vorliegenden Prognosen des Instituts für Arbeitsmarkt- und Berufsforschung (IAB) und der Prognos AG davon auszugehen, daß qualifizierte und hochqualifizierte Tätigkeiten deutlich zunehmen werden. Dies betrifft vor allem auch die technischen und techniknahen Berufe. Für die zukünftige vermehrte Beschäftigung von Frauen in diesen Sektoren heißt dies, daß einerseits die schulische und berufliche Qualifikation insgesamt anzuheben ist, und daß andererseits ihr berufliches Spektrum erweitert werden muß.

2.2 Die Qualifikation

Die schulische Qualifikation junger Frauen ist in Deutschland in den letzten Jahren deutlich angestiegen. Sie verfügen in zunehmendem Umfang über schulische Abschlüsse (Realschulabschluß, Hochschulreife), während der

202

Anteil der jungen Männer dort stagniert. Frauen stellen seit 1995 mehr als 50% der SchulabgängerInnen mit Hochschulreife, ihr Anteil unter den StudienanfängerInnen an Universitäten lag im WS 97/98 bei 52% (an Fachhochschulen bei 38%).

2.3 Der Ausbildungsstellenmarkt

In den anerkannten Ausbildungsberufen ist der Anteil weiblicher Auszubildender gestiegen, nach wie vor ist jedoch das Spektrum der von ihnen besetzten Berufe wesentlich enger als das Berufsspektrum der jungen Männer. Mehr als die Hälfte aller weiblichen Auszubildenden (1996 55%) und gut zwei Fünftel (42%) der männlichen Auszubildenden konzentrieren sich auf zehn Ausbildungsberufe. Ein Blick auf den Ausbildungsstellenmarkt zeigt, daß dieser faktisch immer noch in einen Markt für junge Frauen und Männer gespalten ist. Für Frauen ist es nach wie vor deutlich schwieriger, in einem Männerberuf ausgebildet zu werden, als umgekehrt für Männer in einem Frauenberuf (Tischer/Doering 1998). Der Frauenanteil an den Auszubildenden in Männerberufen ist seit 1992 nur um etwa 1 Prozent auf 3,5% gestiegen.

Gründe für diese anhaltende Segregation nach Geschlecht sind nicht in den Berufswahlmotiven zu finden, die tendenziell eher Gemeinsamkeiten als Differenzen zwischen den Geschlechtern aufweisen. Sie liegen eher bedingt in einer im Laufe des Berufswahlprozesses stattfindenden Verengung beruflicher Orientierungen von Mädchen, die sehr eng mit den potentiellen Realisierungschancen auf dem Arbeitsmarkt zusammenhängen. Die bisherigen Arbeitsmarkterfahrungen junger Frauen aus gewerblich-technischen Berufen, in denen das Arbeitslosigkeitsrisiko von Frauen deutlich über dem der Männer lag und zum Teil erheblich über dem in typischen Frauenberufen, verstärkt diesen Prozeß zusätzlich.

Veränderungen können vor allem über neu entwickelte Berufe, wie beispielsweise die aktuellen IT-Berufe und Medienberufe, erwartet werden, die einen interdisziplinären Zuschnitt enthalten und damit den Interessen von jungen Frauen eher entgegenkommen als technische Ausbildungen alten Zuschnitts. Sofern hier zukünftig eine deutlich über den bisherigen Erfahrungen liegende Akzeptanz von Frauen bei den einstellenden Unternehmen zu erzielen ist, könnte eine erheblich über den bisherigen Prozentsätzen liegende Zunahme prognostiziert werden.

2.4 Erwerbsbeteiligung und Beschäftigung

Trotz der krisenhaften Entwicklung des Arbeitsmarktes blieb die Erwerbsquote der Frauen seit 1992 weitgehend unverändert, während die der Männer schon längere Zeit rückläufig ist. Die Frauenbeschäftigung hat von 1985 bis 1995 insgesamt um 25 Prozent (Chaberny 1997) zugenommen, dieser Zuwachs war ausschließlich auf die Zunahme der Teilzeitbeschäftigung zurückzuführen. Im Jahr 1996 gab es gemäß Mikrozensus in Deutschland 15,2 Mio. erwerbstätige Frauen und 20,7 Mio. erwerbstätige Männer. Frauen profitierten deutlich stärker als Männer von den Beschäftigungszuwächsen im Dienstleistungssektor. Insgesamt zeigt sich derzeit, daß der Faktor ‚Qualifikation' auf dem Arbeitsmarkt zum entscheidenden Wettbewerbsfaktor wird. Während Frauen ohne Ausbildung zwischen den Jahren 1991 und 1995 eine dramatische Abnahme in der Beschäftigung hinnehmen mußten, ist die Beschäftigung von Frauen mit abgeschlossener Lehre/Berufsfachschule bzw. abgeschlossener Fachschul- und Hochschulausbildung deutlich gestiegen (Tischer/Doering 1998). Es zeigt sich damit, daß die zunehmende Bildungsbereitschaft junger Frauen eine wichtige Voraussetzung für eine zukünftige eigenständige Existenzsicherung darstellt.

2.5 Frauen in Informations- und Kommunikationsberufen

Seit Beginn der 50er Jahre, in denen nur etwa 18 Prozent der Erwerbstätigen in Informationsberufen tätig waren, hat sich diese Branche stürmisch entwikkelt. Mitte der 90er Jahre machte sie bereits mit 43% aller Erwerbstätigen den größten Bereich der Volkswirtschaft aus (Dostal/Troll 1995). Frauen haben die Chancen der Informationsberufe früh wahrgenommen, sie waren bereits 1995 zu etwa 56% im Informationssektor tätig, Männer nur zu etwa 35%.

Frauen nutzen in allen entsprechend ausgestatteten beruflichen Feldern – genauso wie ihre männlichen Kollegen – computerunterstützte Arbeitsmittel, sind aber deutlich weniger an der Entwicklung, Programmierung und Systembetreuung beteiligt. Hinsichtlich der technischen Berufe selbst hat sich wenig an der traditionellen Arbeitsteilung verändert, Technik ist auch hier eine Männerdomäne geblieben. Frauen, die bereit sind, in technische Berufe einzusteigen, haben nach wie vor erheblich höhere Einstiegs- und Integrationsprobleme als ihre Kolleginnen in den technikferneren Berufen.

2.6 Hochschulen

Der derzeitige Wandel in den beruflichen Strukturen und Tätigkeiten ist eng verknüpft mit dem Vordringen von IuK-Technologien in alle beruflichen Felder. Neue Berufe haben sich herausgebildet, die beispielsweise MultimediaspezialistInnen erfordern. Infrastrukturberufe im Umfeld von Multimedia bedürfen neuer Kompetenzen, MultimedianutzerInnen in den verschiedensten Berufen benötigen eine adäquate Aus- und Fortbildung. Hier sind vielfach HochschulabsolventInnen gefragt, die in der Lage sind, sich auf der Basis ihrer bereits erworbenen fachlichen Qualifikationen über Selbststudium oder Training on the Job für diese neuen Bereiche zu qualifizieren.

Die Ausbildungen an den Hochschulen können dieser Entwicklung nur begrenzt folgen, da die Hochschulstrukturen, die Studieninhalte, Lehr- und Lernformen auf diesen rasanten Veränderungsprozeß nicht ausgerichtet sind. Die neuen Qualifikationsanforderungen an Lehrende und Studierende erzeugen aber in einigen Hochschulen einen Erneuerungsschub, insbesondere in den Bereichen Informatik und Ingenieurwisssenschaften. Damit hat für diese eher traditionell ausgerichteten technischen und naturwissenschaftlichen Fächer ein Veränderungsprozeß begonnen, der u.a. mehr Interdisziplinarität, mehr interkulturelle Elemente, mehr Praxiskontakte und aktivierende Lehr- und Lernformen in neue Studiengänge einbeziet und damit potentiell den Interessen einer neuen Klientel von Studierenden – zu denen auch vermehrt Frauen gehören können – entgegenkommt.

Diese Veränderungstendenzen in der Hochschulausbildung haben sich bisher kaum in schulische Information und Beratung umgesetzt. Die Diskussion um die Erkenntnis, daß der schulische Unterricht in den Fächern Mathematik, Informatik und Physik Mädchen und Jungen nicht in gleicher Weise mit einem Vertrauen in die eigene Leistungsfähigkeit ausstattet (Baumert 1997, Schneeberger 1988, Schneeberger/Stagel 1988) und damit Studien- und Berufsoptionen für die einen eröffnet und für die anderen einengt, hat bisher nur in Ansätzen zu den notwendigen Konsequenzen im Unterricht geführt. Die sich immer rascher entwickelnden Modernisierungsprozesse in der Technik, in den Arbeits- und Lebensbedingungen erschweren zusätzlich die Orientierung für SchülerInnen und LehrerInnen, machen sie komplexer und schwieriger.

Ein Blick auf die aktuelle Bildungsbeteiligung junger Frauen im Bereich der Hochschulausbildung zeigt, daß hier dringend ein Veränderungsprozeß einsetzen muß, damit Frauen nicht zukünftig von der Planung, Entwicklung und Gestaltung der Zukunftstechnologien ausgeschlossen werden. Insbesondere in den Studienrichtungen, die auf die Berufe für die technische und multimediale Zukunft vorbereiten, sind Frauen zu nur geringen Prozentsätzen vertreten. Frauen stellen zwar 33,5% der Studierenden in den Naturwissenschaften und 17% der Studierenden in den Ingenieurwissenschaften, aber nur 12% (!) der Studierenden in der Informatik und nur 4% (!) der Studierenden in der Elektrotechnik (bmb+f 1997, Statistisches Bundesamt 1997). Die Erwartung der Studentinnen, vorrangig im Feld des öffentlichen Dienstes und nicht in der Wirtschaft ihre beruflichen und persönlichen Zukunftserwartungen umsetzen zu können, zeigt sich in der Wahl der Studienabschlüsse: Frauen stellen 64% der Lehramtsstudierenden.

Forschungsergebnisse über die Lebensentwürfe und Orientierungen junger Leute zeigen, daß Mädchen und junge Frauen in den letzten Jahren eine deutliche Erweiterung ihrer individuellen Handlungsspielräume erfahren haben. Ihnen sind Gleichheit in Recht und Politik und der gleiche Zugang zu Bildung und Erwerbsarbeit zu einer Selbstverständlichkeit geworden. In dieser Lebensphase sind ihnen die Wahlzwänge und Risiken, die die scheinbar offenen Zukunftsoptionen enthalten, nicht bekannt, werden kaum thematisiert oder noch nicht wahrgenommen. Die klare Hierarchie zwischen Arbeitswelt und Familienwelt scheint keine entscheidende Rolle zu spielen, obwohl sie zumeist aus der eigenen Familie bekannt ist.

Eine zukunftsorientierte Beratung müßte die derzeitigen gesellschaftlichen Rahmenbedingungen aufnehmen, Mädchen zu einem selbstbewußten Umgang mit Informationen erziehen und ihnen ermöglichen, sich frühzeitig mit den Konsequenzen bestimmter Lebensentwürfe und ihrer Doppelorientierung auseinanderzusetzen. Hier ist ein Zusammenwirken von Schule und Berufsberatung mit Frauen-Technik-Netzwerken, Verbänden und der Wirtschaft gefordert, das die positiven Entwicklungen in der Bildungsbereitschaft von Frauen aufnimmt, konkrete Veränderungen im schulischen und hochschulischen Unterricht bewirkt und neue, flexiblere gesellschaftliche Rahmenbedingungen entwickelt.

2.7 Ergebnisse der Frauenforschung

Rudolph (1992) wies bereits Anfang der 90er Jahre darauf hin, daß sowohl eine Veränderung der Strukturen auf dem Sektor der gewerblich-technischen Berufsausbildungen als auch im Bereich der technischen Studiengänge erfolgen müsse. Forschungsarbeiten über die Situation von Frauen in technischen Studiengängen und zum Thema Technik und Geschlecht wie beispielsweise die Arbeiten von Molvaer/Stein (1994) oder Wajcmann (1994) verwiesen in Folge darauf, daß die inhaltliche und strukturelle Gestaltung des Studiums Frauen abschrecke bzw. die subtil in den Studieninhalten transportierten Technikbilder und Geschlechtervorstellungen ausschlaggebend seien könnten. Der Berufsbildungsbereich ist hinsichtlich dieser Thematik wenig erforscht, obwohl hier Ansätze liegen könnten, u.a. durch eine Neugestaltung der Praxiskontakte in Industrieunternehmen (frauengerechte Praktika, verstärkte Einstellung von weiblichen Role-Models auf jeder Qualifikationsebene der Unternehmen) und der Curricula der technischen Ausbildungen Frauen zukünftig stärker für das sich wandelnde Feld der techniknahen Berufe zu interessieren.

In den Vordergrund rücken damit die ideologischen und kulturellen Prozesse, die in unserer Gesellschaft dazu beitragen, die Verbindung von Männern und Technik ‚natürlich‘ erscheinen zu lassen. Foster (1989) dokumentierte für den Bereich der Ausbildung, Umschulung und Weiterbildung von Frauen in gewerblich-technischen Berufen die Diskrepanz zwischen den Teilnehmerinneninteressen und der Angebotsstruktur. Sie beschrieb die geschlechtsspezifischen Differenzen zwischen den in ihrer berufskulturellen Tradition stehenden männlichen Ausbildern und weiblichen Auszubildenden und Umschülerinnen, die aufgrund ihres Geschlechts, anderer Verhaltensmuster und Orientierungen nicht dem Bild des ‚typischen' gewerblich-technischen Auszubildenden entsprachen. Metz-Göckel, Roloff und Schlüter (1989) bezeichneten bereits Ende der 80er Jahre das Ingenieurstudium als geprägt durch eine Eigenwelt männlicher Technikkultur, zu der bestimmte Verkehrsformen, Denkweisen und Berufsauffassungen gehören, die Frauen den Zugang zu diesen Wissenschaften erschweren. Die vorliegenden Ergebnisse der Bund-Länder-Modellversuche in Hamburg, Paderborn und Bielefeld bestätigten inzwischen diese Einschätzung.

3 Konsequenzen für die Koordinierungsstelle

Die vielfältigen Forschungsergebnisse und Statistiken belegen eindrucksvoll, daß ein Herausgreifen eines isolierten Bereichs – der Berufsausbildung oder auch des Studiums – allein nicht ausreicht, um grundlegende Veränderungen in der Unterrepräsentanz von Frauen in technischen und techniknahen Berufen zu erzielen. Eine Verknüpfung von Ergebnissen aus dem Feld der schulischen, beruflichen und wissenschaftlichen Ausbildung ist erforderlich, um einen Einblick in die konkreten Barrieren und geschlechtsspezifischen Segregationslinien zu vermitteln. Die strukturellen Veränderungen in den wirtschaftlichen, gesellschaftlichen und technischen Rahmenbedingungen gilt es für die Bereiche der schulischen Ausbildung, der Berufsausbildung, der Weiterbildung, für Hochschule und Forschung zu analysieren und auf ihre Folgewirkungen für die Bildungs- und Beschäftigungschancen für Frauen in der Technik zu untersuchen. Die Ergebnisse müssen aufbereitet und den zuständigen Gremien in Politik, Wissenschaft und Wirtschaft zugeleitet werden. Dies kann weder von einzelnen Projekten, Forscherinnen oder Hochschulinstituten noch von den Förderinstitutionen selbst geleistet werden. Eine Koordinierungsstelle *Frauen geben Technik neue Impulse* kann unter Nutzung nationaler und internationaler wissenschaftlicher Kommunikationswege zu einer Strukturierung und gezielten Auswertung vorhandener Forschungsergebnisse beitragen.

Eine solche Koordinierungsstelle kann und darf nicht in Konkurrenz zu bestehenden Vernetzungsaktivitäten im Bereich der Frauenforschung, der Hochschulfrauenbeauftragten, der kommunalen Frauenbeauftragten, der Initiativen und europäischer Projekte stehen. Sie hat statt dessen die Aufgabe, einerseits themenzentrierte Serviceangebote für diese Netzwerke bereitzustellen und andererseits deren fachliche Kompetenz und vorhandenen Aktiva zu unterstützen und zu koordinieren und einer breiteren Öffentlichkeit zugänglich zu machen.

Literatur

Baumert, Jürgen et al.: TIMSS. Mathematisch-Naturwissenschaftlicher Unterricht im internationalen Vergleich. Deskriptive Befunde. Max-Planck-Institut für Bildungsforschung, Berlin; Institut für Pädagogik der Naturwissenschaften, Kiel; Humboldt-Universität, Berlin, 1997

Bundesministerium für Bildung, Wissenschaft, Forschung und Technologie (bmb+f) (Hrsg.): Grund- und Strukturdaten 1997/98, Magdeburg 12/97

Chaberny, Annelore: Beschäftigungschancen von Frauen im Strukturwandel. Eine Aktualisierung, ibv Nr. 4 vom 22. Januar 1997

Dostal, Werner; Troll, Lothar: Frauen und Technik am Arbeitsmarkt. Aspekte der Frauenbeschäftigung im Strukturwandel, Materialien aus der Arbeitsmarkt- und Berufsforschung, Nr. 3/1995

Foster, Helga: Weiterbildung und Wiedereingliederung – Diskrepanz zwischen Teilnehmerinneninteressen und Angebotsstruktur. In: Landesinstitut für Schule und Weiterbildung (Hrsg.): Berufliche Wiedereingliederung von Frauen als Aufgabe von Gesellschaft und Weiterbildung, Soest: Soester Verlagskontor, 1989

Statistisches Bundesamt (Hrsg.): Bildung und Kultur, Fachserie 11, Reihe 4.1 Studierende an Hochschulen, Wiesbaden, 1997

Metz-Göckel, Sigrid; Roloff, Christiane; Schlüter, Anne: Frauenstudium nach 1945 – Ein Rückblick. In: Aus Politik und Zeitgeschichte; Das Parlament, B 28/89; 7, Juli 1989

Molvaer, Janitha; Stein, Kira: Ingenieurin – warum nicht? Berufsbild und Berufsmotivation von zukünftigen Ingenieurinnen und Ingenieuren. Ein interkultureller Vergleich. Frankfurt/New York: Campus Verlag, 1994

Rudolph, Hedwig: Ingenieurinnen sind Ingenieure – nur weiblicher. In: Meyer-Braun, Renate; Moser, Angelika; Syben, Gerd (Hrsg.): Ingenieurstudentinnen. Ihre Studiensituation und Berufsperspektive als Gegenstand der Ausbildung, Hochschule Bremen, Dezember 1992

Schneeberger, Arthur: Barrieren im Zugang zum Technikstudium in geschlechtsspezifischer Analyse. Endbericht zum Projekt: Mathematik und Studien- und Berufswahl. ibw-Forschungsbericht Nr.62, Wien 1988

Schneeberger, Arthur; Stagel, Wolfgang: Mathematik in der höheren Schule in geschlechtsspezifischer Analyse. Teilbericht zum Projekt: Mathematik und Studien- und Berufswahl. ibw-Forschungsbericht Nr.63, Wien 1988

Tischer, Ute; Doering, Gabriele: Arbeitsmarkt für Frauen – Aktuelle Entwicklungen und Tendenzen im Überblick, ibv Nr. 8 vom 25. Februar 1998

Wajcmann, Judy: Technik und Geschlecht. Die feministische Technikdebatte, Frankfurt/Main, New York: Campus Verlag, 1994

Ute Wanzek

WITEC – Europäisches Netzwerk für Frauen in Naturwissenschaft, Ingenieurwesen und Technologie

52% der europäischen Hochschulabsolventen sind Frauen, aber nur ein Viertel der Studentinnen schlägt einen naturwissenschaftlichen oder technischen Bildungsweg ein. Anfang der 90er Jahre absolvierten in Europa 29% der männlichen Absolventen ein Studium in ingenieurwissenschaftlichen Fachrichtungen, demgegenüber schlossen aber nur 6% der weiblichen Absolventen diese Studiengänge ab. In den Natur- und mathematischen Wissenschaften ist das Verhältnis 13% zu 7%. Dieser Trend hat sich zum Ende der 90er Jahre europaweit nicht wesentlich geändert.

Um die Ursachen für diese Situation zu erforschen und ihnen mit einer Vielfalt an möglichen Maßnahmen zu begegnen, wurde WITEC (Women in Science, Engineering and Technology) 1988 in Sheffield (Großbritannien) im Rahmen des europäischen COMETT-Programms gegründet und bis zum Ende des Programms durch dieses gefördert.

WITEC ist ein europäisches Netzwerk von Hochschulen, Unternehmen, Verbänden, Organisationen und Einzelpersonen, die sich für die Motivation, Förderung und Unterstützung von Frauen und Mädchen in naturwissenschaftlich-technischen Studiengängen und Berufen sowie für mehr Frauen in Führungspositionen einsetzen. Zur Zeit arbeiten acht Länder im europäischem Netzwerk, zu anderen europäischen Ländern bestehen gute Arbeitskontakte. Das WITEC Sekretariat hat seinen Sitz in Sheffield, Großbritannien. Für WITEC-Deutschland hat die Initiative ComEAST (Schwerpunkt Technologietransfer Hochschule-Wirtschaft durch europäische Bildungsprogramme) an der Otto-v.-Guericke-Universität Magdeburg die Partnerschaft übernommen.

Strategie des WITEC-Netzwerkes ist es, konkret an der Umsetzung der Schwerpunkte der Aktionsprogramme der Europäischen Gemeinschaft für die Chancengleichheit von Männern und Frauen (1996 bis 2000), speziell für Frauen in Naturwissenschaft, Ingenieurwesen und Technologie mitzuwirken. Dabei bedient sich WITEC der Kompetenz seiner Mitglieder im Netzwerk und nutzt vielfältige regionale, nationale und europäische Förderprogramme. Das WITEC-Netzwerk verfolgt das Ziel:

- durch Veranstaltungen, Aktionen und Projekte zur Erhöhung der beruflichen Entwicklungsmöglichkeiten und Karrierechancen beizutragen,
- die Zahl von Frauen und Mädchen, die technische oder naturwissenschaftliche Studiengänge oder Berufe wählen, zu erhöhen,
- Frauen, die in diesen Feldern arbeiten und studieren, zu unterstützen,

209

- Weiterbildungs- und Modellprojekte, die der Entwicklung von fachlichen, unternehmerischen und Führungsfähigkeiten dieser Frauen dienen, zu initiieren und zu entwickeln,
- den Erfahrungs- und Informationsaustausch zu fördern und entsprechende Beratungsangebote zu schaffen,
- Forschung auf diesem Gebiet anzuregen, voranzutreiben und zu unterstützen sowie
- die Vernetzung für dieses Gebiet national und international zu fördern.

Im Rahmen dieser Ziele konzentriert WITEC seine Aktivitäten auf europäische und nationale Netzwerkarbeit, auf Lobbying in Brüssel bei der Europäischen Kommission und in den Mitgliedsstaaten sowie auf das Initiieren und das Durchführen transnationaler Projekte in verschiedenen europäischen Programmen.

Europäische Expertinnen-Datenbank

WITEC betreibt eine spezielle Datenbank für Frauen, die als Expertinnen in Naturwissenschaft, Ingenieurwesen und Technik/Technologie gelten, im Internet. Diese basierte zunächst auf einem European Handbook of Women Experts in Science and Technology und vereint in sich eine spezifische Datensammlung europäischer Expertinnen aus Naturwissenschaft, Ingenieurwissenschaften und Technologie. Sie soll der europäischen Kommission, aber auch nationalen und regionalen Stellen einen Überblick ermöglichen, in welchen konkreten Tätigkeitsfeldern und Bereichen hochqualifizierte Fachfrauen zu finden sind. Dieser Überblick soll zu Entscheidungen motivieren, wissenschaftliche und technologieorientierte Beratergremien, Programm- und Evaluierungsausschüsse mit Frauen zu besetzen sowie Gutachterinnen zu benennen. Weitere Synergieeffekte werden erwartet im Sinne der Vernetzung der Expertinnen selbst und im Hinblick auf die Erbringung des Beweises, daß es lohnend und möglich für Frauen und Mädchen ist, einen Beruf in Naturwissenschaft und Technik zu erlernen oder ein Studium in diesen Bereichen zu absolvieren.

Die im WITEC-Netzwerk vereinten europäischen Partnerinnen haben die spezifische Datensammlung des Handbuches erweitert, die Informationen über die Expertinnen neu strukturiert, neue Expertinnen in die Datensammlung aufgenommen und all diese Daten zu der *European Database of Women Experts* vereint und für das World Wide Web aufbereitet. 1500 Expertinnen aus 14 Staaten Europas, davon 140 Fachfrauen aus Deutschland, haben sich in die Datenbank bisher eintragen lassen. Diese Frauen sind nicht nur in ihren Berufen Expertinnen, sondern sie sind auch aktiv in nationalen und internationalen Verbänden, Koordinierungsstellen und Arbeitsgruppen. Selbstverständlich ist ein Eintrag in die Datenbank für alle Expertinnen auch dann möglich, wenn sie nicht selbst über Internetanschluß verfügen.

Derzeit sind es vor allem Frauen aus der Wissenschaft, die als Expertinnen in der Datenbank zu finden sind. WITEC-Deutschland ist sehr darum bemüht, mehr Frauen aus der Wirtschaft, also aus Unternehmen oder auch aus Berufs-, Ingenieur- oder Unternehmerinnenverbänden als Expertinnen bekannt zu machen und deren Kompetenz zu demonstrieren.

Mentoring für Frauen im technischen Bereich

Eine zentrale Stellung in der konkreten WITEC-Arbeit hat seit 1995 das Projekt *MELLOW* (Life Long Mentoring of Women in Technical Jobs), weil es unserer Ansicht nach keine wirksamere Motivierungs- und Förderungsmethode gibt, als die der direkten, personenbezogenen Mentorenschaft oder des Tutoriats. Das bedeutet, sich am Beispiel, an den Erfahrungen und Problemen jeweils ‚älterer' Frauen (und auch Männer) zu orientieren.

Um mehr Mädchen und junge Frauen zu ermutigen, einen zukunftsträchtigen technologieorientierten Beruf zu ergreifen, und sie auch in den weiteren Phasen der beruflichen Laufbahn zu unterstützen, werden ihnen erfahrene Mentorinnen zur Seite gestellt. Das Projekt berücksichtigt dabei unterschiedliche Ansätze bei Schülerinnen, Studentinnen und Berufsanfängerinnen. So werden Schülerinnen von Studentinnen technischer Studienfächer betreut, Studentinnen von Berufsanfängerinnen und junge Ingenieurinnen von Ingenieurinnen mit mindestens 5jähriger Berufserfahrung.

Dieses europäische Pilotprojekt wird von VHTO, einer Organisation von Gleichstellungsbeauftragten an niederländischen Hochschulen, koordiniert. Die europäischen Partner kommen aus Großbritannien, Irland, Österreich und Deutschland und sind jeweils nur für bestimmte Zielgruppen zuständig. Als deutscher Projektpartner haben wir als ‚Mentees' fünf junge Ingenieurinnen und zugleich fünf berufserfahrene Frauen als Mentorinnen gewonnen, die mit ihrem Vorbild und ihrem Rat, mit ihren fachlichen und betriebsspezifischen Kenntnissen die berufliche Karriere der jungen Frauen fördern wollen. Im Rahmen von individuellen Vereinbarungen haben die am Projekt beteiligten Jungingenieurinnen und ihre Mentorinnen festgelegt, welche Ziele im Mentoring erreicht werden sollen, wie oft man sich treffen will und wann Ergebnisse mit welcher Methode eingeschätzt werden sollen. Die Mentorinnen wurden in einem transnationalen Training auf ihre Aufgabe vorbereitet. In Deutschland finden regelmäßige Treffen zum Austausch der Erfahrungen zwischen den Mentorinnen, zwischen den Mentees und allen gemeinsam statt.

Die Durchführung des Projektes unter Erprobung des Prinzips des Mentorings mit verschiedenen Zielgruppen in verschiedenen europäischen Ländern verläuft sehr erfolgreich und ist auf großes Interesse gestoßen. Deshalb werden die europäischen Partnerinnen 1998 ein Buch veröffentlichen, in denen die in bisher dreijähriger Arbeit gesammelten Erfahrungen erstmals veröffentlicht werden. Für 1999 haben die Partnerinnen einen weiteren Antrag auf Förderung an die Europäische Kommission gestellt, um ausreichend Zeit, Geld und Möglichkeiten für die Evaluierung und für die europaweite Verbreitung der Ergebnisse zu haben.

Weiterbildung für Frauen mit naturwissenschaftlich-technischem Abschluß

WITEC hat ein *Kurz-Kurs-Programm* entwickelt, dessen Ziel darin besteht, *Frauen mit naturwissenschaftlich-technischem Abschluß* notwendige Kompetenzen und neues Wissen zu vermitteln, welches ihnen ermöglichen soll, sich auf dem Arbeitsmarkt zu behaupten oder dorthin zurückzukehren sowie erfolgreich ihre eigene Karriere zu planen und zu realisieren. Dieses Programm umfaßt europaweit sieben unterschiedliche Kursangebote, an denen zehn nationale WITEC-Netzwerke beteiligt sind (Belgien, Großbritannien, Deutschland, Griechenland, Finnland, Italien, Irland, Niederlande, Spanien, Schweden). Die Themen der Kurse sind:

- Positive Persönlichkeitsentwicklung durch erfolgreiche Karriereplanung,
- Informationstechnologien und flexibles Arbeiten für Frauen,
- Informationstechnologien und Projektmanagement,
- Mentoring-Kurs für Mentorinnen,
- Unternehmenskommunikation und Internet,
- Multimedia-Kurs,
- Training für Karriereberaterinnen in bezug auf Gleichstellung von Frauen in Naturwissenschaft und Technik.

WITEC-Deutschland hat mit fachlicher Unterstützung der adi-Informatikakademie Magdeburg und in Partnerschaft mit Spanien einen Kurs ‚Informationstechnologien und Projektmanagement' geplant und im Juni 1997 mit insgesamt zehn Teilnehmerinnen erstmals durchgeführt. Dieser Kurs war für zwei Tage konzipiert. Er stellt eine Kombination dar aus Vermittlung der Grundlagen des Projektmanagements bzw. der Nutzung entsprechender Software und praktischer Übungen an Hand konkreter Projektaufträge sowie deren Bearbeitung am Computer. Gegenwärtig wird mit der Auswertung der Hinweise der Teilnehmerinnen die Entwicklung des Kurses fortgesetzt, um ihn unter Beachtung des Kurz-Kurses anwenderfreundlicher zu gestalten.

WITEC-Deutschland hat 1997 eine Broschüre mit einer ersten Übersicht über das gesamte Europäische Short-Course-Programm in deutscher Sprache erstellt; 1998 wird eine neue Broschüre mit dem endgültigen Kursangebot in englischer Sprache erscheinen. Diese Kurse sind für interessierte Einrichtungen dann ebenfalls nutzbar.

Unterstützung von Existenzgründerinnen

In der Antragsrunde 1997 für europäische Projekte unter dem Programm „Leonardo da Vinci" hat sich die deutsche Initiative ComEAST entschieden, ein Projekt zur Förderung der Chancengleichheit von Frauen und Männern zu beantragen: *JASS* (Joint Analysis and Strategy for Selfemployment for Women with Technical and Scientific Education).

Ausgangspunkt dieser Entscheidung bildeten verschiedene soziologische Untersuchungen über die Situation und Chancen von Frauen am Arbeitsmarkt. Dabei geht aus einer empirischen Untersuchung zu Existenzgründungen in Sachsen-Anhalt hervor, daß nur rund 22% der Existenzgründungen durch Frauen erfolgten. Obwohl Frauen von der ökonomischen Krise in Europa am meisten am Arbeitsmarkt betroffen sind, scheint es überraschend, daß insbesondere Frauen mit höherer (akademischer) Ausbildung weniger Mut haben als Männer, ihre Kompetenz, ihr Wissen und ihre Fähigkeiten für den Schritt in eine Selbständigkeit – in eine Existenzgründung – einzusetzen.

Das Projekt will die Gründe für diese Situation in ausgewählten Regionen europäischer Länder analysieren und spezielle Instrumente für einen erfolgreichen Weg in die Selbständigkeit, speziell für Frauen mit akademischem Abschluß auf technischem und naturwissenschaftlichem Gebiet entwickeln. Denn gerade in diesem Bereich ist die Diskrepanz zwischen erworbener Qualifikation und Entscheidung zur Existenzgründung zwischen Frauen und Männern extrem groß. Aus den Ergebnissen der verschiedenen Studien liegt der Schluß nahe, daß es notwendig ist, Frauen mit höheren Qualifikationen, Wege aufzuzeigen und Instrumente an die Hand zu geben, die es ihnen erleichtert, ihre Qualifikationen und Kompetenzen einsetzen zu können, um sich eigene Arbeits- und Beschäftigungsfelder am Markt zu erschließen. Dieser Weg der Gründung einer eigenen Existenz durch Frauen ist oft nicht nur für diese Frau selbst bedeutsam, sondern zieht nicht selten die Beschäftigung weiterer Frauen in diesen Unternehmen nach sich. Somit kann die gezielte Förderung von Existenzgründungen von Frauen durchaus einen positiven Effekt für Frauenbeschäftigung insgesamt haben.

Das Projekt möchte sich beschäftigen mit *Frauen mit technischem oder wissenschaftlichem, akademischem Abschluß*, die *arbeitslos* sind oder in *nicht-technischen (berufsfremden) Positionen* arbeiten oder *die nach einer*

Familienphase wieder arbeiten wollen, sowie mit *Studentinnen/Absolventinnen des Ingenieurwesens und der Naturwissenschaften* als potentielle oder tatsächliche Gründerinnen in ihren Berufsfeldern. Diese Projektidee wurde im Rahmen des Europäischen Netzwerkes WITEC diskutiert und fand breites Interesse. Belgien, Niederlande, Spanien, Großbritannien und Schweden sind beteiligt.

Europaweite Vermittlung betrieblicher Praktikumsplätze

Wichtig für WITEC ist es, Studentinnen in naturwissenschaftlich-technischen Studienrichtungen bei der Suche von betrieblichen Praktikumsplätzen zu unterstützen. Unter Nutzung des Netzwerkes vermitteln WITEC-Großbritannien und WITEC-Schweden im Rahmen europäischer Personalaustauschprogramme Praktikumsplätze europaweit für Studentinnen. Diese Initiative ist nicht nur im Hinblick auf den Erwerb von Auslandserfahrungen bedeutsam, sondern sie ist besonders deshalb wichtig, weil weibliche Studentinnen in naturwissenschaftlich-technischen Feldern überall in Europa selten sind und einer besonderen Unterstützung bedürfen beim Finden qualifizierter Praktikumsaufgaben in Unternehmen. WITEC-Deutschland beteiligt sich an diesen Initiativen über die *eigenen Student-Placement-Projekte* bei ComEAST an der Otto-v.-Guericke-Universität Magdeburg.

Aufbau regionaler Informationszentren

Nachdem die europäische WITEC-Expertinnendatenbank erfolgreich im WWW etabliert wurde, hat sich WITEC nun zum Ziel gesetzt, regionale Informationszentren zu entwickeln und ins WWW zu stellen. „Using the WWW to Develop Women's Carreers in Science, Engineering and Technology (*Resource Centres in WWW*)" ist der Name dieses Projektes.

In den Zentren sollen alle Informationen zur Verfügung gestellt werden, die der Unterstützung von Mädchen und Frauen in bezug auf ihre Ausbildung oder ihren Beruf in Naturwissenschaft, Ingenieurwesen und Technologie dienen (z.B. gesetzliche Grundlagen, europäische, nationale und regionale Förderprogramme, Institutionen, Vereine, Verbände, Beratungsstellen, Ansprechpartner u.a.). Gleichzeitig sollen durch Links zu den entsprechend zuständigen Stellen schnellere Kontaktaufnahmen ermöglicht werden. Diese regionalen Zentren werden im WWW vereinheitlicht, aber in der jeweiligen Landessprache unter der WITEC-Homepage arbeiten und vernetzt sein.

214

WITEC-Deutschland ist eine von insgesamt fünf europäischen Partnerinnen in diesem Projekt (Großbritannien, Belgien, Niederlande, Spanien, Deutschland).

Ausblick

Die hier beschrieben Projekte stellen nur eine kleine Auswahl der im Rahmen des Europäischen Netzwerkes bearbeiteten Themen dar und wurden hier nach deutscher Beteiligung ausgewählt. Die WITEC-Mitgliedsländer arbeiten darüber hinaus noch an einer Vielzahl anderer Schwerpunkte. Die Inhalte sind jedoch hauptsächlich auf Fragen der Motivation, der Entwicklung von Fähigkeiten und Fertigkeiten, der Karriereplanung und auf Kompetenzen im Bereich neuer Technologien, hauptsächlich der Informationstechnologien ausgerichtet. Das WITEC-Netzwerk kann hierfür auf eine Fülle an Erfahrungen in der zehnjährigen Arbeit für Frauen in Naturwissenschaft, Ingenieurwesen und Technologie zurückgreifen und sich auf langjährige nationale Kooperationspartner stützen.

Trotzdem ist nicht zu übersehen, daß es nach Auslaufen des COMETT-Programmes 1995, durch welches durch die Europäische Kommission Netzwerke gefördert wurden, erheblich schwieriger geworden ist, das Netzwerk europaweit aufrecht zu erhalten. Ursache hierfür ist u.a, daß die nationalen Koordinationsstellen auch nur noch national gefördert werden, was nicht in allen Ländern seit 1995 sichergestellt werden konnte. WITEC finanziert sich seither nahezu ausschließlich durch Projekte. Viele notwendige Aktivitäten, wie die Lobbyarbeit bei der Europäischen Kommission, die Beobachtung und Auswertung europäischer Programme und die Einflußnahme auf politische Entscheidungen, ist daher wesentlich komplizierter geworden. Auch die Finanzierung übergreifender europäischer Initiativen, wie dem WITEC-Newsletter (erscheint 4x jährlich) oder das Betreiben von aus Projekten hervorgegangenen Datenbanken oder gar das Ausrichten europäischer Veranstaltungen, ist äußerst schwierig geworden.

Wenn – unter dem als *Mainstreaming* bezeichneten neuen Ansatz europäischer Politik – den Strukturfonds nach 1999 eine völlig neue Ausrichtung gegeben werden soll, dann sollen diese ein breiteres Ursachenspektrum für geschlechtsspezifische Ungleichheiten berücksichtigen und damit mögliche Abhilfen globaler behandeln. Die neuen Programme sollen gewährleisten, daß der Chancengleichheit in allen Bereichen der Strukturpolitik die gleiche Beachtung zuteil wird. Dieser neue Ansatz trägt der Erkenntnis Rechnung, daß, trotz vielfältiger Initiativen in den verschiedenen europäischen Programmen und Fonds und der wachsenden Präferenz der Frauen auf dem Arbeitsmarkt, die Unterschiede zwischen Männern und Frauen in Bezug auf

Beschäftigungsmöglichkeiten, Entlohnung und Arbeitsbedingungen nach wie vor gravierend sind, sich sogar in bestimmten Fällen verschlimmerten.

Das WITEC-Board hat auch deshalb Anfang 1997 begonnen, *eine Europäische WITEC-Association* zu konzipieren und zu diskutieren und weitere europäische Länder für eine Mitarbeit zu gewinnen. Dabei erstrecken sich nun die Initiativen – im Hinblick auf die Erweiterung der Europäischen Gemeinschaft – auch auf die mittel- und osteuropäischen Länder. Gerade hier ist ein großes Potential an Frauen zu finden, die über Abschlüsse in naturwissenschaftlich-technischen Bereichen verfügen und, wie in den neuen Bundesländern, schrittweise vom Arbeitsmarkt oder aus ihren Berufsfeldern verdrängt werden. Damit wird es auch für die nachfolgende Generation von Mädchen und jungen Frauen schwieriger, sich diese zukunftsträchtigen beruflichen Felder zu erschließen.

Eine solche *Europäische WITEC-Association* wünschen sich auch viele Partnerinnen und Mitglieder des *deutschen WITEC-Parts,* da dies Institutionen, Vereinen, Verbänden, Initiativen und Einzelpersonen der verschiedenen europäischen Länder ermöglicht, direkt – ohne den ,Umweg' über einen deutschen europäischen Verein – eine europäische Mitgliedschaft zu erwerben und direkt auf europäischer Ebene zusammenzuarbeiten. Damit lassen sich die Ergebnisse europäischer WITEC-Projekte schneller verbreiten, und vielen Institutionen, Verbänden und Vereinen wird Gelegenheit zur eigenen Verwertung oder Weitergabe gegeben. Zukünftig wird es einen großen Bedarf an unterstützenden Dienstleistungen hinsichtlich Öffentlichkeitsarbeit sowie hinsichtlich Information und Beratung zu europäischen Politiktrends, Programmen und Fonds geben. Diese Dienstleistungen sollte und könnte WITEC generell und WITEC-Deutschland[1] übernehmen, entwickeln und ausbauen.

---

1   Weitere Informationen sind erhältlich bei: WITEC-Deutschland/ComEAST c/o Otto-von-Guericke-Universität Magdeburg, Akademisches Auslandsamt, Postfach 4120, D-39016 Magdeburg Tel.: 0391/67-18742, E-Mail: ute.wanzek@verwaltung.uni-magdeburg.de, http://www.uni-magdeburg.de/~akaa/akla95.htm und http://www.shu.ac.uk/witec.

Dagmar Boedicker

Gut Ding will Weile haben

Das wissen die Einwanderer, deren kleine Insel von einem Seebeben zerstört wurde, und die in einem europäischen Land gastfreundlich aufgenommen wurden. Sie und ihre Kinder kannten die Hektik der Industriegesellschaft nicht. Sie haben ihren Lebensrhythmus mitgebracht; und von ihnen haben auch die Einheimischen gelernt, aufmerksam im Hier und Jetzt zu leben. Eine Generation später sieht es anders aus in diesem Land, und es ist zu einem Vorbild für die Welt geworden.

Produktivitätsgewinne durch Rationalisierung sind verteilt worden. Die Menschen benötigen weniger bezahlte Erwerbsarbeit, um für ihren Lebensunterhalt zu sorgen. Zeitsouveränität ermöglicht eine freie Einteilung der Arbeit über die Lebenszeit. Niemand arbeitet mehr als durchschnittlich 25 Stunden in der Woche gegen Entgelt, im Jahr also 1000 Stunden. Ein staatlicher zweiter Scheck für die Erwerbsarbeit gleicht für die Unternehmen die Belastungen zwischen arbeitsintensiven und kapitalintensiven Produktionsweisen aus. Unentgeltliche Arbeit für das Gemeinwesen (beispielsweise Familienarbeit, Pflege, Betreuung, politisches Engagement) wird in Form von Bonuspunkten für die Alterssicherung oder für Bildungsangebote honoriert, darüber hinaus werden lediglich anfallende Kosten (Reisekosten, Kommunikationskosten, ...) erstattet.

Dieses Szenario beschreibt, wie ein Tag im Leben aussehen könnte, wenn Menschen der Versuchung widerstehen, alles überall und sofort haben und erfahren zu müssen, wenn sie die Technik dazu nutzen, sich das Leben zu erleichtern, anstatt über das Tauschmittel Geld nur Käufliches anzustreben, und wenn sie sich auf natürliche Rhythmen und Kreisläufe besinnen. Es ist eine „Kritik der ökonomischen Vernunft" (André Gorz), die andere Lebensmuster ausspinnt, Lebensmuster, in denen die Eigenarbeit wieder eine so große Rolle spielt wie früher, wenn auch mit den Mitteln einer fortgeschrittenen Informations- und Kommunikationstechnik. In dieser Utopie sind die gesellschaftlichen Rollenfestschreibungen aufgehoben, Frauen und Männer entfalten sich gleichermaßen beim Lernen und Spielen, in der Freizeit, bei Erwerbs- und anderer Arbeit.

Die Trennung von Wohn- und Arbeitsort ist weitgehend aufgehoben. Die Menschen haben Zeit für reproduktives Tun. Die gewonnene Zeit verbringen sie mit Kindern, mit künstlerischen Aktivitäten, mit Freunden, Nachbarn und alten Menschen, an deren Erfahrung sie teilhaben. Sie kochen, basteln, reparieren für sich und andere Dinge und stellen ungewöhnliche Gebrauchsartikel her. Sie musizieren, malen, filmen, fotografieren und bearbeiten und publizieren die Bilder am PC. Sie philosophieren in Gesprächskreisen im Viertel oder im Netz mit Gesprächspartnern im Nachbarort, mit denen sie auch online spielen.

Diese Orientierung der gesellschaftlichen Entwicklung an den Bedürfnissen von Frauen und Männern ist einem Prozeß zu verdanken, in dem politische Entscheidungen mit Geduld und Augenmaß wieder wirklich diskutiert und ihre Folgen bedacht worden sind.

Nachbarschaftshilfe

„Sag' ihm bitte, daß ich jetzt gerade keine Zeit habe. Ich rufe zurück." Meine Tochter Paciencia sieht mich völlig entgeistert an. „Herrjeh – ich komm' ja schon." Manfred, der Vater ihrer Freundin Susi, ist am Visifon. Er scheint ein Problem zu haben. Da muß der spannende Chat mit Nesche und ihrer Freundin in der Türkei wohl ein bißchen warten. Ich sage ihnen, daß mich gerade jemand braucht, und das verstehen sie natürlich. Mein Pech, wenn sie nachher ihre Internet-Fenster wieder zugemacht haben, weil sie etwas anderes tun.

Manfred ruft eigentlich nie an, das hatte ich gar nicht bedacht. Visifon ist für ihn ein lästiges Übel, und der häufige Gebrauch durch unsere Generation fuchst ihn oft. Es muß also wichtig sein: „Entschuldige, daß ich anrufe, aber ich wußte nicht, ob Du heute noch in Deinen Postkasten guckst." „Aber das ist doch in Ordnung! – Ist was passiert?" „Ja. Petras Mutter ist gestürzt, und ich kann weder Petra noch Dominique erreichen. Der Notdienst hat die Oma zwar schon versorgt – nach einer halben Stunde, weil sie sich nicht gemeldet hatte – aber jetzt hat sie nur einen Krankenpfleger dort, und wahrscheinlich ist sie ziemlich fertig." Petras Mutter gehört zu der Generation, die gern ein bißchen Abstand zu den Kindern hält, deshalb wohnt sie noch in ihrer Wohnung in der Stadt.

Ich frage nach, was ich tun kann. „Ich habe heute Kindertag," sagt er, „und den kann ich mir nicht so einfach freinehmen. Schließlich ist es nicht wie ein Tag in der Firma." Eltern müssen entweder in Form unbezahlter Hilfe oder finanziell zu Schulen und Hort beitragen, weil die öffentliche Finanzierung für Schulen und andere pädagogische Institutionen stark herabgesetzt worden ist. Das Verfahren ist aber auch eine Folge der Situation, in der viele Leute jetzt mehr Zeit als Geld haben, und bei nur drei Schultagen in der Woche funktioniert das eigentlich sehr gut.

„Soll ich das für dich übernehmen?" „Da wäre ich dir sehr dankbar. Ich hinterlasse bei Petra und Dominique eine Nachricht, aber normalerweise gehen sie erst später ans Netz. Sie sollen dich im Hort anrufen, dann können sie dich vielleicht später ablösen. Sonst bin ich auf jeden Fall abends wieder da. Ich nehme den Zug aus Knörzing um sechs. Bis dahin habe ich auch andere Leute organisiert, die ihr Gesellschaft leisten können."

Paciencia hat mitgehört und findet, daß sie an diesem schulfreien Tag in soziale Lerneinheiten investieren könnte, die sie ohnehin gut findet. Eigentlich hatte sie nachmittags in die Kreativwerkstatt gehen wollen, aber die kann sie schon mal verpassen, schließlich ist eine richtige Aufgabe wichtiger. „Ich könnte vielleicht über Nacht bleiben," schlägt sie vor. Manfred will sie sichtlich nicht kränken, aber er zögert doch: „Das wird wahrscheinlich ein bißchen schwierig für dich. Sie hat sich sehr wehgetan, und da braucht sie vielleicht auch ein Schmerzmittel, oder du müßtest den Dienst rufen ..." „Das kann ich doch, und dann ist sie nachts nicht mit jemand Fremdem allein." Manfred denkt nach, wahrscheinlich findet er es doch ganz gut, wenn er seine Schwiegermutter nicht einem unbekannten Ambulanzdienst überlassen muß, obwohl die gern auch nachts bei Pflegebedüftigen bleiben. Und Paciencia könnte Punkte sammeln.

Wir bestellen also ein Flexitaxi, das in einer Dreiviertelstunde kommen und anschließend Manfred abholen kann. Zeit genug für Paciencia, ihre Tasche zu packen, und für mich, eine Nachricht für meine Frau zu hinterlassen. Sie ist heute in der Firma und wahrscheinlich ganz zufrieden, wenn sie nachmittags daheim ungestört meditieren kann. Wir gehen aus dem Haus, und ich frage Manfred noch vom Taxi aus, welche Aufgaben ich an seiner Stelle erledigen werde. Eine Sportrunde im Gemeindezentrum ist angesagt und mittags ein gemeinsamer Kochkurs mit einer Partnerklasse in China. Da kommen sicher eine Menge Kinder, die nicht aus unserem Ort sind, aber das Kindertaxi wird sie bringen.

Den Kindertaxi-Service haben Frauen gegründet, damit ihre arbeitslosen Männer wieder eine sinnvolle Aufgaben haben. Dazu haben sie einen kommunalen Kredit mit kurzer Laufzeit und niedrigen Zinsen bekommen. Die Männer verdienen sicherlich nicht sehr viel Geld, haben aber wenigstens Arbeit, sogar eine abwechslungsreiche. Auch für sie gilt die 3-Tage-Woche, und sie sammeln Punkte für ihre Fortbildung und die Sozialversicherung. Seit der Staat einen Fonds gegründet hat, der unabhängig vom Einkommen ist und Pauschalbeiträge für Gemeinschaftsarbeit zahlt, muß sich niemand mehr Sorgen um ihre oder seine Bildung, Rente oder medizinische Betreuung machen.

Der internationale Kochkurs ...

Die Kinder sind alle noch ein bißchen aufgedreht vom Sport, als sie aus der Dusche kommen. Die große Gemeinschaftsküche mit der Projektionswand hat eine kleine Vorbereitungsgruppe schon hergerichtet, und die Verbindung nach Chengtu steht auch schon. Auf der Projektionsfläche sehen wir, wie sich die Kinder der Partnerschule um ihren Kochlehrer drängeln. Heute sind sie mit den Rezepten für das Menü dran, das wird sicher aufwendiger als in unserer Küche üblich. Wang erzählt, daß anschließend die Eltern zum gemeinsamen Abendessen kommen. Bei uns wollen die Kinder die Ergebnisse des Experiments lieber erstmal ohne Publikum probieren, erst wenn's klappt, gibt es beim nächsten Mal einen Elternabend mit gemeinsamem Essen.

Eigentlich brauche ich nicht viel zu tun, ich helfe hier und da ein bißchen, aber sonst hat Wang das Ganze gut im Griff. Die Gerichte können sich sehen (und essen) lassen. Beim Essen brauche ich allerdings nicht mehr dabei zu bleiben, ein Elternpaar aus dem Nachbarort übernimmt die Klasse, nachdem wir noch gemeinsam die Küche geputzt haben. Das ist mir auch lieber. Ich bin nicht besonders scharf auf chinesisches Essen.

... und was wir so essen

Margit hat schon etwas für uns zum Essen vorbereitet: Argentinische Steaks, Salat vom Balkon und spanischen Rotwein. Ich knurre ein bißchen, weil das so teuer ist, aber andererseits freue ich mich, daß wir den Abend allein so richtig genießen werden.

Importwaren, die von außerhalb der Europäischen Union kommen, sind wieder ein echter Luxus geworden, seit die UNO-Zölle für die Entwicklung der Welt draufgeschlagen werden. So schlecht ist unser Rindfleisch zwar auch nicht mehr, seit alle Rinder artgerecht gehalten werden, aber im Vergleich zum argentinischen ...

„Hast du Lust auf einen Aperitif in der Kneipe?" „Eigentlich nicht, da ist bestimmt wieder die Schmittmeierin mit ihren unerträglichen Gören." Ihre Kinder sind etwas anders. Schmittmeiers haben die Lebensweise unserer Zuwanderer wohl von Kindesbeinen an abgelehnt. Das haben sie auch ihren Sprößlingen vermittelt, und ihre Kinder sind ziemlich hektisch. Wir tragen es zwar alle mit Fassung und Geduld, aber heute abend habe ich eigentlich keine rechte Lust.

Das ist das Schöne an der Wohnanlage: Wir haben gemeinschaftliche Angebote, wir können uns jederzeit mit anderen treffen oder jemand erreichen, aber wir müssen nicht. Drei Generationen wohnen nahe beieinander, wenn auch nicht unbedingt als Familien. – Früher hat sich die Gemeinschaft auf dem Land eher verflüchtigt, jetzt wächst sie wieder zusammen.

Leider sind die Mieten gestiegen. Das liegt daran, daß jetzt so viele zu Hause arbeiten und eine größere Wohnung brauchen. Gleichzeitig lassen die Unternehmen auch in den kleineren Orten Gebäude verrotten, nur wenige werden in Gemeindezentren und Nachbarschaftsbüros verwandelt. Die Kommunen haben kein Geld, und auch mit den stark reduzierten Verlustabschreibungen ist es für die Unternehmen noch gewinnbringender, ihre Steuern auf diesem Weg zu reduzieren. Darüber werden wir vor der Wahl sicher noch heftige Debatten live und online betreiben. Eine Initiative in Kniepelberg hat schon einen Plan für das aufgelassene STS-Werk entworfen. Sie wollen die umliegenden Werkswohnungen von lokalen Handwerkern restaurieren und sanieren lassen. Die Gebäude sind ziemlich heruntergekommen. Das Werk selbst will die Initiative teils zu Nachbarschaftsbüros umbauen, teils soll es Fortbildungseinrichtungen aufnehmen, und die große Halle soll als Sporthalle hergerichtet werden. – Mal sehen, wie viele sich für die Arbeiten anmelden – ob es reicht. Ein Teil der Leistungen kann sicher in den Tauschring einfließen, dann haben wir unmittelbar was davon. Außerdem sind schon einige Bildungseinrichtungen und Dienstleistungsunternehmen an den Schulungs- und Büroräumen interessiert. Nur bei der Sporthalle könnte es Schwierigkeiten geben, wenn die zukünftigen Nutzer beim Ausbau nicht mitziehen. – Wir haben die Pläne schon heruntergeladen und wollen sie am Wochenende auf dem Nachbarschaftstreffen besprechen.

Feierabend

Manfred ist schon zurückgekommen, Paciencia will morgen früh den ersten Zug nehmen, damit sie noch rechtzeitig in die Schule kommt. Allerdings macht es auch nichts, wenn sie später kommt, sie kann den Unterricht schließlich auch in der Gruppe nachholen.

Übermorgen ist schulfrei, und wir haben fast alle schon Karten für die Theateraufführung morgen abend gebucht. Eine professionelle Reisetruppe wird auftreten. Sie haben hier zwei Monate geprobt und dabei auch ein paar Leute aus unserem Hobbytheater integriert. Sie führen ein Stück eines zeitgenössischen Autors auf: *Tele 2000*. Ein Rückblick in die Vergangenheit und auf frühere Wunschvorstellungen. Dominique spielt mit und hat uns den Plot geschildert: Ein Mann leitet ein Projekt, bei dem technische Unterstützung für *Lean Production* (ein Schlagwort aus dem vorigen Jahrhundert) eingeführt werden soll. Anscheinend steht im Mittelpunkt die Kontrolle über Telearbeitskräfte durch implantierte Chips, und der Wegfall von Arbeitsplätzen ist das Projektziel. Keine Rede davon, wie diese Menschen dann ihren Lebensunterhalt verdienen sollen. Kinder kommen auch nicht vor, deshalb hat der Autor im Stück die Rolle eines kindlichen Kommentators eingeführt, der die Entwicklung aus unserer Sicht kommentieren soll. Dominique spielt ihn und platzt fast vor Stolz.

Ich bin gespannt, ob das Stück auch die Tatsache thematisiert, daß damals die Telearbeiterinnen und -arbeiter fast alle mehr als 40 Stunden in der Woche arbeiten mußten. Wenn sie gut verdient haben, hatten sie so großen Leistungsdruck, daß sie es anders nicht geschafft haben, und wenn sie weniger Leistungsdruck hatten, hat das Geld nicht gereicht, und sie mußten eine zweite Arbeit annehmen. Deshalb haben auch so viele Frauen Telearbeit gemacht. In solchen Familien waren die Männer die Hauptverdiener mit einer hochqualifizierten Arbeit, die sich angeblich nur mit vielen Überstunden machen ließ, und die Frauen haben *dazuverdient*. Das ging dann natürlich auch gegen miserable Bezahlung und ohne soziale Absicherung.

Margit hat nach Vorlagen aus der damaligen Zeit die Kostüme für die Darsteller entworfen. Letzte Woche hatten wir ständig nähende Nachbarinnen (ein Mann war auch dabei) im Haus, damit alles rechtzeitig fertig wurde. Margits Kostümentwürfe hängen jetzt im Schlafzimmer. Ihre Vernissage im Netz war ein voller Erfolg, und sie hat etliche verkauft. „Gute Nacht, Margit."

Veronika Oechtering, Gabriele Winker

Ausblick

In diesem Buch haben Frauen dargestellt, wie mit dem Eingreifen in die Debatte um die Informationsgesellschaft zur Verwirklichung der Gleichberechtigung zwischen Frauen und Männern sowie zur Anerkennung der unterschiedlichen Interessen von Frauen beigetragen werden kann. Es geht um mehr als den bloßen Zugang zur Informations- und Kommunikationstechnik oder zu Internet-Diensten. Die Veränderung der Arbeitswelt, wirtschaftlicher Strukturwandel, nachhaltige Entwicklung, Bildung sowie tiefgreifende Veränderungen im privaten und öffentlichen Leben sind die Bereiche, in denen die gleichberechtigte Teilhabe an der Zukunftsgestaltung von den Autorinnen eingefordert wird. Eine kleine Auswahl an Praxisprojekten verdeutlicht zugleich erste Handlungsfelder, von denen weitere Schritte ausgehen können.

Immer wieder wird in den Beiträgen dieses Buches deutlich, daß strukturelle Bedingungen zum weitgehenden Ausschluß von Frauen aus der Gestaltung der Informationsgesellschaft führen. So liegt im Bildungsbereich ein gewaltiges Potential für die Verbesserung des Einflusses von Frauen auf die Entwicklung neuer Technologien und für ihren Zugang zu den Macht- und Entscheidungsebenen. Durch die Stagnation der Bildungspolitik in den vergangenen Jahren ergaben sich zahlreiche negative Auswirkungen für Frauen, beispielsweise in der beruflichen Bildung. Da seit langem weder neues Personal in die Schulen kommt noch für die Lehrkräfte breit angelegte Weiterbildungskonzepte in bezug auf Technikgestaltung und Geschlechterverhältnis vorhanden sind, findet faktisch eine Ausgrenzung von Frauen statt. Hier sind erst dann Veränderungen zu erwarten, wenn zukünftige Lehrkräfte eine systematische Ausbildung zu Ergebnissen der Frauen- und Geschlechterforschung und speziell zur Situation von Frauen in technikbezogenen Fächern erhalten.

Wichtig ist weiter, daß im Rahmen der sich verändernden Berufsanforderungen die Geschlechterstereotype aufgebrochen werden. Vor allem über die sogenannten Schlüsselqualifikationen können sich dann in vielen Berufsbereichen neue Aufstiegschancen für Frauen ergeben. Erst in dem Moment, wo technische Kompetenz in dem Sinne verstanden wird, daß sie Anwendungsbezug und Nutzen der Technik beinhaltet, werden sich auch mehr Frauen für informationstechnische Berufe interessieren und sich beispielsweise für die dann breiter und interdisziplinär ausgerichteten Informatikstudiengänge begeistern.

Die einseitige Ausrichtung – insbesondere in der Wirtschafts- und Forschungspolitik – an männlichen Arbeits- und Lebensweisen verhindert innovative Gesellschaftsentwürfe und manifestiert sich in technischen Lösungen, die die Interessen von Frauen ausgrenzen und ihnen nur selten Identifikations- und Entfaltungsmöglichkeiten geben. Veränderungen der Rahmenbedingungen – wie die Schaffung existenzsichernder Erwerbsarbeit für Frauen und Männer sowie eine gerechte Umverteilung von Erwerbsarbeit und Reproduktionsaufgaben zwischen den Geschlechtern – sind daher unverzichtbar für mehr Chancengleichheit auf dem Weg in die Informationsgesellschaft.

Selbst die EU-Kommission betrachtet inzwischen „die volle Mitwirkung der Frauen" als „erforderlich für die Gestaltung einer Informationsgesellschaft, die die Geschlechterdimension berücksichtigt und Männern und Frauen gleichermaßen zugute kommt. (...) Von der Nutzbarmachung des gesamten Potentials von Frauen und Männern in der Forschung und der wissenschaftlichen Entwicklung sind große Vorteile zu erwarten im Hinblick auf eine Bereicherung und stärkere Synergie der kombinierten männlichen und weiblichen Sichtweisen von wissenschaftlicher Forschung sowie die Entwicklung und Anwendung neuer Technologien. Angesichts der zunehmenden Tendenz, die Forschungspolitik der EU und der Mitgliedsstaaten darauf auszurichten, daß wirtschaftlichen und sozialen Bedürfnissen entsprochen wird, können Frauen einen entscheidenden Beitrag liefern."[1]

Weltweit nutzen Frauen seit langem verschiedenste Formen politischer und kultureller Vernetzung zur Durchsetzung ihrer Interessen. Bei aller gebotenen Skepsis gegenüber den Einflüssen technischer Neuerungen auf den gesellschaftlichen Wandel können die neuen Medien und die technischen Netze vielfältige verbesserte Kommunikationsmöglichkeiten bieten und bereits vorhandene Kooperationsstrukturen, beispielsweise in Frauenverbänden, stärken.

Frauen verfolgen auf dem Weg in die Informationsgesellschaft eine doppelte Strategie. Sie wollen Einfluß nehmen auf die technologiepolitischen Entscheidungsstrukturen und ihre Ziele institutionell verankern. Nur so erhalten sie die notwendigen Ressourcen und Freiräume, um ihre verschiedenartigen Wünsche zu realisieren. Gleichzeitig wollen sie ihre Lebenserfahrungen und Werte, wie beispielsweise die Nutzen- und Sozialorientierung, als Gestaltungskriterien für informationstechnische Anwendungen unter Frauen und Männern relevant werden lassen. Nach allen bisherigen Erfahrungen wird es ein langer Weg werden.

---

1 Kommission der Europäischen Gemeinschaft: Fortschrittsbericht der Kommission über Folgemaßnahmen zu der Mitteilung „Einbindung der Chancengleichheit in sämtliche politischen Konzepte und Maßnahmen der Gemeinschaft". KOM (1998) 122 endg., Brüssel, März 1998

Über die Autorinnen

Barbara Becker studierte Philosophie, Soziologie und Kunstgeschichte; Promotion über philosophische Implikationen der Künstlichen Intelligenz; mehrere Forschungsprojekte zur philosophischen Relevanz der Kognitionswissenschaften. Seit mehreren Jahren Wissenschaftlerin am Forschungszentrum Informationstechnik (GMD), jetziger Arbeitsschwerpunkt: Identität und Körper in elektronischen Medien. Anschrift: GMD Birlinghoven, SET-KI, 53754 Sankt Augustin, barbara.becker@gmd.de

Ulrike Behrens, Diplom-Pädagogin, ein Sohn (geb. 1998), ist derzeit wissenschaftliche Mitarbeiterin am Institut für Psychologie der Universität Hildesheim. 1996/97 führte sie im Zentrum für Fernstudium und Weiterbildung der Universität Hildesheim das Projekt „Erfolgreich studieren – Eltern im Netz" durch. Jetziger Arbeitsschwerpunkt: Lernen statt Begabung als Erklärungskonstrukt für Leistung. Anschrift: Institut für Psychologie, Universität Hildesheim, Marienburger Platz 22, 31141 Hildesheim, ubehrens@ zfw.uni-hildesheim.de

Dagmar Boedicker, Forum InformatikerInnen für Frieden und gesellschaftliche Verantwortung e.V. (FIfF), ist seit 1984 selbständige technische Redakteurin. Seit 1986 engagiert sie sich ehrenamtlich im FIfF und hat in diesem Zusammenhang an zwei Studien für das Europäische Parlament mitgewirkt; eine Studie behandelte das Thema „Partizipation und Kontrolle", die andere war eine Szenario-Studie „Frauen und das Internet". Anschrift: Daiserstr. 45, 81371 München, fiffdb@aol.com

Cornelia Brandt, Diplom-Soziologin, 3 Kinder. Sie ist seit 1988 bei der Deutschen Angestellten-Gewerkschaft als Referentin in der Bundesfrauenabteilung beschäftigt. Arbeitsschwerpunkte: Vereinbarkeit von Beruf und Familie, Auswirkungen neuer Technologien auf Frauenarbeitsplätze. Anschrift: DAG Bundesvorstand, Hauptabteilung Weibliche Angestellte, Johannes-Brahms-Platz 1, 20355 Hamburg, cornelia.brandt@dag.de

Ulrike Erb studierte Informatik und war zunächst als Referentin der Bundestagsfraktion Die Grünen für den Bereich Telekommunikationspolitik tätig. Von 1988 bis 1993 war sie wissenschaftliche Mitarbeiterin im Bereich Angewandte Informatik der Universität Bremen. 1995 promovierte sie dort zum Thema Frauenperspektiven auf die Informatik. Von 1994 bis 1996 war sie Qualitätsmanagementbeauftragte am Zentralkrankenhaus Bremen-Ost. Seit 1997 ist sie Projektleiterin Qualitätsmanagement in der Softwarefirma Notes Development GmbH in Hannover. Anschrift: Gneisenaustr. 90, 28201 Bremen, erb@notesdev.de

Gabriele Fladung, Diplom-Kauffrau, Frauenbeauftragte des Landkreises Marburg-Biedenkopf. Als geschäftsführende Vorsitzende des Vereins für Frauenbildung, Arbeit und Regionalentwicklung (VeFAR e.V.) hat sie das

TELEHAUS WETTER konzeptionell entwickelt und aufgebaut. Anschrift: Telehaus Wetter, Alter Graben 2, 35083 Wetter, telehaus.wetter@t-online.de

Christiane Funken studierte Soziologie, Psychologie, Politische Wissenschaften und Pädagogik. Promotion: empirische Studie zur Frauenkriminalität. Forschungsprojekte zur Geschlechterforschung, Wissenschafts- und Technikforschung. Habilitationsschrift: wissenschaftssoziologische Studie zur Technikgenese. Sie ist zur Zeit wissenschaftliche Assistentin am Institut für Informatik und Gesellschaft der Universität Freiburg und Sprecherin der Sektion „Wissenschafts- und Technikforschung" der Deutschen Gesellschaft für Soziologie. Forschungsschwerpunkte: Wissenschafts- und Techniksoziologie, Geschlechterforschung, empirische Sozialforschung. Anschrift: Institut für Informatik und Gesellschaft, Universität Freiburg, Friedrichstr. 50, 79098 Freiburg, funken@cognition.iig.uni-freiburg.de

Susan Geideck, Diplom-Soziologin, ein Sohn (geb. 1995), Mitbegründerin des Frauen-Softwarehauses in Frankfurt/M., bis 1992 Mitarbeiterin, seitdem im Vorstand aktiv. 1993/94 im IG Metall Vorstand, Abteilung Frauen tätig, seit 1994 wissenschaftliche Mitarbeiterin an der Universität Frankfurt. Arbeitsschwerpunkte: Arbeits- und Techniksoziologie, Rationalisierung im Dienstleistungsbereich, soziale Ungleichheit. Anschrift: Johann Wolfgang Goethe-Universität, Fachbereich Gesellschaftswissenschaften, wBE Produktion/Sozialstruktur, Robert-Meyer-Str. 5, 60054 Frankfurt/Main, geideck@soz.uni-frankfurt.de

Martina Hammel, Diplom-Informatikerin, eine Tochter (geb. 1991), Mitbegründerin des Frauen-Softwarehauses in Frankfurt und Mitarbeiterin bis 1997 mit den Arbeitsschwerpunkten partizipative Systementwicklung in betrieblichen Gestaltungsprojekten, Qualifizierung und Beratung. Zur Zeit ist sie Promotionsstipendiatin bei der Hans-Böckler-Stiftung. Anschrift: Frauen-Softwarehaus e.V., Hohenstaufenstr. 8, 60327 Frankfurt, martina_hammel@femail.rhein-main.de

Gertrud Heck-Weinhart, Dr.rer.nat., Diplom-Mathematikerin, hat einen Pflegesohn. Sie studierte Mathematik, Physik und Sprechwissenschaft in Saarbrücken und München und arbeitet seit 1982 in der Software-Entwicklung. Seit 1991 ist sie Prokuristin der Württembergischen Versicherung AG. Sie gehört dem Präsidium der Gesellschaft für Informatik an. Anschrift: Württembergische Versicherung AG, 70163 Stuttgart, gheckweinhart@wuerttag.de

Ursula Lemmertz, Diplom-Physikerin, Organisationsprogrammiererin, drei Söhne (geb. 1980, 1982, 1991). Nach mehrjähriger Tätigkeit als Programmiererin in einem Freiburger Softwarehaus seit 1991 EDV-Dozentin der Computerschule Frau und Technik e.V., Freiburg. Sie wechselte 1995 in die Geschäftsleitung und gründete 1997 mit zwei Kolleginnen die FORMAT GbRmbH für Dienstleistungen im Bereich Werbung, Druckvorstufe und

Schulungen. Anschrift: Frau und Technik e.V., Friedrichring 37, 79098 Freiburg, Frau_und_Technik@t-online.de

Veronika Oechtering, Diplom-Informatikerin, ein Kind, wissenschaftliche Mitarbeiterin im Projekt *Informatica Feminale* am Studiengang Informatik der Universität Bremen. Ihre Forschungsinteressen: Technikbewertung im Bibliothekswesen, Geschichte der Informatik und Frauenforschung. Berichterstatterin der AG 9 „Frauen in der Informationsgesellschaft" im Forum Info 2000. Anschrift: Fachbereich Mathematik/Informatik, Universität Bremen, Postfach 330440, 28334 Bremen, oechteri@informatik.uni-bremen.de

Ingrid Rügge, ausgebildete Reprofotografin und Diplom-Informatikerin, derzeit Doktorandin im interdisziplinären Forschungszentrum Arbeit und Technik der Universität Bremen. Ihre Forschungsinteressen sind neue Mensch-Maschine-Interaktionsmetaphern, Gestaltung multimodaler Computerschnittstellen, Real Reality sowie Curriculum der Informatik und Frauenforschung. Sie ist seit vielen Jahren in Projekten der Frauenförderung engagiert. Anschrift: Forschungszentrum artec, Universität Bremen, Postfach 330440, 28334 Bremen, ingrid@artec.uni-bremen.de

Gabriele Schade, Dr.-Ing., Informatikerin und Mathematikerin, zwei Töchter (25 und 22 Jahre, die im Hauptfach bzw. Nebenfach Informatik studieren). Sie ist Koordinatorin des Institutes für Medien- und Kommunikationswissenschaft an der TU Ilmenau. Forschungs- und Lehrschwerpunkte: Software-Ergonomie, Entwicklung und Gestaltung digitaler Medienangebote, Evaluierung multimedialer Applikationen und Akzeptanzforschung, geschlechtsspezifische Fragestellungen in der Informatik und den Medien. Mitglied im MDR-Rundfunkrat und im Präsidium der Gesellschaft für Informatik. Anschrift: Technische Universität Ilmenau, Institut für Medien- und Kommunikationswissenschaft, Postfach 100565, 98684 Ilmenau, schade@prakinf.tu-ilmenau.de

Heidi Schelhowe, Dr.-Ing., Diplom-Informatikerin, Staatsexamen Germanistik und Katholische Theologie, ist wissenschaftliche Assistentin am Institut für Informatik der Humboldt-Universität zu Berlin. Sie hat zwei Töchter, geb. 1978 und 1981. Forschungsschwerpunkte: Informatik und Gesellschaft, Wissenschaftstheorie, Informationsgesellschaft, Bildung und Informatik, Frauenforschung in der Informatik. Mitbegründerin des Fachausschusses „Frauenarbeit und Informatik" in der Gesellschaft für Informatik, Sprecherin von 1987 bis 1991. Anschrift: Institut für Informatik, Humboldt-Universität zu Berlin, Unter den Linden 6, 10099 Berlin, schelhowe@informatik.hu-berlin.de

Barbara Schwarze, Diplom-Soziologin, Studium der Pädagogik und Psychologie. 1976 bis 1990 Studienberaterin für die Hochschulen in Münster. Mentorin für Studienberatung an der FernUniversität Hagen, dort ab 1991 Betreuung eines Projekts zur Förderung von Frauen. 1992 bis 1994 Referentin im Frauenbüro der Universität Osnabrück. Anschließend wissenschaftliche

Leitung des Bund-Länder-Modellversuchs „Frauen im Ingenieurstudium an Fachhochschulen – Geschlechtsspezifische Aspekte in Lehre und Studium" an der FH Bielefeld. Seit 1996 Leiterin der Koordinierungsstelle der Initiative *Frauen geben Technik neue Impulse*. Anschrift: Koordinierungsstelle der Initiative *Frauen geben Technik neue Impulse*, FH Bielefeld, Wilhelm-Bertelsmann-Str. 10, 33602 Bielefeld, bschwarz@fhzinfo.fh-bielefeld.de

Ellen Sessar-Karpp, Dr., nach dem Studium der Philologie und Sozialwissenschaften in Arbeitsmarkt- und Frauenforschung, Erwachsenenbildung und Projektmanagement tätig. Mitbegründerin der FrauenTechnikZentren in Deutschland. Gegenwärtig Leiterin des Technologie- und Beratungszentrums für Frauen im Südraum Leipzig. Anschrift: INET e.V., Dorfstr. 1, 04579 Dreiskau-Muckern, inet.dm@transnet.de

Iris Stolz, Diplom-Pädagogin und Supervisorin, Geschäftsstellenleiterin im TELEHAUS WETTER. Arbeitsschwerpunkte: Frauen und Beschäftigung, Beratung und Schulung für berufstätige Mütter und Väter sowie deren Arbeitgeber über dezentrale, technikgestützte Lernmethoden verknüpft mit neuen Arbeitsformen (Telearbeit/Telekooperation). Anschrift: Telehaus Wetter, Alter Graben 2, 35083 Wetter, telehaus.wetter.vefar@t-online.de

Ute Tischer ist Referentin im Referat für Frauenbelange der Bundesanstalt für Arbeit in Nürnberg. Nach dem Fachhochschulstudium arbeitete sie in der Berufsberatung, in der Organisation und Personalbemessung sowie in der Arbeitsmarktbeobachtung und Berichterstattung. Seit 1991 beschäftigt sie sich mit Fragen des Ausbildungs- und Arbeitsmarktes für Frauen. Weitere Themenschwerpunkte ihrer Arbeit im ‚Frauenreferat', dem sie seit 1995 angehört, sind die Auswirkungen des Strukturwandels auf die Beschäftigung von Frauen sowie die Frauenförderung im Rahmen des Arbeitsförderungsrechts. Anschrift: Referat für Frauenbelange, Bundesanstalt für Arbeit, 90327 Nürnberg, Tel. 0911/179-2125

Karin Vosseberg ist promovierte Diplom-Informatikerin. Sie ist wissenschaftliche Mitarbeiterin im Projekt *Informatica Feminale* am Studiengang Informatik der Universität Bremen. Sie hat zwei Kinder. Ihre Forschungsinteressen sind Sicherheit in Betriebssystemen/Verteilten Systemen, Objektorientierung, Frauenforschung in der Informatik, Curriculare Entwicklung der Informatik. Anschrift: Universität Bremen, Fachbereich 3, Postfach 330440, 28334 Bremen, karla@informatik.uni-bremen.de

Ute Wanzek, Diplom-Bauingenieurin. Von 1977 bis 1981 war sie Planungsingenieurin im Straßenwesen, von 1981 bis 1984 Referentin in der Erwachsenenbildung, von 1984 bis 1991 Abteilungsleiterin und Referentin für Jugend und Sport und von 1991 bis 1996 Leiterin des Projektes „Kommunale Weiterbildungsberatung mit integrierter Weiterbildungsdatenbank in Sachsen-Anhalt". Seit 1997 ist sie Koordinatorin europäischer Bildungsprojekte, Leiterin des ComEAST-Büros an der Universität Magdeburg und deutsche WITEC-Koordinatorin. Gewähltes Mitglied im Programmausschuß

„Frauenpolitische Bildung Sachsen-Anhalt e.V." Anschrift: WITEC-Deutschland/ComEAST, c/o Otto-von-Guericke-Universität Magdeburg, Akademisches Auslandsamt, Postfach 4120, 39016 Magdeburg, ute.wanzek@ verwaltung.uni-magdeburg.de

Gabriele Winker, Dr.rer.pol., ist Professorin für Arbeits- und Sozialwissenschaften und Frauenbeauftragte an der FH Furtwangen. Als Grenzgängerin zwischen Soziologie und Informatik beschäftigt sie sich vor allem mit Ansätzen für eine frauengerechte Arbeits- und Technikgestaltung. Sie ist Sprecherin der AG 9 „Frauen in der Informationsgesellschaft" des Forums Info 2000 und Mitglied des Präsidiums der Gesellschaft für Informatik. Anschrift: Fachhochschule Furtwangen, Abt. VS-Schwenningen, Jakob-Kienzle-Str. 17, 78054 Villingen-Schwenningen, win@fh-furtwangen.de